法治建设与法学理论研究部级科研项目成果

智能投顾的法律规制研究

A Study of Legal Norms and Systems Concerning Robo-Advisors

主 编 侯东德
副主编 雍 晨 周莉欣 张可法

法律出版社
LAW PRESS·CHINA
北京

图书在版编目(CIP)数据

智能投顾的法律规制研究 / 侯东德主编. -- 北京 :
法律出版社, 2023(2024.3 重印)
ISBN 978 - 7 - 5197 - 6364 - 0

Ⅰ. ①智… Ⅱ. ①侯… Ⅲ. ①智能技术 - 应用 - 投资
分析 - 金融法 - 研究 - 中国 Ⅳ. ①D922.280.4

中国版本图书馆 CIP 数据核字(2021)第 278532 号

智能投顾的法律规制研究
ZHINENG TOUGU DE FALÜ GUIZHI YANJIU

侯东德 主编

策划编辑 沈小英
责任编辑 沈小英
任 娜
装帧设计 李 瞻

出版发行 法律出版社
编辑统筹 法治与经济出版分社
责任校对 王 丰 李景美
责任印制 吕亚莉
经 销 新华书店

开本 A5
印张 8.875 **字数** 257 千
版本 2023 年 12 月第 1 版
印次 2024 年 3 月第 2 次印刷
印刷 北京盛通印刷股份有限公司

地址:北京市丰台区莲花池西里 7 号(100073)
网址:www.lawpress.com.cn
投稿邮箱:info@lawpress.com.cn
举报盗版邮箱:jbwq@lawpress.com.cn
销售电话:010 - 83938349
客服电话:010 - 83938350
咨询电话:010 - 63939796

书号:ISBN 978 - 7 - 5197 - 6364 - 0
定价:86.00 元

主编简介

侯东德，法学博士、工商管理博士后，现为西南政法大学民商法学院教授，民商法学博士研究生导师、国家安全学博士研究生导师，民商法学博士后合作导师。任中国法学会证券法学研究会副会长，中国人工智能学会人工智能伦理与治理工作委员会副主任，中国法学会商法学研究会理事，重庆市统一战线理论研究会副会长，教育部哲学社会科学重大攻关项目“人工智能发展中的重大风险防范体系研究”首席专家。

副主编简介

雍晨，1994年生，四川绵阳人，法学博士。重庆大学法学院弘深青年教师。主要研究方向证券法、公司法、人工智能法学。在CSSCI来源期刊、中文核心期刊发表《智能驾驶数据治理框架研究》等学术论文多篇。作为主研人员参与教育部重大项目“人工智能发展中的重大风险及其防范研究”、中宣部法规局委托项目“网络游戏虚拟货币交易的行政管理及其立法完善研究”、国家社会科学基金后期资助项目及司法部、法学会等多项省部级课题。获2022年第八届重庆市发展研究奖三等奖。

周莉欣，1994年生，重庆渝北人，法学博士。重庆大学法学院弘深青年教师。主要研究方向民商法、人工智能法学。在CSSCI来源期刊、中文核心期刊发表多篇文章，其中《风险理论视角下智能投顾投资者的保护路径》被《高等学校文科学术文摘》2021年第5期转摘。作为主研人员参与教育部重大攻关项目，司法部、法学会项目，重庆市社科规划项目等多项省部级课题。获2021年博士研究生国家奖学金、2022年第八届重庆市发展研究奖三等奖、2021年智慧法治学术共同体征文二等奖。

张可法，兰州财经大学讲师。兼任中国商业法研究会理事，主要从事公司法与数字法治理论研究。近年来，在《学术研究》《重庆大学学报》《西北工业大学学报》等期刊发表学术论文10余篇，参与教育部重大攻关项目、国家哲学社会科学基金项目，主持甘肃省哲学社会科学项目，曾获甘肃省教育厅“互联网+”大学生创新创业大赛“优秀创新创业导师”称号。

前　言

近年来，人工智能发展势头迅猛，渗透工业、医疗、金融、服务等多个领域，融入社会的各个方面，逐渐改变了我们的生产和生活方式。智能投顾是人工智能技术在金融领域的场景应用。通过算法和大数据，智能投顾能够在一定程度上替代传统人工投资顾问服务，为金融客户与金融产品之间搭建选择桥梁，有效拓宽了传统投顾业务范围，降低投顾服务的门槛，俘获金融长尾客户。但是，新事物的应用也会产生新的问题，如智能投顾的内生性风险、资金安全与投资者保护问题、投顾服务的法律及政策风险等，这些问题制约了智能投顾的自身发展。智能投顾功能的多样化已逐渐超出当前法律法规的监管范围，实践的超前发展正不断推动智能投顾法律监管体系的破旧立新。因此，智能投顾的法律规制亟待完善。不仅监管者需要明确监管路径和具体规则，防范金融风险、保护金融投资者，智能投顾开发者也需要明确的规制框架来实现合规发展,指引行业发展的方向。稳定的制度环境能够打击非法行为,为真正的金融科技创新发展提供制度保障。

本书是司法部法治建设与法学理论研究项目《智能投顾的法律规制研究》的研究成果。从整体上对智能投顾的规制特殊性渊源进行抽象总结,对智能投顾规制范式和规制的公私路径进行比较选择,并一一回应了市场准入、投资者适当性、关联行为等传统投顾领域问题的新发展以及网络安全等新兴问题。当然,课题组在研究前期,主要对智能投顾的信用风险、投资者保护等重点问题已进行深入的讨论,并发表了《智能理财行业风险的法律应对》《智能投顾信用风险的生成逻辑与治理策略》《风险理论视角下智能投顾投资者的保护路径》等系列论文成果。本书是在这一系列成果和认识的基础上进一步完善,是对智能投顾的风险防范与控制、法律规制路径选择和具体规则设置系统性的研究。

本书是由全体课题组成员,经问卷调查、电话访问、实地调研考证,下载并使用部分智能投顾应用程序,甚至部分成员进行了资金投资试用,在对目前智能投顾实践现状有更充分地把握和认识的基础上共同完成的。本书是在现实调查的基础上,形成对智能投顾发展阶段和风险类型的基本认识,在规制理论框架下实现对智能投顾的规范路径选择和风险防范,并经过反复的讨论、修改,最终呈现这样的一个成果。在此要感谢每一位辛勤付出的课题组成员,在大家共同的努力下完成了这个作品。感谢博士研究生周莉欣、雍晨、张可法、彭嘉怡、马瑞乾的辛勤写作、反复打磨,感谢硕士研究生张丽萍、赵明一、金双圆、田缘琳、赵星宇、周聪、高新智、程嫣然、冯琳琇、罗小英、李昌霖、曾荣华、叶芳媛等人,在研究初期资料整理以及后期书稿文字校对等方面的付出。正是课题组每一位成员严谨认真对待课题分工,以十分专业的精神投入研究,项目才能够顺利的完成。

智能投顾在国内的发展历程并不平稳,在经历高速增长之后并未迎来繁荣而是一度陷入了沉寂。国内智能投顾行业发展至今,已然经历了兴起、高潮、回落、泡沫破灭、低谷、重启六个阶段。也正是智能投顾行业发展这一趋势，说明智能投顾发展中的风险与问题仍然存在，仅依靠政策调整的方式无法保证常态化、稳定化地规制智能投顾的发展。同时，智能投顾行业再次重启说明人工智能在投顾领域的优势依然存在，还需要从发展主体、技术更新、制度支持等各个层面共同促进人工智能优势的发挥。人工智能技术新颖难懂、更新迭代迅速，本书试图捕捉智能投顾的特征、风险，对传统投顾领域在金融科技冲击下的新旧问题进行讨论，但还有很多新的问题本书没有涉及，或是在认识上存在偏差，不一而足。但是，金融科学技术的复杂性表象下，风险产生的基本逻辑和规制方法在本质上与传统问题具有一致性，本书希望通过对智能投顾法律规制的探讨，能够对智能投顾发展及人工智能技术创新的制度应对有所启发。

目录

引　言

21 世纪以来,以人工智能、数据经济、可控核聚变等新兴技术为核心的第四次科技革命如火如荼地进行,尤其是人工智能的发展已经在社会生活、产业制造、经济调控等领域取得瞩目成就。人工智能的广泛应用迅速地拓展了人类的能力边界,其以算法为核心形成了一套完整的流程体系,能够实现快速计算、海量数据处理和准确预测的特性使其与传统经济领域相辅相成,①成为经济发展的新兴动力源。金融资本市场从传统经济模式脱离而相对独立地发展是近现代经济发展的主要趋势,金融业与人工智能的融合是金融领域新的发展方向,其中,人工智能的发展正加速传统投资顾问业务的变革。

---

① 参见[德]托马斯·威斯麦耶、蒂莫·拉德马赫编:《人工智能与法律的对话》,韩旭至等译,上海人民出版社 2020 年版,第 291 页。

2008 年的金融危机推动了智能投资顾问的产生和发展。美国投资顾问法律规制的起源可以追溯到美国 1940 年《投资顾问法》。美国证券交易委员会(United States Securities and Exchange Commission,SEC)对投资公司和投资信托的研究使投资顾问滥用行为得到进一步重视。为规范投资公司和证券交易,1940 年,美国相继出台了《投资公司法》和《投资顾问法》。其中,《投资顾问法》对证券资本市场的投资咨询业务起到了较强的监督作用,其权威性则体现在其对相关咨询公司均具有法律约束力。[①] 从监管的角度来看,在智能投顾衍生出资产管理功能之前,提供咨询服务是其主要功能,这尚符合 1940 年《投资顾问法》的调整范围。而如今,智能投顾功能的多样化发展已渐渐超出美国当前法律法规的监管范围,实践的超前发展正不断推动美国智能投顾法律监管体系的破旧立新。

从美国智能投顾实践来看,2008 年 4 月以来,威尔斯弗朗(Wealthfront)、贝特曼(Betterment)和普森诺资本(Personal Capital)是美国最早推出智能投顾服务的金融技术初创公司,此后美国智能投顾资本规模迅速扩大,传统金融机构纷纷建立智能投顾平台。[②] 此时,1940 年《投资顾问法》在基本框架结构、算法规制、关联风险等方面已无法跟上智能投顾的快速发展,为此,美国政府不得不出台一系列文件和报告作为辅助。2016 年 3 月,美国金融行业监管局(The Financial Industry Regulatory Authority,FINRA)在审查智能投顾相关问题的基础上发布了《数字投资咨询报告》。该报告指出,智能投顾按照一般的投资顾问规则进行规制并不适当,其无法在现有的框架下履行信义义务,为满足监管需要应当制定特殊监管规则。2016 年 4 月,美国劳工部(United States Department of Labor,DOL)发布了《利益冲突规则条款》,该文件设立了严格的信托

---

① 参见梅杨:《美国智能投顾监管规则的演变与特殊性分析》,华东政法大学 2019 年硕士学位论文,第 10 页。

② 参见周正:《境内外智能投顾业务模式对比》,载《银行家》2017 年第 12 期。

义务,目的在于消除投顾与投资者之间的利益冲突。[①] SEC 在 2017 年 2 月发布了《指引更新(智能投顾)》(《ZM Guidance Update (ROBO ADVISERS)》,以下简称《指引更新》)以加强智能投顾监管。文件针对算法程序、电子问卷、合规方案、披露制度都作了更为详尽和严格的规定。

英国最早的线上全权委托授权投资公司是 2001 年成立的肉豆蔻储蓄和投资有限公司(Nutmeg Saving and Investment Limited)。截至目前,吐司上的钱(Money on Toast)、财富视野(Wealth Horizon)、意大利的金钱农场(Money Farm)和德国的扩展资本(Scalable Capital)均在英国推出智能投资顾问服务。与美国法不同,英国规制传统投资顾问的法律同样适用于智能投顾。英国 2000 年的《金融服务市场法》和 2001 年的《监管行为指令》一并起到了对智能投顾的规制作用。其中,《监管行为指令》对相关投资种类做了列举,智能投顾被认为属于"利用计算机系统发出投资指令"(using computer-based systems for investment instruction)的一种。目前,英国并未制定专门规制智能投顾的法律规范,传统的投资顾问法律制度对智能投顾仍起到规范和监管作用,且尚未对智能投顾发展构成实质性障碍。[②]

澳大利亚在智能投顾研究领域和其法律规制方面取得了一定成就。智能投顾服务提供商股票视野(Stock Spot)于 2014 年成立,该公司已经研发出能够塑造用户画像并基于该画像提供投资建议的算法程序。在监管方面,澳大利亚证券和投资委员会(Australian Securities and Investment Commission,ASIC)引入了"监管沙盒"(也作"监管沙箱")机制,该机构于 2016 年 8 月发布了一份关于智能投顾的监管指南,对智能

---

① See Department of Labor, *Finalizes Rule to Address Conflicts of Interest in Retirement Advice, Saving Middle Class Families Billions of Dollars Every Year*, U. S. DEPT OF LABOR, October 22, 2016.

② 参见邢会强:《智能投顾时代的崛起——智能投顾法律问题研究》,中国金融出版社 2020 年版,第 37 页。

投顾提出了全面监管要求的同时使用了“数字顾问”一词，即在没有传统人力投资顾问参与下，运用算法技术为用户提供自动化金融产品顾问服务。此外，在监管的整体框架和准入门槛、技术要求、算法监管、投资者保护等具体监管要求方面，该指南均作出了较为详尽的规定。① 目前，监管沙盒机制已初见成效：第一，经过测试的相关企业被授予澳大利亚金融服务执照（Australian Financial Services，AFS）或信贷许可执照所需的时长更短；第二，通过相关测试的企业融资更加便利且有利于商业谈判；第三，通过测试的企业更能提供优质产品，提高用户黏性，降低升级成本。②

2013年，龙财富（Dragon Wealth）在新加坡成立，该公司利用手机移动应用程序提供在线资产管理服务并基于一定规模的用户数量建立了以客户上传、信息更新为核心的基本模式。同时，龙财富可向客户提供与客户投资倾向和资产规模类似的同类组的投资组合建议。新加坡金融管理局（Monetary Authority of Singapore，MAS）于2016年发布了《金融科技监管沙盒指引》。相较于其他实行沙盒监管制度的国家，新加坡沙盒监管的适用范围更加广泛且已形成了更为细致的申请测试标准体系。

2018年1月，欧盟对《金融工具市场指令》框架作出实质性修改。此次修改使《金融工具市场指令》更符合投资者保护和资本市场稳定运行的需要。《金融工具市场指令》对自动化投资建议作出了规定，这被视为对智能投顾的法律规制。从理论上讲，智能投顾所提供的投资建议或是投资组合管理均可能涉及该指令的监管。在实践中，德国的分特哥（fintego）、瑞士的真财富（True Wealth）等新兴智能投顾公司都取得了较快发展。欧洲智能投顾的发展大致可分为四个阶段：第一阶段，主

---

① 参见李晴：《互联网证券智能化方向：智能投顾的法律关系、风险与监管》，载《上海金融》2016年第11期。

② 参见夏俊：《域外监管沙盒机制对我国智能投顾监管的启示》，载《福建金融管理干部学院学报》2020年第1期。

要以在线问卷为基础形成用户画像并提供投资组合建议;第二阶段,智能投顾业务发展出投资再平衡和风险投资组合分配等特征;第三阶段,算法可自动监测并满足预先设定的投资策略,同时在产品服务方面更加人性化和个性化;第四阶段,智能投顾服务进一步智能化,算法与数据分析对市场风险、用户爱好、投资需求能够实现更加精准的分析。

放眼全球,首先,在智能投顾服务主体方面,银行是主要的服务提供商。同时,第三方服务提供平台正在兴起。其次,部分智能投顾公司从全线上模式向人机顾问的混合模式发展,这意味着智能投顾发展更加多元化。再次,作为智能投顾的核心技术,人工智能的发展和应用正进一步推动智能投顾行业变革。复次,智能投顾成本不断降低,普惠金融进一步发展。随着线上机器人数量不断增多和更为成熟的技术赋能,智能投顾服务对象更加群体化。最后,智能投顾发展的触角不断延伸至资产管理领域,也为投资者利益保护和金融风险监管带来更多安全隐患。

随着我国金融领域的不断发展,智能投顾所蕴藏的发展潜力受到多方关注,多家金融机构已相继推出智能投顾服务。2014 年起,智能投顾开始快速发展,以一批新型的科技公司为主导的新型智能投顾平台涌现为起点,后期大型的证券公司、银行、保险公司纷纷以不同的方式加入了智能投顾的队伍。随着我国金融领域的不断发展和法规的逐步完善,智能投顾市场蓬勃发展。除传统金融机构推出的智能投顾产品以外,璇玑智投、蓝海智投等智能投顾平台也迅速发展。据统计,2017 年中国智能投顾资产规模已超过 288 亿美元,年增长率高达 87.3%。[①] 从我国传统证券投资咨询业务的发展来看,1997 年国务院原证券委员会发布了《证券、期货投资咨询管理暂行办法》,明确了申请证券投资咨询业务资格的机构应当具备的条件。此后,中国证券监督管理委员会(以下简称证监

① 参见王婷:《智能投顾的法律规制研究》,天津工业大学 2019 年硕士学位论文,第 1 页。

会)于2010年公布了《证券投资顾问业务暂行规定》,加大了证券投资顾问业务监管力度。

我国最早关于智能投顾的概念可见于中国证监会2012年12月公布的《关于加强对利用"荐股软件"从事证券投资咨询业务监管的暂行规定》,该规定明确指出荐股软件是拥有一种或多种特定证券咨询服务功能的软件工具、产品或终端设备。该规定将只具有相关证券投资信息统计、存储功能的软件排除在外,这与其他的智能投顾概念内涵有所不同。① 2018年,中国人民银行、中国银行保险监督管理委员会、中国证券监督管理委员会、国家外汇管理局联合发布《关于规范金融机构资产管理业务的指导意见》(以下简称《资管新规》),《资管新规》并没有明确智能投顾的概念,但在第23条规定了运用人工智能技术开展投资顾问业务应当取得投资顾问资质,且非金融机构不得借助智能投资顾问超范围经营或者变相开展资产管理业务。本条还对投资者适当性规则、信息披露、风险披露、责任承担等制度作了原则性规定,这在一定程度上认可了传统金融机构的智能投顾经营资质,但非金融机构的智能投顾经营资质能否取得、如何取得等问题尚未明确。正是智能投顾本身的风险与外部法律环境的不确定性,使我国智能投顾呈现起步晚、爆发性等特征。目前,我国智能投顾正逐步走向合规化的轨道,但仍然存在一些问题。国内智能投顾行业发展至今,已然经过了兴起、第一次小高潮、回落、泡沫破灭、低谷、重启六个阶段。②

智能投顾低成本、高效率、创新性的优势推动着金融市场不断发展,但在发展过程中同样存在"算法黑箱"、个人信息保护、信义义务缺失、技术性风险等问题,又囿于规制手段的欠缺,智能投顾市场可能出现失灵,并蕴藏着金融系统性风险和投资者利益保护风险。

① 参见欧阳丹丹:《智能投顾法律规制研究》,载《金融与经济》2021年第1期。

② 参见《〈智能投顾发展现状及趋势研究报告(2020)〉发布》,载清华五道口网2021年1月5日,https://www.pbcsf.tsinghua.edu.cn/info/1154/2733.htm。

第一章　智能投顾法律规制缘起

智能投顾也被称为“机器人顾问”，是金融科技系统的最新产物，主要功能是向用户提供财富管理建议或代替一部分传统的理财经理直接管理各类资产。服务内容主要包括客户分析、大类资产配置、投资组合选择、交易执行、投资组合再平衡、税收规划以及投资组合分析等服务。① 总体来看，智能投顾业务大致可分为投资建议与资产管理两个部分。与传统投资顾问相比，智能投顾依托大数据收集分析技术、风险预测技术等表现出较大优势。第一，技术融合优势。智能投顾技术以人工智能、大数据、算法等新兴技术为基础，通过设定算法模型和风险预测模型展开分析，同时结合客户画像来匹配金融产品与服务。此外，投资组合理论、B－L模型（Black-Litterman Model）、资产定价模型等也

---

① 参见侯东德、周莉欣：《风险理论视角下智能投顾投资者的保护路径》，载《华东政法大学学报》2021年第4期。

被广泛应用于智能投顾产品中,有助于确保投资建议与资产管理工作的科学性。① 第二,受众优势。普惠金融是现代金融业发展的趋势之一,智能投顾的技术优势促进了金融产品的普及。从国内外的实践来看,智能投顾目标客户群体身份多样。从理论上来讲,只要根据分析程序能够形成用户画像,完成金融产品及服务的投资建议匹配就为客户进入资本市场扫清了障碍。第三,成本优势。传统财富管理公司开展业务时除了设定最低投资额要求,还要对其所管理的账户收取 63 ~ 170 个基点的管理费用。智能投顾平台以交易型开放式指数基金(Exchange Traded Fund,ETF)为主要投资标的的产品组合设计,最多可为投资者节约 155 个基点的管理费。② 由此看来,智能投顾的技术优势可大大降低服务成本,这同样奠定了智能投顾普惠金融的发展方向。第四,创新优势。金融产品和投资者是资本市场的基本构成要素,一方面,智能投顾市场的成熟使金融产品的数量和种类不断增多;另一方面,智能投顾的发展加快了资本市场扩张与金融市场发展,投资者主体的多样化在一定程度上促进了市场的多元化,这两种因素的结合构成了金融业新的内生动力。

智能投顾行业凭借"普惠金融"理念及其便捷性、个性化、智能化的优势极大地冲击了传统的人工投顾行业,拥有良好的发展前景。但在检视我国智能理财行业现状后,还是可以发现行业发展现状喜忧参半:金融科技伙伴(Financial Technology Partners,FT Partners)发布的 2020 年全球金融科技发展报告显示,2020 年全球金融科技融资总量为 451 亿美元,其中中国融资占比不足 1%。究其原因,智能投顾内生因素带来新的问题——低成本、高效率、科学性以及可获得性等核心优势使其迅速扩

---

① 参见李苗苗、王亮:《智能投顾:优势、障碍与破解对策》,载《南方金融》2017 年第 12 期。

② 参见李莹:《智能投顾的制度建设》,载《中国金融》2017 年第 16 期。

张,[①]但算法偏见、技术风险、委托障碍等问题增加了投顾行业新的风险。更重要的是,相关法律法规落后或缺失也是造成行业发展乏力的原因。由于我国金融市场发展历程短、制度建设不完善以及监管指引缺失,智能投顾应用的正当性基础——资产配置理论在我国遇到适用困境,导致智能投顾核心业务之一的自动资产配置和账户管理等功能无法正常施展,进而使我国智能投顾能触及的业务十分有限。[②] 无论是智能理财内生风险还是外在市场、政策风险,都在一定程度上阻碍了该行业健康发展。基于此,笔者将智能投顾市场失灵的表现概括为外部性和内部性两个方面:外部性是智能投顾市场失灵对金融秩序的破坏,内部性是智能投顾市场失灵可能引发投资者利益损失的行为。唯有从智能投顾技术本身和法律规制内外两面检索智能投顾中的问题症结,才是研究和解决智能投顾发展问题的不二路径。

第一节　内部性:资金安全与投资者保护

智能投顾迅速普及的一个重要原因,是其具有简单便捷、互动可视的特点。智能投顾作为线上理财业务发展的一种新业态,运用专业知识和算法服务,将理财产品或产品组合精准推送给投资者,为用户提供专业化、精准化理财服务,克服了传统理财业务投资门槛高、手续烦琐的缺陷,[③]让普通投资者直接感受到智能投顾产品的便捷以及经济价值。从智能理财服务实践来说,现有智能理财服务水平较低,发展面临财富管

---

① See Baxter LG, *Adaptive Financial Regulation and Regtech: a Concept Article on Realistic protection for Victims of Bank Failures*, Duke law rev p. 61 – 95 (2016).

② 参见侯东德:《智能理财行业风险的法律应对》,载《政法论丛》2020 年第 1 期。

③ 参见李瑞雪、闫正欣:《数字普惠金融下智能投顾发展与监管问题研究》,载《价格理论与实践》2019 年第 9 期。

理功能弱化、风险测评不充分、信息披露不到位等诸多问题。深究缘由，算法科技在金融领域的广泛应用，一方面，其固有的缺陷和特性与金融原有的风险和逻辑融合，形成算法歧视、算法趋同等新型风险；①另一方面，智能投顾的技术性导致表达虚拟化、信息不对称扩大化，②程序化交易增强了系统性风险。智能投顾的内生性风险可能使投资者面临资金损失风险和信息安全风险，对其发展的信心自然不足。因此，本章将以投资者视角，从智能投顾市场失灵造成投资者的损失及风险的表现入手，仔细探究智能投顾市场失灵使投资者遭受损失、风险的原因，为智能投顾发展破除内生性障碍提供支持。

一、智能投顾微观风险表现

总体来看，我国现有的智能投顾平台基于金融管制和人工智能发展阶段的客观限制，并未实现所谓的智能化账户管理与投资咨询服务。③智能理财应用的正当性基础，即资产配置理论在我国遇到适用困境，导致智能理财核心业务之一的自动资产配置和账户管理等功能无法正常施展，进而使我国智能理财所触及的业务十分有限。我国现存的智能理财平台主要功能在于帮助客户进行智能风险测评和理财规划，提供选购理财产品建议，其本质是提供理财产品的超市型平台。其中主要涉及投顾平台与投资者二者之间的关系，部分直接提供购买路径的平台也包含了智能投顾平台、投资者和其他金融机构三者的关系。本部分将从投资者与投顾平台权利义务关系视角，探寻智能理财可能存在的风险表现。

（一）资金损失风险

智能投顾平台与投资者之间存在服务合同关系，投资者接受智能投

---

① 参见王怀勇：《金融科技的算法风险及其法律规制》，载《政法论丛》2021 年第 1 期。

② 参见蒋辉宇：《论智能投顾技术性风险的制度防范》，载《暨南学报（哲学社会科学版）》2019 年第 9 期。

③ 参见袁康：《互联网时代的证券业务创新与法律监管》，人民出版社 2020 年版，第 213 页。

顾服务最直接目的是获取收益、实现财富的增值。然而,在智能投顾市场中,智能投顾机构与投资者之间在身份、地位、经济实力等方面悬殊较大,从交易磋商阶段到交易达成、服务执行阶段,投资者并不能够充分合理地认知并规避风险,智能技术的加成更加剧了运营者与投资者间的差距鸿沟,使投资者资产保值增值的目标实现存在较大隐患。智能投顾机构拥有专业团队和资本加持,拥有雄厚的经济实力和技术实力。以国内智能投顾平台头部公司华泰证券为例,其在信息技术研发及维护投入的费用达 14.25 亿元,坐拥多项专利;蚂蚁金服与全球最大公募基金管理公司先锋(Vanguard)联手推出“帮你投”,集互联网头部公司的流量优势与国际头部基金公司的专业优势于一体。投资者方面,我国拥有基数庞大的投资者,但大多数缺乏投资理财知识,风险识别能力较低。2013 年 6 月,蚂蚁财富旗下理财产品“余额宝”推出,成为首支互联网货币基金理财产品,掀起了一股线上理财热,促进了中低净值人群理财意识的觉醒,普通投资者的数量开始快速增长,2014 年第一季度余额宝用户便突破了 8200 万人。① 某些智能投顾平台降低投资门槛甚至将投资费率降为 0,以此来吸引客户。这赋予了智能投顾不同于传统投顾的普惠属性,以往高净值人群才有能力负担的投顾业务开始“飞入寻常百姓家”。

与投顾平台专业性相区分,投资者依赖于智能投顾平台提供的投资咨询服务来进行投资和资产管理。一方面,智能投顾提供的服务能够破解投资者信息收集和专业性不足的难题,使投资理财的受众更为广泛;另一方面,智能投顾本身的技术性和专业性又会产生新的问题。智能投顾运营平台拥有丰富的投资经验、雄厚的财富资本,掌握着智能投顾内嵌的人工智能模型主要参数、资产配置的主要逻辑以及算法的原理等信息,导致平台与投资者之间巨大的信息差。在信息不对称的状态下,参

---

① 参见《余额宝是什么时候开始推出的?》,载凤凰金融网 2018 年 6 月 19 日, https://about.fengjr.com/bank/detail-zx-268。

与经济交易的人在追求自身利益最大限度的同时，可能会做出不利于他人的行动。故不可避免地，智能投顾平台可能会通过转嫁成本的方式实现自身最大化利益，利用信息优势地位，采用披露不真实、不完整或者不及时的信息等手段来谋取不正当利益。[①] 具体而言，由于智能投顾平台使用的智能算法架构复杂、专业性强，部分投资者欠缺足够的投资知识储备，对于投入资金的具体用途并不了解，也无法理解智能投顾的运作过程。同时，因为部分智能金融产品缺少第三方机构的公正评估，而由经营者自我评价，造成消费者被误导购入与自身风险承受能力不匹配的产品的情况。[②] 还有某些机构为了扩大市场份额，利用一般投资者的知识劣势进行夸大乃至虚假宣传，进行不当推介以促进成交，或在签约时含糊其词、未对目标理财产品的真实风险进行充分、详尽的说明，或在出现影响交易的重大情形时，未及时披露风险情况导致投资者无法及时中止、终止交易而给投资者造成资金损失。由于“算法黑箱”的存在，很难验证智能投顾出具的投资方案是否基于投资者利益、是否真实反映了用户的需求。在实践中，可能存在金融机构强行搭售产品或擅自改变服务内容等置投资者权益于不顾的情况。更有甚者，智能投顾运营平台可能会与其他市场主体，如证券公司、基金销售机构、投资咨询机构等形成利益联结关系。“算法黑箱”使这种利益联结更为隐秘，这种利益联结关系反过来将会影响甚至颠覆“算法中立性”的本质。若在利益驱动下，该算法技术蕴含了不正当的利益诉求，则会割裂运营平台与投资者的利益，将双方置于利益冲突的交易状态之下，削弱交易双方的信任，诱发信用风险，[③]导致投资者权益受损、资金损失。

---

① 参见侯东德、张冉：《智能投顾信用风险的生成逻辑与治理策略》，载《西北工业大学学报(社会科学版)》2019 年第 2 期。

② 参见肖钢等编著：《中国智能金融发展报告 2019》，中国金融出版社 2020 年版，第 132 页。

③ 参见侯东德、张冉：《智能投顾信用风险的生成逻辑与治理策略》，载《西北工业大学学报(社会科学版)》2019 年第 2 期。

(二)信息安全风险

智能投顾平台为投资者制定个性化理财方案,引导客户参与方案设计,需要投资者输入基本个人信息、资产情况、理财目标等大量个人信息数据。智能投顾的核心是算法,算法运行以数据为基础,海量数据应用于数据挖掘再配合算法,才能推演出更加精确的用户画像以及更为科学的资产配置决策。从智能投顾的运行模式来看,主要涉及以下几类投资者信息:一是基础身份信息。基础身份信息包括自然人的姓名和身份证件号、家庭住址、工作单位、薪酬水平、银行账号、电话号码、平台密码等信息以及法人和其他组织的统一社会信用代码、住所、资产情况等相关信息及其载体文件。二是用户画像相关信息。用户画像信息,是指在智能算法对输入的数据进行加工并分类化、系统化的过程中,算法会将投资者的个人信息与底层数据库进行比对,产生新的与投资者有关的信息,具体包括客户的持仓状况、风险偏好、历史行为、社交属性等。三是交易信息。交易信息包括交易时间、交易地点、交易金额、交易种类、交易频率等,除用户主动向智能投顾平台提供的数据以外,平台在运营过程中可能在原数据的基础上处理加工出具有更高价值的信息。随着智能投顾行业的发展,机构对于投资者数据的需求日渐精细,信息主体权益保护的边界日渐模糊,投资者信息安全面临严峻挑战。

1. 不当采集投资者信息

互联网公司的业务逻辑和投资者的信息权利之间存在矛盾,侵犯用户个人信息的情况时有发生。智能投顾平台不当采集投资者信息的表现形式多样:一是过度采集数据。除接受智能投顾服务切实需要的必要信息外,大量非必要的、与开展智能投顾业务无关的数据和信息被收集。也包括平台未经用户授权擅自收集或超出用户授权范围收集系统内所谓的“可用信息”,防范意识不强的用户在不自知的情况下变成了“透明人”,信息安全隐患重重。二是采集个人敏感信息。除例外情形,收集、处理个人信息都应当征得有关民事主体的同意,并且需要明示处理信息的方式和范围。平台违规采集用户的敏感信息是对投资者合法权益的侵犯。三是用户数据退出的权利无法得到有效的保障。投资者在终止平台服务时,有删除其在平台方留存全部数据的权利,但在实践中部分智能投顾平台在其客户端并未提供“注销账户并清空全部数据”的选项。

2. 不当使用投资者信息

理想状态下,智能投顾平台收集的用户信息是算法运行的基础。但是,我们也发现平台可能在用户不知情的情况下将用户信息另作他用,损害了客户乃至其他市场经济主体的利益。数据被称为人工智能时代的“石油”,智能投顾平台在业务开展期间掌握着海量的用户信息,这些信息具有较高的经济价值。在实践中,用户信息被泄露或倒卖的情况屡见不鲜,严重威胁投资者信息安全。除智能投顾公司或其员工的故意或过失行为引发对投资者信息的不当使用外,算法的程序漏洞、黑客攻击等突发事件等也是导致投资者信息泄露的诱因。从计算机科学技术角度而言,开发者一般会采用模型预测技术来对数据进行脱敏、联邦学习、可信计算以及分级处理以保护数据安全。但在运行过程中技术可能存在或者产生系统漏洞,并不能完全确保数据安全。例如,2020 年 4 月,澳大利亚银行 PN 银行(P& N Bank)的服务器遭到黑客攻击,用户的身份信息、账户余额信息等都被窃取。此外,数据管理不当可能导致数据被篡改。数据篡改可能来自黑客攻击,也可能来自系统故障、内部人员行为以及外包算法公司人员行为,无论诱因为何,数据篡改都将带来极其严重的后果。如果投资者的平台账户、密码被篡改,轻则导致投资者无法登录账户,重则导致投资者的资金损失;如果交易信息被篡改,或将导致资产配置计划执行结果出错;如果智能投顾使用的智能算法的源代码、推演模型、拓扑图等遭到篡改,将严重影响整个智能算法系统的运作和安全维护。

二、智能投顾微观风险生成逻辑

算法的固有缺陷、特性与金融自身风险和逻辑发生耦合,会随着算法、科技在金融领域的应用发展逐渐显现。① 智能投顾作为算法在金融领域深入契合的典型，在微观风险上也有所体现。智能投顾在应用对象和工具层面的诸多问题，导致智能投顾算法风险以及投资者保护风险规制的低效或失灵。

（一）操作风险

操作风险是各国金融风险管控的重点问题。巴塞尔银行监管委员会将操作风险定义为由于内部程序、人员及系统的不完备或失效或者外部事件，给金融机构造成损失的风险。一方面，智能投顾业务具有高专业性、高复杂性，使其存在因算法程序缺陷导致的指令执行失误、运营者违反信义义务损害投资者利益等操作风险；②另一方面，与传统投顾相比，我国智能投顾具有低门槛、低费率的特征。例如，蚂蚁财富与先锋上线的“帮你投”的起投金额仅为 800 元人民币，投米基金的起投金额和服务费率均为 0。低投资门槛使大量的普通投资者涌入智能投顾服务市场，但由于投资者风险意识不足、风险防范能力有限，也易于引发投资者操作风险。

1. 投资者风险意识不足

一方面，成本低廉、快捷便利的营销网络与信息技术的迅速发展扩展了财富管理的需求目标群体，吸收了更多低净值人群，使我国互联网理财用户规模快速增长，智能投顾客户群体呈现年轻化趋势。但是，广泛的小额投资者的显著特征是投资知识储备不足，存在不理性投资倾向。几乎每次公募基金发生大幅度涨跌的时候，都会将“基金”一词送上新浪微博的热搜榜。基金理财热开始在“90 后”“00 后”中蔓延，出现网红基金及基金经理现象，粉丝甚至还以其肖像制作大量表情包。一个优

---

① 参见王怀勇：《金融科技的算法风险及其法律规制》，载《政法论丛》2021 年第 1 期。

② 参见邢会强：《智能投顾时代的崛起——智能投顾法律问题研究》，中国金融出版社 2020 年版，第 265 页。

秀的投资者不应该轻易被市场情绪左右，而是能够相对理性、冷静地作出投资判断。这些将追星文化引入基金投资中的用户是否具有理性的判断和足够的风险承受能力呢？笔者持否定态度。另一方面，由于起投门槛低甚至“零门槛、零费率”，目前我国智能投顾的客户群体主要为中产以及长尾客群。数据显示我国资本市场中存在1.7亿散户，他们更看重短期收益而缺乏长线投资的计划和意识，时常进行投机交易，缺乏价值投资、理性投资的健康投资意识。2014年，证监会所做的调查显示，63%的基金投资者对于证券、基金、期货知识处于新手以及仅有基本认知的阶段。在证券市场交易过程中，许多投资者在证券价格大涨时跟风买入，大跌时又慌张卖出。这也说明投资者中尚有部分人群不懂理财、不会理财，缺乏对投资风险及权利义务的认知。

2. 投资者权益保护机制不到位

智能投顾业务往往规模广、用户体量大。平台与投资者之间的服务关系通常采用电子格式合同的方式固定。这类格式合同由智能投顾平台制定，包含大量的倾向性条款，投资者对合同条款只能概括接受或拒绝离开，并无协商的余地。换言之，格式合同是平台为维护自身利益所进行的单边规制的结果，并非其与投资者双方经自由、平等协商后缔结。这就意味着格式合同可能含有较高杠杆和隐藏性风险。《资管新规》规定，提供智能投顾业务的主体应当就智能算法的固有缺陷和风险进行充分提示。然而，大部分投资者并不同时具备充足的计算机科学、金融理财知识与相关法律知识，即使智能投顾平台向用户进行解释和提示格式合同中的免责条款内容，用户也是一知半解，无法充分有效识别智能投顾服务带来的风险。另外，出于降低成本、提高交易效率的目的，运营者一般不会结合投资者自身情况、目标收益比率、风险偏好等灵活拟定合同条款，这就导致部分平台提供的格式合同存在条款含糊其词、指向不明和倾向性误导等问题。在投资者的专业知识、经济实力、风险意识均处于相对弱势地位的背景下，投资者利益保护机制的建设完善仍任重道远。

(二)技术风险

智能投顾依据算法为客户提供投资组合和资产配置建议,以数据和计算机系统为基础为客户提供资产管理服务。任何技术发展都存在漏洞和缺陷,更何况人工智能技术发展尚处于初级阶段,与其他互联网理财平台相类似,技术的应用可能产生与数据安全、用户隐私、系统性安全相关的一系列风险。算法的基本运作过程包括数据输入、分析处理、数据输出,其中分析处理阶段具有不透明性、难以解释性。欧洲议会服务机构在其发布的《算法问责及透明度监管框架》中对算法进行了倡导性分级,其中将“黑箱”界定为“无法或者难以进行解释和预测的算法”。“黑箱”不仅难以解释算法、程序,即使经过解释,大部分人也由于专业壁垒而无法理解。就智能投顾而言,“算法黑箱”问题可能衍生算法程序缺陷以及系统安全风险。

1. 算法程序缺陷

程序缺陷,是指计算机软件或程序中存在的某种破坏正常运行能力的问题、错误,或者隐藏的功能缺陷。首先,智能投顾主要依靠智能算法作出投资建议和用户资产管理方案,去人工化使智能投顾的决策更有效率、更加理性,但也使程序缺陷带来的风险更加不可控。算法程序缺陷可能造成算法指令执行失误,错误地进行配置用户资产操作,造成用户的资产损失。并且,智能算法的批量操作特点会导致“一错全错”,波及平台的大量用户。例如,算法指令故障可能导致平台重复地进行本应进行一次的买入、卖出操作,影响投资者的投资收益。其次,算法以数据为基础进行金融知识图谱以及风险监控模型的构建,其中数据集的数量和质量对算法最终推演结果起着决定性的作用。智能投顾算法运行过程中需要大量的数据,然而在实际运营中存在某些重要数据供给不充足、不及时的情况,导致算法无法构建出足够全面的程序模型。例如,算法在投资过程中面临着投资风向、政策更改、税收变更等情况,这些数据对于资产配置和投资决策具有重要影响。如果没有第一时间将其输入智能算法数据库,可能会导致投资者利益受损。同时,金融规则具有时效性,金融活动的动态性与算法程序中关于数据独立同分布的假设不符,根据历史金融事件总结的规律以及金融专家总结出的投资经验不可能长期适用。以上有关程序输入端数据的问题可能导致算法给出的投资方案存在偏差,由此给智能投顾平台和用户带来利益损失。最后,用户画像不够精确仍阻碍智能投顾发展。《中华人民共和国证券法》(以下简称《证券法》)规定,证券机构向投资者提供服务时,应当按规定提供自己的金融资产状况、理财知识水平等信息。目前,各智能投顾平台主要通过调查问卷的方式来获取投资者信息,这些问题涵盖年龄、职业、薪资收入、家庭状况等,这种问卷调查的方式能否生成足够精准的用户画像有待商榷,更无法对标传统一对一的投顾服务。智能投顾平台在对用户进行画像的过程中并不能看出大数据和人工智能技术在其中所发挥的作用。所谓的大数据精准画像无法确定数据来源,抑或有可能侵犯了用户个人信息,面临两难的困境。用户画像生成后基本处于静止状态,如不能及时调整,难以确保智能投顾所作决策符合用户的风险承受能力。

2. 系统安全风险

系统安全风险,是指由于企业信息技术治理存在薄弱环节,导致各类应用系统可能存在基础网络、软硬件缺陷或者系统集成缺陷等可能使企业蒙受损失的风险。智能投顾平台在运营过程中同样面临数据泄露、程序漏洞、网络安全等隐患,依赖的软件系统可能会遭到黑客的恶意侵入或病毒攻击。2017 年,黑客组织“隐匿者”(Anonymous)向全球 100 余家金融机构发起攻击,其中多家国际银行的敏感数据库被黑客窃取,部分金融机构网站由于分布式拒绝服务攻击(Distributed Denial of Service Attack,DDoSA)陷入瘫痪。智能投顾平台受到攻击后可能会被控制批量进行错误投资行为,引发金融市场的局部紊乱,造成某些金融产品价格的异常波动，损害智能投顾平台用户和投资者乃至其他金融机构的合法权益。智能投顾使用的硬件系统也可能出现故障，诱发硬件系统功能或者性能异常，可能导致用户数据丢失、延误交易时机等后果。综合来看，智能投顾运作高度依赖人工智能软件系统和硬件系统，对此必须严格加以防范。

第二节 外部性：金融秩序的破坏

无论是从理财方式到理财观念，还是从金融市场到制度构建，智能投顾已然引发了经济社会结构的全方位深刻变革；但目前智能理财行业发展态势下隐藏着多重风险，且这些风险在互联网、大数据、人工智能等技术的作用下呈现新的特征。我国智能理财市场的发展饱受争议。除依托技术产生了新的更具隐蔽性的内生性风险之外，智能投顾强化了传统投顾的外部性风险。传统人工投顾行业表现出强烈的外部性风险，智能投顾则将传统的外部性风险扩张至更大的范围、造成更严重的后果。因为智能投顾风险的传播更为迅速。传统投顾行业风险一般发生于证券公司、投资咨询机构、基金销售机构等机构内部，呈单向发展的特点。智能理财风险的传播速度将远高于传统投资理财市场的风险，所涉主体较广，覆盖了金融市场各种主体。不同主体之间相互连接形成了以运营平台为中心的网状结构，网状结构中任何一个节点爆发风险，其蔓延速度与广度都较强且不易控制，所有的利益相关主体都有可能遭遇危机。并且，由于智能理财产品投资门槛较低，其一经推出便广受追捧。从受众数量上看，智能理财服务的投资者数量迅速上涨，加之投资者、技术、资金之间的联系更为紧密，各主体与运营平台之间形成的网状结构都使智能理财风险的破坏程度远大于传统人工智能理财行业。长尾客群的风险承受能力远不及传统投顾客户，甚至可能危及社会稳定。总言之，随着智能理财的发展，上述风险特征逐渐明晰，智能投顾可能引发金融系统性风险。外部性风险不仅会减损投资者对于智能理财行业的热情，还将降低智能理财行业的核心竞争力和发展潜力。本节从算法趋同风险、量化投资风险、运营者操作风险、信用风险等几个方面对智能投顾的外部性风险进行描述，以追溯其生成逻辑。

一、市场流动性风险

市场风险包括流动性风险、稳定性风险、波动性风险等，是典型的传统金融风险。任何金融活动都具有一定的市场风险，智能理财行业兴起后，表现出较为特殊的流动性风险。不同于大多数金融活动因为流动性过强而易导致投资收益率降低，智能理财行业的问题更多在于流动性不足。智能理财的长期投资模式不符合我国现有投资者追逐短期投资回报的心理，从而降低了市场的流动性：智能理财强调资产配置并推崇长期投资模式，但是我国机构投资者占比较低，以个人投资者为主的投资者群体更热衷于短期利益，金融市场投机气氛甚浓。需要注意的是，流动性与稳定性并非反向变动的负相关关系，智能理财行业在出现流动性不足的同时，也出现了波动性风险。①

二、市场波动性风险

智能投顾算法的趋同性和量化交易同时也可能强化市场波动风险。资产管理是智能投顾的核心业务，自动化决策则是金融平台降低交易成本的主要技术手段，投顾算法趋同风险从算法研发阶段到风险应急阶段均存在，尤其在市场震荡期间，智能投顾的量化投资和高频交易将会加大趋同效应对金融市场的冲击。

（一）利益最大化的投资目标——隐藏算法趋同风险

首先，投资者利益最大化的共同目标使算法研发阶段便隐藏着趋同风险。在计算机技术领域，算法趋同呈现“不同技术系统朝着执行相似

---

① 参见侯东德：《智能理财行业风险的法律应对》，载《政法论丛》2020 年第 1 期。

任务的方向进化的趋势”。投资者利益最大化的目标要求智能投顾系统面对统一的金融产品和市场风险条件时，作出最理性、最优选择，不同投资者的偏好差别如风险认知、投资经验在算法研发阶段会被缩小，算法研发人员开发的最终结果是无限接近“理性标准”的相同或类似的算法程序：对利好金融产品评价标准和选择依据的趋同，会使算法程序得出相同结果导致跟风购买同类产品；在风险即将或已经发生时，算法的风险规避程序自动抛售导致极端市场情绪。如此短时间的频繁相同或相似的操作会加大金融市场的震荡。其次，智能投顾中资产管理功能下的自动化决策和交易行为高度互联性也会导致趋同风险升高。① 算法趋同效应在自动化决策技术的加持下会产生“羊群效应”，智能投顾系统面临相同的利好或风险时会作出统一的决策，从而增加系统性金融风险发生的可能。统一的市场定价机制则是自动化决策的制度诱因。通常情况下，金融市场的价格机制会中立地反映市场的供需关系，而在算法趋同的影响下，微小波动也可能会引发剧烈震荡，自动化决策虽然会降低工作人员的工作时间和交易成本，但缺乏反应机制时间和算法趋同则共同造成负外部性表现。再次，算法趋同作用下的金融风险加大了不同类型投资者的风险认知偏差。一方面，由于算法程序的专业性和技术性，非专业投资者更难以预测风险；另一方面，算法趋同所造成的系统性风险加大了市场恐慌情绪的负面效应，进而引发资本市场风险的恶性循环，风险认知偏差和风险规避能力欠缺的消极影响在算法趋同的作用下被增大。最后，算法趋同加大了系统性风险的危害结果。风险规避是算法程序中的重要组成部分，利益最大化动因使算法趋同主体在风险发生时极易作出相同的算法结果，进一步加剧“羊群效应”，甚至引发系统性金融崩溃。

---

① 参见王怀勇、邓若翰：《算法趋同风险：理论证成与治理逻辑——基于金融市场的分析》，载《现代经济探讨》2021 年第 1 期。

总言之,算法趋同风险建立在利益最大化的基础之上,而叠加行为对金融市场并不有利,其不仅会放大已发生的金融产品涨跌态势,而且在金融风险发生时更容易加剧金融市场损害,引发市场崩溃。

(二)量化投资与高频交易加剧市场波动

量化投资是以算法技术构建数学模型为基础,与投资者画像相结合,对金融资本市场风险及投资价值进行评估以提供投资决策,最终通过计算机系统作出投资决定的一种投资交易方式。量化投资是现代投资的重要方式,科学的量化投资有利于精准分析市场,实现投资者利益最大化。但资本市场的不确定性和智能投顾本身所蕴含的技术风险会扩大量化投资与高频交易的负面效应,其主要表现为市场操纵风险和数据陷阱风险。①

智能投顾服务提供方往往热衷于通过量化投资减少交易成本。统一的算法程序为量化投资提供可能,并使交易量得到极大提升。但是,量化投资的趋同风险与高度关联性使个别算法程序的影响会被不断扩大甚至引发金融市场风险。在数据应用技术高速发展的时代,数据量不断扩充的趋势使维护数据的客观性和真实性越发困难。量化投资建立在庞大的数据库之上,一切数据陷阱的负面影响将会在量化投资的影响下被几何量级地放大,高频交易也是如此。高频交易行为并非孤立存在的一种证券投资行为,而是量化交易的极端情况。实务界和理论界对高频交易的监管尚处于探索阶段,对于高频交易的法律性质尚存争议,但是高频次的同类交易极易引发金融系统性风险是毋庸置疑的。2010年,证监会对程序化交易监管提出了具体要求,各交易所也提出了相应措施。2015年,证监会发布了《证券期货市场程序化交易管理办法(征

---

① 参见马一宁等:《资本市场的量化投资风险管控》,载《中国集体经济》2021年第8期。

求意见稿)》,加强对程序化交易的监管。① 高频交易行为涉及价格定价机制、信息量控制、程序化订单标识等多方面内容,在没有形成统一的高频交易法律规制的情况下,高频交易本身就极易转化为金融秩序风险。综上所述,量化投资与高频交易行为实际是算法趋同风险的表现之一,作为现代投资的基础性手段,量化投资和高频交易需克服市场操纵难题和数据陷阱风险。

三、不当交易的风险

智能投顾平台在进行投资咨询和理财产品推荐时,很有可能基于平台与被投资的基金、股票公司之间的不当关系而作出不符合投资价值的推荐。传统的投资顾问是一对一的咨询服务,不当交易很容易追根溯源。但智能投顾平台将投顾对象泛化,由机器人提供咨询服务和投资建议,使不当交易更难被发现和追踪,更难落实最终的责任追究。所以,出于市场主体追求利润最大化的本性,如果公权力部门和投资者缺乏对智能投顾平台的有效监管,智能投顾平台可能罔顾其忠实义务,进行损害投资者利益的自我交易行为。一方面,开展智能投顾业务的金融机构可能同时提供多种存在利益冲突的金融理财产品。例如,推出“帮你投”智能投顾业务的蚂蚁财富集团,同时也经营着公募基金承销业务以及“余额宝”理财产品等。其可能通过不合理美化、增强广告曝光率等手段过度推广本机构旗下理财产品,也可能在资产配置方面提高本机构旗下理财产品的所占比重,以上行为可能降低智能投顾服务的最终收益率,影响投资者的利益,却难以认定。另一方面,在全权委托的智能投顾服务模式中,智能投顾平台掌握着处置平台用户资金的权利。不仅算法本身的程序漏洞可能危及用户的资金安全,还需要防范智能投顾公司、内部员工实施侵吞、私自挪用用户资金等行为。在智能投顾服务中,账户资

---

① 参见郭晨光等:《境外高频交易监管制度对我国期货市场监管的启示——基于经济和技术手段的视角》,载《金融发展研究》2021 年第 2 期。

金仅显示为数字,智能投顾平台掌握着大量的经济价值高的用户数据,可能实施非法倒卖数据等行为。①

关联交易,是指企业与关联关系方达成了违背公平原则的交易,进行不正当的利益输送,而可能损害利益相关人利益的行为。就智能投顾而言,利益输送行为是指智能投顾公司为了谋取不正当利益而与关联方进行的有损投资者资金的行为。关联方可能将其服务链接隐藏于取得牌照的金融机构交易窗口中,通过页面跳转、串联等方式,借用其资质开展智能投顾服务。在这种情况下,如果消费者缺乏甄别能力,无意间就与无资质平台签订了服务合同,权益无从保障。2017 年,山西证监会曾点名批评盈米基金与未获得基金销售资质的互联网平台存在交易系统串联、跳转现象。

智能投顾运营者违背忠实义务、信义义务等所实施的自我交易、关联交易等行为会导致证券市场交易规则以及运行秩序遭到破坏。2019 年,我国证监会发布了《关于做好公开募集证券投资基金投资顾问业务试点工作的通知》,规定经过证监会核准并符合特定条件的金融机构可以申请公募基金投资顾问试点资格,为客户提供投资策略服务,并可代客户执行基金产品的申购、赎回、转换等交易(“资金全权委托模式”)。该通知表明我国智能投顾业务未来有逐步放开全权委托的趋势,智能投顾行业集合了互联网、大数据、金融等多个复合要素,为防范金融系统共振性风险,金融监管部门应当进一步加强监管力度。

四、行业信用风险

首先,信任是金融行业资金融通的核心,②信用风险是智能理财行业遇冷的重要因素。智能投顾交易参与主体缺乏信用意识是引起信用风

---

① 参见邢会强、银丹妮:《智能投顾信息披露法律制度的构建》,载《西北工业大学学报(社会科学版)》2019 年第 1 期。

② 参见李晴:《智能投顾的风险分析及法律规制路径》,载《南方金融》2017 年第 4 期。

险的重要因素。智能投顾自诞生以来,在推动理财投资服务普惠方面发挥了重要的作用。但是,网络金融时代以来,各类良莠不齐的网络金融平台涌现,大量网络金融平台于近两年频频暴雷,大规模的暴雷严重挫伤了投资者积极性。智能理财兴起后,还有部分平台假借智能理财之名,行点对点网络(peer-to-peer lending,P2P)借贷之实,这也给智能理财行业造成了一定的消极影响。

其次,智能理财行业易出现"劣币驱逐良币"等逆向选择现象。收益率水平是投资者选择智能理财运营平台进行投资的首要参考因素,这导致一些智能理财运营平台过分夸大投资收益率以赢取客户。虽《资管新规》规定金融机构不得借助人工智能业务夸大宣传资产管理产品或者误导投资者,但各大智能投顾平台为了吸引用户及资金流入,不断进行"擦边球"式宣传,将平台使用的算法技术以高科技名义过度美化,导致消费者受到误导,使消费者忽视了其背后存在的风险。① 例如,笔者在使用资配易 App 进行投资理财时发现,在平台所设计的问卷调查确定了笔者的风险偏好为保守型投资者之后,该 App 预估的回报竟然高达 10%,这远远高于传统理财模式下保守型理财方式的回报率。但大多数投资者仍更倾向于选择此类预估回报率极高的运营平台,因此,运营平台也更倾向于虚假宣传投资回报率以吸引投资者投资。这就导致质量更高的智能理财运营平台可能会被质量较次的运营平台抢占业务,出现"劣币驱逐良币"等逆向选择现象。②

最后,智能算法的不透明性加剧了智能投顾机构与投资者之间的信息不对称。在理想场景下,智能投顾可以使用诸如大数据信息系统、互联网和云计算等技术来实现平台与用户的信息对等,降低信用风险。但在智能投顾平台实际营运中,智能投顾投资者与平台的信息差距正在日

---

① 参见邢会强:《智能投顾时代的崛起——智能投顾法律问题研究》,中国金融出版社 2020 年版,第 265 页。

② 参见侯东德:《智能理财行业风险的法律应对》,载《政法论丛》2020 年第 1 期。

益增加。这种不透明体现在多个方面。除了算法决策过程具有不透明性外，智能投顾所使用的算法架构复杂，包括源代码、运作模型、预设条件等，且往往涉及第三方公司信息、交易信息、持续性披露信息以及账户存管和费率信息等多个方面。[①] 上述信息的多样性及投资决策过程的专业性让多数消费者不能充分理解相关内容。算法设计者与算法消费者之间的信息壁垒让普通投资者无法主动介入决策过程而仅基于片面的理解或认知从而作出错误或偏差性的决定，其合法权益也难以得到切实保障。例如，在投资者事先未知悉的情况下，智能投顾平台与编写算法的科技公司可能利用后者技术优势设置不公平的规则，使某类理财产品频繁被推荐。

第三节　法律风险：智能投顾市场何以“失灵”

特定的市场经济发展条件下，市场失灵是经济法介入市场运行的逻辑起点之一。作为金融业的重要组成部分，证券投资业务的发展、治理关乎金融市场稳定，关乎国家经济安全。如何平衡市场机制的自我调节与国家调控二者之间的关系是证券业法律规制的核心议题。回顾智能投顾市场的发展历程可以发现，政府监管缺位、智能投顾机构与投资者适当管理欠缺以及技术风险防范缺失等多方“合力”导致了智能投顾市场的失灵。智能投顾市场的失灵构成智能投顾法律规制的逻辑起点。

一、市场准入与全权委托障碍

通常，民商事活动的发展会产生行为的负外部性，其私法本质又决定了其难以有效应对这种负外部性，这是国家干预市场运行的基础。市场准入是国家通过法律和政策手段对处于自然状态下的经济发展作出

① 参见欧阳丹丹：《智能投顾法律规制研究》，载《金融与经济》2021 年第 1 期。

的制度安排,是常见的国家干预经济的表现形式。2018 年,中国人民银行等部门联合发布《资管新规》,要求“运用人工智能技术开展投资顾问业务应当取得投资顾问资质”,但该意见并未明确智能投资顾问资质如何取得,准入条件为何。①《证券投资顾问业务暂行规定》《证券、期货投资咨询管理暂行办法》均规定了证券投资咨询需要注册登记或获得许可。可见,我国目前并没有形成统一的证券投资咨询市场准入制度,一方面不利于智能投顾的市场环境和竞争秩序;另一方面,市场准入制度是证券体系的前端制度,不完善的前端体系将直接影响整个金融业的稳定运行并加大监管难度。

证券法对“全权委托”交易模式的禁止带来了风险。自动再平衡是智能理财的重要环节,分析智能理财行业的先进经验,我们可以得出,自动再平衡环节是智能理财获取投资者青睐的关键。通过“7 ×24”式全天候实时监测,智能理财运营平台根据监测数据自动调整投资者账户中各种股票、债券的数量与比例,以协助投资者实现规避风险、获取投资收益的最终目的。因此,全权委托是开展智能投顾资产管理业务的必要前提,但我国《证券法》第 161 条明确规定,证券投资咨询机构及从业人员不得代理委托人从事证券投资,《证券投资顾问业务暂行规定》也禁止证券投资顾问从事代客决策业务。不过,2018 年的《资管新规》却将资产管理业务纳入智能投顾的业务范围,制度之间的矛盾加大了智能投顾服务提供商开展业务的难度。目前,我国金融业未建立完善的体制机制,政府监管和市场机制的调节平衡尚未形成,若开放全权委托限制,同样会带来投资者保护、监管等方面的难题。首先,金融领域的市场主体竞争激烈,开放全权委托可能会使服务平台与客户之间签署补偿条款,即服务提供商在客户损失时予以补偿,而这并不符合资本市场风险自担的

---

① 参见邢会强:《智能投顾时代的崛起——智能投顾法律问题研究》,中国金融出版社 2020 年版,第 263 页。

基本原则。其次,由于我国的证券资本制度和监管体制尚存诸多不合理之处,资产管理业务的有效监管难以贯彻落实,由此会加大投资者利益损害的可能。最后,开放全权委托也可能会产生双方代理问题,“基金引流”式的资产配置建议型智能理财平台可能会被迫向投资者推介基金产品,涉嫌非法基金销售,自产自销的运营模式同样会威胁投资者利益。因此,禁止智能投顾服务提供商开展资产管理业务有利于监管便利,但会造成智能投顾业务流程的断裂。也许,学术界对于证券行业“全权委托”的禁止性规定的检视与批判会引领法律的变革。在资管兴起的时代,证券投资咨询与资产管理界限日益模糊,我国可开展试点工作以逐步放开全权委托。① 但是在现行法律框架下,智能理财运营平台仍需恪守该条规定,不得接受客户的全权委托对其账户进行自动再平衡,否则将会面临一系列的赔偿责任、行政处罚抑或是刑事责任。②

二、投资者适当性管理的欠缺

投资者适当性管理原则是金融资本市场的基本原则。《金融产品和服务零售领域的客户适当性报告》将投资者适当性概括为金融中介机构提供的金融产品或服务应当与所服务客户的投资目标、财务需求、财务状况及风险承受能力、经验与知识相契合的程度。从实践来看,智能投顾在我国发展偏离了原本的运行轨道,异化为卖方投顾形态,偏重基金销售渠道和产品配置的功能。③ 事实上,卖方市场是我国当前证券金融市场的主要特征,机构主导理财产品的研发与推广并可以根据销售需要制定价格策略,引导投资者的投资需求。④ 以销售为导向的智能投顾市

---

① 参见田春雷、于美瑶:《我国智能投顾法律规制困境的破解》,载《政法学刊》2020 年第 5 期。

② 参见侯东德:《智能理财行业风险的法律应对》,载《政法论丛》2020 年第 1 期。

③ 参见钟维:《中国式智能投顾:本源、异化与信义义务规制》,载《社会科学》2020 年第 4 期。

④ 参见李瑞雪、李可萃:《智能投顾投资者适当性管理问题研究——从销售导向走向客户导向》,载《价格理论与实践》2019 年第 11 期。

场与以客户导向为原则的投资者适当性管理原则相疏离，即卖方市场并非投资者适当性管理的健康制度环境。具体而言，在智能投顾制度中，投资者适当性管理原则主要存在于两个阶段，分别是用户画像形成阶段和投资者资产管理阶段。首先，在信息收集与应用层面，我国尚未形成投资者信息的及时更新制度，调查问卷仍是收集用户信息的常用做法。而投资者适当性管理原则的贯彻需以充分、有效、全面的信息数据库为基础，陈旧、落后的信息管理制度无法为投资者管理制度提供良好的发展土壤。其次，在制度层面上，我国的金融产品市场缺乏适当监管，依赖合同自治的智能投顾市场无法保障金融中介机构的充分自律。最后，算法层面上的技术规范制度亟待建立。技术壁垒使智能投顾监管难度加剧，“算法黑箱”、算法偏见、算法歧视等会进一步加大技术风险对投资者利益的威胁。

2019 年修订的《证券法》进一步完善了证券市场基础制度，为有效防控市场风险、切实维护投资者合法权益提供了强有力的保障。其中证券产品类别的扩大，信息公开制度、投资者保护制度的完善，处罚力度的提高等强化了投资者保护，这在一定程度上是对卖方主导市场的削弱，对买方市场形成和投资者适当性管理制度的发展具有正向促进作用。然而，我国信义义务体系基础薄弱，体系欠缺，具体内涵不明等都在一定程度上阻碍着投资者适当性管理制度的发展。其与卖方主导市场共同构成了投资者适当性管理体制无法有效建立的内因，加剧着智能投顾市场的失灵及市场失灵风险。

三、信义义务流于形式

智能投顾服务机构与投资者建立基本的信义关系，是开展投资者资产管理业务的基础和必要前提。信义义务是证券市场主体所需遵循的基本义务，设定信义义务的基本目标是实现投资者以及其他受益人利益最大化。从理论上讲，智能投顾中的金融服务者与投资者之间的关系发生了一定程度的改变，但这并未从根本上改变二者之间信义关系本质。① 智能投顾的信义义务应当延续传统投资者与投资顾问服务机构之间的忠实义务与勤勉义务并有所更新，运营者应当对于智能投顾算法伦理、数据披露中新出现的利益冲突负责。② 不仅如此，信义义务还是投资者适当性管理的应有内涵，服务提供方必须严格遵守信义义务和相关制度法规才能贯彻投资者适当性管理原则。但从实践来看，《资管新规》第 23 条虽明确了相关机构在开展资产管理业务中应当承担的信义义务，要求明确交易流程、强化账户管理。但是，非金融机构提供的智能投顾服务相关问题尚处模糊地带，非金融机构的智能投顾服务提供行为是否应当纳入信义义务规制范畴值得研究。无论是《证券法》还是《资管新规》，都是以传统投资顾问服务为规制对象设计的规范，无法完全匹配与衔接智能投顾中计算机程序运营模式。《资管新规》第 23 条针对算法和交易管理的规制在一定程度上填补了我国智能投顾信义义务法律规制的空白，但其规则过于笼统和原则性，并未明确对智能投顾资质、投资者适当性管理、算法研发、信息和算法程序的公开等方面作出要求，调整力度也有限。③

除此之外，我国信义义务制度的体系性和可操作性不强，加大了智能投顾的风险防范难度。首先，智能投顾服务提供平台与投资者之间的信义关系是智能投顾法律关系中信义义务的核心。智能投顾服务提供者应尽可能使投资者利益最大化，且应当尽到合理审查义务以防止投资者利益受损。④ 由于"算法黑箱"和智能投顾的技术性特点，智能投顾平

---

① 参见钟维：《中国式智能投顾：本源、异化与信义义务规制》，载《社会科学》2020 年第 4 期。

② 参见郑佳宁：《论智能投顾运营者的民事责任——以信义义务为中心的展开》，载《法学杂志》2018 年第 10 期。

③ 参见刘文、蒋昇洋：《智能投顾的信义义务：中国实践和制度重塑》，载《河北法学》2021 年第 12 期。

④ 参见欧阳丹丹：《智能投顾法律规制研究》，载《金融与经济》2021 年第 1 期。

台与投资者之间存在事实上的不对等,信息不对称成为投资者利益保护的主要障碍。客户在无法有效接触市场信息和技术标准的情况下,难以实现对平台的监督。缺乏信义义务支撑,全权委托、资产管理等制度就无法按理想的设想发展,进而将影响智能投顾制度的完善。其次,技术研发者与智能投顾平台之间的信义义务关系对智能投顾业务的稳定开展起到关键作用。在社会分工逐渐精细化的发展格局下,越来越多的金融机构将算法研发等技术开发工作外包给技术公司。由于智能投顾所依赖的算法、理论具有较高专业性,若缺乏有效的针对技术研发的信义义务规制,极易引发技术风险。最后,技术研发者与投资者之间的信义义务关系还将直接影响投资者隐私与个人信息保护。智能投顾的算法程序的开发需要大量用户画像,其中包含了大量的投资者信息。换句话说,技术研发者往往拥有大量的投资者个人数据,如果没有信义关系的规制,则容易引发信息泄露风险。

四、信息披露不充分

信息披露义务是投资顾问忠实义务的核心。根据投资行业的知悉客户标准(Know Your Customer,KYC),投资顾问需要了解客户风险承受能力、投资知识和财务状况等详细信息。《资管新规》对这一理念也进行了重申。与此相对应,投资者也应当了解投资顾问的有关信息,如投资顾问是否具有相应资质、投顾业务合规性等。但面对飞速发展的智能金融行业,相关法律规定的传统信息披露义务相对滞后,监管空白,虚假披露、违规披露等问题频发。信息披露不充分加剧了智能投顾市场中信息不对称的问题,并导致了一系列金融风险的发生。

首先,智能投顾平台以营利为目的从事经营活动,其在进行信息披露时,更倾向于披露本平台的利好信息而掩盖对本平台声誉不利的信息。在整个金融系统中,风险是一个恒等的量,风险只会转移不会消失。当智能投顾平台披露自身信息不充分时,风险就转嫁到了平台用户、相关金融机构、外包算法公司等,进而可能引发系统性风险。其次,智能投顾用户多为中低净值人群,这些用户对金融市场运行规律认知有限,对高收益背后的高风险认知不足,可能进行与自身风险承受能力不相符的投资操作,引发逆向选择风险。最后,我国现有法律法规的完善程度明显滞后于智能投顾发展速度。为保障金融经济运行的安全、稳定,我国始终采取严格的金融监管方式,即"市场准入"和"信息披露"。我国现行法律规定对智能投顾的规制主要是参照传统投顾的规定进行,没有具体的专门化规定。以《资管新规》为例,其规定了智能投顾服务应当参照遵守金融机构的一般信息披露业务。但相较于传统投顾服务,智能投顾具有智能算法和投顾服务的复合特征,一般信息披露业务针对传统的金融机构设置,无法完整地涵盖智能投顾平台的信息范围,因此形成了信息披露监管的真空地带,导致信息披露不全面。智能投顾所具有的互联网属性、大数据算法属性使其引发的金融风险具有更为广泛的负外部性。金融风险一旦发生,智能投顾业务各参与主体为维护自身利益还将采取一系列损伤其他主体利益、保全自身利益的行动,引发一连串的负面连锁效应。①

五、金融科技监管理念有待提高

智能投顾是随着大数据、人工智能、区块链等数字技术的发展而逐步成熟,新兴数字技术是智能投顾赖以存在的基础。当前,在新兴数字技术尚未发展成熟和高风险的金融市场的双重背景下,技术性风险正在成为影响智能投顾市场调节机制的关键因素。从技术规范的角度可以将智能投顾业务划分为三个阶段,分别是技术研发阶段、资产管理阶段和应急阶段,各个阶段的技术风险防范均与智能投顾市场波动息息相关。首先,在技术研发阶段,我国尚未建立相应的技术研发规则,相关规则的缺乏将直接影响用户画像的形成和适当性管理的应用。其次,缺乏系统性、周期性的技术更新规范。资产管理是智能投顾业务的核

---

① 参见张凯:《金融科技:风险衍生、监管挑战与治理路径》,载《西南金融》2021年第3期。

心业务，根据市场行情及时更新技术要求以改变资产管理模式是智能投顾的基本要求，技术更新制度的缺乏将使资产管理丧失时效性从而影响投资者利益。最后，缺乏应急技术规范。算法趋同带来的“羊群效应”是造成金融市场非正常风险的重要因素。在市场处于高风险时，机器人算法往往会作出相同选择，这将进一步加剧金融市场震荡。建立临时的应急技术规范以应对突发市场风险是降低智能投顾技术风险的必要手段。总而言之，技术融合优势给智能投顾发展带来了机遇，而技术性风险又为智能投顾市场稳定和投资者利益保护埋下了安全隐患。

金融科技的创新性与风险性两大特征，与当前“管制型”监管模式不适应。现行金融监管制度在审慎监管理念指引下，更凸显其强制性、刚性与金融科技的创新性、灵活性、风险性不相契合。“管制型”监管模式无法实现金融市场监管与创新发展之间的平衡，亟须寻求新的监管模式。包容审慎监管是对传统管制型监管模式的创新发展，其遵循包容性与审慎性两大监管理念，弥补了传统管制型监管的不足，可以实现市场创新与风险控制之间的平衡。但由于我国对包容审慎监管研究较少，导致监管机关面对金融创新时陷入了不会管、不敢管、不愿管，一管就死、一放就乱的怪圈。①

综上所述，首先，市场准入与全权委托障碍是智能投顾法律规制发展面临的首要难题。全权委托是市场准入制度的关键，其涉及智能投顾服务提供方能否积极开展资产管理业务，而由于民商事行为的负外部性，以所有权和占有权相分离为主要特征的资产管理极易引发道德风险、投资者保护风险和金融风险，若缺乏必要的法律规制，市场准入和全权委托机制的缺乏将直接导致市场失灵。其次，信义义务流于形式和投资者适当性管理制度缺位是市场失灵的一体两面。信义义务是基本原

① 参见侯东德、田少帅：《金融科技包容审慎监管制度研究》，载《南京社会科学》2020 年第 10 期。

则,投资者适当性管理是主要内容。在开放式发展成为当今金融体系的主流趋势下,严格的规制监管不利于金融资本市场的灵活发展,协调好法律规制和市场失灵之间的矛盾显得尤为重要。最后,技术性风险是智能投顾区别于传统投资顾问而导致市场失灵的主要症结。技术性风险贯穿整个智能投顾服务提供过程,技术规则的缺失将直接导致智能投顾的野蛮生长。整体来看,智能投顾市场失灵主要源于制度缺失,前端制度如市场准入制度的缺漏直接阻碍了智能投顾的发展,投资者适当性管理制度和技术性风险的中后期制度则是智能投顾市场失灵的主要体现,前述障碍共同导致了智能投顾市场机制的失灵。

第二章　智能投顾法律规制的特殊性

智能投顾是传统投资咨询服务在金融科技加持下的更新迭代，在一定程度上克服了传统投顾服务对象的局限性，发展了金融科技的普惠性。但是，人工智能的加入增加了投顾服务的参与主体，投顾服务不再是咨询顾问与投资者二者之间的关系，还涉及投顾平台公司甚至算法开发者。传统二元视角下的投资者适当性要求与信义义务要求无法契合智能投顾中投资者保护的需求，智能投顾的适当性管理如果出现纠纷、偏差，出现预期和实际收益不一致的情况，或者因其他原因导致投诉，在处理当中可能会存在一定程度的麻烦。因此，本章重点分析因投顾智能化引发的"算法黑箱"、数据泄露等新问题，和智能投顾信息披露中提出的新要求等特殊性。同时，除基于理想发展逻辑所产生的特殊性问题之外，也提请关注对因为"全面委托"限制等监管要求而实际发展的其他模式，以便及时调整市场准入监管和防范风险。

第一节 智能投顾的法律定性

在人工智能的发展中,对人工智能主体“人格”概念及相关问题的争论,尤其是人工智能主体的法律责任,一直未间断并越来越激烈。智能投顾替代自然人为投资者提供建议,给相关金融从业者以及传统金融监管者带来了挑战。智能投顾并不是真正意义上有意识的投资顾问代理人。因为从一般意义上讲,有意识的行为主体能够作出合法行为一定是在自身独立的信仰或愿望之上,而不是依赖预先制定好的人类的指令。[①] 因此,智能投顾当然地没有独立民事主体资格。在此背景下,客户、顾问与投顾系统或投顾平台整体之间的关系中,谁才应该是受托人?在金融服务中,使用该平台给投资者造成的损失由谁来承担?在智能投顾模式下,传统投顾的权利义务关系,尤其是信义义务要求是否应该有所不同?传统的监管方法可能不能有效地解决在投资咨询中使用算法所产生的问题。在投资顾问使用的算法技术变得更加复杂之前,监管机构应该了解智能投资顾问技术的基础,并为今天和未来的智能投资顾问制定法规。

一、投资顾问虚拟化后产生的定位和功能异化

(一)从民事主体角度讨论适格性

传统民法认为,民事主体参与法律关系,反映出来的本质就是能够拥有民事权利、履行民事义务。它是一个逐渐发展并演变的概念,是由政治社会经济不断发展决定的。由民法的发展史可知,民事主体经历了

---

① See Megan Ji, *Are Robots Good Fiduciaries? Regulating Robo-advisors Under The Investment Advisers Act of 1940*, 117 Columbia Law Review 1545(2017).

从主体一元化到主体二元化的持续演变过程,民法通过规定人格的概念确认民事主体的资格,设定一定的参考标准从生物人中间选择一部分认定为自然人,赋予其法律上的人格属性。从民事主体演变历史不难看出,法律对于主体人格身份认定的构成要件有四个部分:第一,应当具备名义上的独立性。自然人或法人可以通过自己的名义从事民事行为,并且与第三人之间发生相应的法律关系。第二,自身的意志具备独立性。民事主体能够按照自己的意愿,自主选择从事相应的活动,同时,自然人在从事民事法律行为时具备独立的自由意志,而不受非法干涉,而对于法人来说,其表现出的是共同的意志,并不是成员个人意志的简单相加。第三,自身的财产具备独立性。自然人对其所有财产具有完全排他性,能够行使占有、使用、收益、处分权利。同时法人财产是以共同利益形式存在,无论是在形式上还是实质上能够独立于其组成成员财产。第四,自身能够独立承担责任。自然人和法人都必须以其全部财产对外承担相应责任,法人能够独立承担民事责任也是以财产独立为前提的。

那么,现在思考智能投顾的民事主体性问题。首先,民事主体的独立性是以意思表示为前提,在民事主体之间构建并产生民事法律关系,从而具备承担民事责任的基础。但是,人工智能机器所感知的周围环境,以及进行的思考和行动,一方面是由于预先程序算法的设定产生;另一方面是由于数据的量级的积累,这是人类目前所无法预见的,区别于人类一般意义上的意思表示。那么,现阶段人工智能还远远达不到具有人类所拥有的自主思考和行为意识能力。因此,智能投顾是没有独立的意思表示的,也没有民事行为能力,更没有民事责任能力,尚不能成为民事主体。① 智能投顾同样不能成为民法意义上的民事客体,由于智能投顾本身仅仅是一种投资咨询行为,其既不是买卖的客体,也不是法律关

① 参见高丝敏:《智能投资顾问模式中的主体识别和义务设定》,载《法学研究》2018 年第 5 期。

系中与运营商、投资者有关的权利和义务共同指向的民事客体。其次，民事责任的功能是多方面的，人工智能机器人显然还没有发展到可以让机器产生相应心理活动。目前人工智能机器人上仅仅是有一些类神经元等技术的应用，但它们没有任何情感的感知能力，想要达到人类思维的丰富程度还有很长的路要走。避免人工智能继续重复侵权需要更改程序算法或是调整数据处理模式，实际上民事责任没有对机器人本身产生任何影响。最后，民事主体如果想承担民事责任，需要拥有独立的财产权，但是人工智能一般情况下并不具有独立的财产来支付民事赔偿金，往往是人工智能运营者代替这一角色，事实上发生了民事责任赔偿主体的移转，人工智能的财产独立性并不存在。因此，智能投顾在现阶段并不具备独立的法律人格。

总言之，现阶段，人工智能自身还远不能独立创造，更不能独立承担责任。在考虑人工智能对于民事主体定性的影响时，主要考虑人工智能是否可以完全单独享有民事权利，以及是否能够完全单独承担侵权行为产生的民事责任。这就需要人工智能技术达到民法基础理论的构造要求，然而，人工智能确实与民事意义上的自然人存在生理结构上的巨大差异，因此，需要对侵权行为制定特殊的规则，来适应各类社会变化。结论显而易见，智能投顾目前不能成为我国民事法律上的民事主体，不具有主体地位和人格。人工智能距离真正的智能还有很长的路要走，但随着技术的发展，在未来还需要继续关注人工智能的民事主体性，以便及时实现法律对社会的有效调整。

（二）从投资顾问功能角度讨论其变化

智能投顾的业务属性并不清晰，将其定位为投资咨询还是投资产品销售，是监管设置的基本前提。从技术原理的角度看，智能投顾是以互联网为手段，在现代资产组合理论的基础上构建数据模型算法，来实现资产配置过程的。智能投顾一般情况下会结合投资者自身年龄、家庭状况、经济状况、风险喜好程度，再综合实际参与投资时间的长短等各类因素,全方位帮助投资者锁定投资目标。智能投顾最关键的一步就是采集各类数据,因为这是进行投资组合建议的基础。智能投顾投资策略的生成是在综合各类市场收益特征、风险因素、产品属性的前提下综合得到的结果,其目的是获得提供资产配置服务的大数据以支撑该项目。智能投顾通过匹配既有投资者策略与实际投资目标,利用技术平台交互来提交投资资产配置方案。同时,方案得出后再通过资产再平衡的方式进一步修正结果,来实现与资本市场波动灵活匹配的目的。

然而,资产组合再平衡是在资产投资配置结束后,投资主体紧盯市值的持续变化性,当资产投资配置与目标有较大偏差时,通过动态资产配置调整,再转向静态资产配置调整,这是一种投资修正方式,并不是真正意义上的动态调整。① 人为因素在其中仍然会起到非常重要的作用,事后的修正行为是在与投资者充分沟通后作出的,恰恰相反,智能投顾在这里只是一种事前基础投资策略的辅助工具。

在投资咨询过程中,人工智能不过是对信息进行匹配和组合。大部分投资机构工作的第一步是对投资者风险偏好进行评估,但是在实践中,客户的风险偏好是流动的不是固定的。随着时间和市场不断变化,客户的风险偏好极有可能随时发生改变。因此,不能仅仅以一个固定的标准来衡量投资者对投资产品风险的偏好程度。智能投顾服务已将风险偏好的标准设定作为研究的主要方向之一,期望通过建立一个持续的、动态的、能够覆盖多种影响因子的立体化模型来综合评估客户的风险偏好程度。因此,根据现代资产组合理论,在确定性收益或是低浮动性收益情况下是存在最佳投资组合的。目前,大多数智能投顾服务确实都利用此原理,根据自由金融服务优势,进而建立分散形式的投资组合,以达到优化不同商业模式的目的。

---

① 参见刘沛佩:《我国证券市场智能投顾发展的监管思考》,载《证券市场导报》2019 年第 1 期。

无论以何种方式对智能投顾实施监管,要达到对消费者权益的保护和金融市场的稳定的目的,就要完善责任机制,确认智能投顾的责任主体。当前已经明确智能投顾平台不能成为民事主体,其咨询行为应该归属于运营商行为或者运营商职员行为,因此运营商或者运营商职员应当为行为负法律责任。这也是从最有利于保护消费者权益角度进行考虑。智能投顾的基础民事法律关系是运营商和投资者之间形成的法律关系,民事责任主体是人工智能运营商。

二、智能投顾各类法律关系的分析

智能投顾并未直接改变民法意义上的基础性法律关系,但使民事法律关系中的各类行为要素发生了改变。然而,金融监管的主要目标就是对主体的监管,目前纯粹的技术创新并不是监管的对象。智能投顾既存风险的特殊性就是传统监管的盲区,①而行为监管是针对金融机构的行为表现与行为动作的监管,是从机构行为、投资行为、交易行为与监管行为等多个角度对市场行为进行全方位综合治理与行政监管的一种事前防范的监管方式,更有利于防范智能技术造成的信息不对称、数据安全风险等智能投顾产生的风险。因此,很有必要对与智能投顾有关的法律关系进行系统分析,以明确监管的主要方向和问题。

(一)智能投顾运营商与投资者的委托代理关系

智能投顾服务合同的主要内容是为投资者提供证券投资咨询服务,同时必须明确运营商和投资者之间的权利义务关系、投资咨询的主要内容。从法律性质来看,智能投顾服务合同属于委托合同。委托人选定受托人为自己处理事务,是以对受托人处理事务的能力和对委托人的信任为基础的。受托人接受委托的原因,一方面在于其愿意依照合同为委托人服务,另一方面也是因为其具有能够完成委托事务的能力,这都是其

---

① 参见郭金良:《我国智能投资顾问发展的法律挑战及其监管应对》,载《江海学刊》2019年第6期。

基于对委托人的充分了解和信任才作出的决定。因此,委托合同只能发生在双方相互信任的特定人之间。没有当事人双方相互的信任和自愿,委托合同关系就不能建立,因为《中华人民共和国民法典》(以下简称《民法典》)规定双方当事人可以依约定单方面解除合同,即使双方订立了委托合同关系,也会因为信任消失而解除。委托合同的合同标的是通过受托人履行职务行为而实现的,其中具有信任属性,双方当事人之间也可以自由商定报酬定价。

投资是双方达成合意的一种方式,在签订智能投顾合同时,投资者看中的是智能投顾完整的运营能力,体现了投资者对平台运营商的信任。与此同时,智能投顾服务协议亦对相关费用的支出、收益、履行义务的时间、方法、报酬及支付报酬的时间、方式进行了明确约定。因此,投资者与智能投顾运营者之间系一种委托关系,投资者委托运营者提供证券投资咨询等金融服务,运营者须按照约定全面履行合同义务。① 由于证券投资咨询这一服务内容的特殊性和专业性,投资者基于对运营者的信赖而进行投资,运营者对投资者亦负有信义义务。

证券投资咨询业务主要指证券公司或证券投资咨询机构接受客户委托,按照约定,向客户提供涉及证券相关产品的投资建议服务,辅助客户作出投资决策,并直接或者间接获取经济利益的经营活动,投资建议服务内容包括投资的品种选择、投资组合以及理财规划建议等。智能投顾平台的人工智能化体现在对投资者账户的全程委托管理过程,该过程也仅限于代替以前的人工投资顾问为投资者提供理财等相关投资咨询建议,但是,默认接受投资机器人的服务后,投资机器人提供服务的过程就是受托人提供服务的过程。② 智能投顾委托代理关系的特殊性在于:

---

① See Jake G. Rifkin, *Robo-Advisers Jumping on the Bandwagon: Yet Another Cryfor a Uniform Standard*, 97 North Carolina Law Review 458(2019).

② See Bernd Scherer, *Algorithmic portfolio choice: lessons from panel survey data*, 31 Finance Mark Portf Manag 57(2017).

第一,提供服务的过程,不仅受到民法对委托代理法律关系的规制,还受证券法等金融领域法律法规规制;第二,当智能投顾平台提供的服务履行了合同的最低要求后,投资行为的最后承担者是投资者,不是智能投顾平台运营商,更不是智能机器人。

单纯提供投资咨询服务的智能投顾的投资者或是以代理行为方式的智能投顾的投资者与智能投顾平台运营者之间均为委托关系。单纯提供投资咨询服务的智能投顾授权内容仅限于证券投资咨询服务过程,各项交易指令方法依旧要依靠投资者自身作出,那么基于该委托关系所达到的法律效果限于双方当事人。以代理行为方式的智能投顾投资者,一方面,要重复上述单纯投资服务平台的法律授权过程;另一方面,还要授权运营者就与投资交易行为有关的一系列行为进行授权,此类授权要求更高,因为其中直接涉及金钱的交易内容,对投资者自身利益影响较大,其中智能投顾运营者作为代理人也就是受托人,投资者作为被代理人也就是委托人,此类委托代理关系对双方权利、义务、责任要求更高,必须在委托合同中对细节进行详细的规定。因此,智能投顾平台运营商取得完全代理权不仅仅依靠委托合同就可以达成,还需要投资者对智能投顾作出一个授权行为,这是一个投资者实施的单方面的法律行为,主要通过签订独立的授权条款或者独立的授权委托书完成授权。

(二)智能投顾运营商与投资者的信托关系

上文中已经明确,在智能投顾基础法律关系中,投资者为委托人,智能投顾运营者为受托人,投资产生的风险由投资者自行承担。在此种委托代理法律关系中,投资者在接受投资咨询建议后,可以选择通过智能投顾平台来运营资金实现投资收益目标。智能投顾运营者在服务协议规定的范围内进行一系列的投资交易操作,最终由投资者承受损失和收益,满足这些条件即符合投资信托的构成要件,因此在智能投顾运营商和投资者之间也形成了信托法律关系。

作为智能投顾委托人的投资者人数没有具体限制,因此产生的投资信托组合也多种多样。集合资金信托计划,即信托公司按照委托人的意愿,为受益人的利益,将两个或以上的委托人交付的资金进行集中管理、运用或者处分的资金信托业务活动。集合资金信托计划有以下四个主要的特征:第一,委托人人数在两个以上;第二,投资信托合同都是单独签订,并逐一确认;第三,受托人集中管理委托人资金,并对其进行处分、交易、获得收益等;第四,各个信托计划的资金运作范围基本保持一致。集合资金信托计划核心仍然是一种投资收益工具,为了实现投资者的收益目标,必须以明确的功能为首要条件,必须充分地利用好信托机制的灵活性和破产隔离机制。

与集合资金信托计划对应的是单一资金信托计划。前者的委托人有两个及以上,而后者只有一个委托人;在投资资金的使用上,单一资金信托计划相对比较简单,主要是因为投资委托人对资金的运作情况有清晰的认识,同时明确了资金使用渠道,因此具有主体简单、资金使用效果明晰的特点。

全委托型的智能投顾与集合资金信托相似度最高,主要特点是投资者提供资金,运营者管理资金,两者相互分离,完全由受托人即资金运用者行使资金使用权利,智能投顾的投资者一般是中小投资者,虽然单一投资额度不大,但总体人数众多,会形成规模资金池,这也是智能投顾平台的动力所在。普通投资者借助智能投顾,形成集合资金信托,由智能机器人进行专业投资和管理资金,直接弥补了普通投资者获取投资信息困难与不具备投资专业知识的短板。

单一资金信托是依据委托人与受托人之间的信托合同设定的,较多体现了委托人设定的信托目的,因而与集合资金信托有所不同。① 在集合资金信托中,作为受托人的金融机构虽与投资者签订信托文件,但该

---

① See Nicole G, *Iannarone. Rethinking Automated Investment Adviser Disclosure*, 50 University of Toledo Law Review 443(2019).

文件通常是金融机构事先拟定的标准条款，信托计划也是由金融机构主动发起的，集合信托不仅反映了金融机构预设的资产管理目的，而且强化了金融机构对信托财产的管理权，实现了集合资金信托财产的所有权、管理权与收益权的高度分离。① 当智能投顾嫁接到信托以后，投资者财产权即转移给智能投顾经营者，投资者享有智能投顾财产收益权，经营者拥有智能投顾财产的全面管理权。当集合信托投资计划中影响投资者收益的有关事项出现变更时，智能投顾经营者必须进行信息披露，向投资者履行告知义务。

我国智能投顾名义上是提供投资咨询服务，实质上更多是进行资产管理，甚至作为销售其他金融产品的工具。目前，对智能投顾的法律规制明显不足，单一对投资咨询服务过程进行法律规制，不能达到对智能投顾的有效监管。因此，对于其中涉及的信托投资过程通过信托法加以规制是具有现实意义的。

第二节 智能投顾服务的缔约方式

随着互联网技术在实体和虚拟场景之间快速切换，电子合同的使用更加丰富和复杂，金融理财作为高风险行业对电子合同的要求更高，因为最后的争议往往体现在合同的订立规范性上。一方面要鼓励新技术带来的产业革命，另一方面也要提前做好各类防范措施，为行业发展提供有效的法治保障。证券、期货的投资咨询业务是我国证券期货行业的重要组成部分，同样受到《证券法》《证券公司监督管理条例》等相关法律法规的规制。法律规定从事相关证券期货咨询业务必须具有相应的

---

① See Joseph Dehner, *The United States' Perspective On Data Protection In Financial Technology* (*Fintech*), *Insurance*, 44 Northern Kentucky Law Review 15 (2017).

资质,必须在法律规定的范围内展开业务活动。智能投顾的缔约方式有其特殊性,上文对缔约内容中的法律关系进行了论述,本部分主要阐述智能投顾在形式上潜在的法律问题。

一、电子合同的特殊性及风险

智能投顾应用平台主要是在智能手机 App 上实现整个投资交易全过程,投资者委托授权过程也是在手机上完成,那么合同的签订形式就是电子合同。签订电子合同,非常容易出现投资者对合同中规定的权利义务阅读不仔细的情形,直接后果就是投资者在智能投顾平台软件流程的引导下,不自主地签署了并不完全符合自己意思表示的电子格式合同,投资者不谨慎的行为增加了其违约风险。通过考察投资者的交易和使用习惯,操作者忽视合同具体内容是常态,同时,对于非法律或非投资交易专业人士,智能投顾合同专业性强,普通投资者很难理解电子合同背后所体现的契约内容的真实含义。众多免责条款以及智能投顾运营商将"全权委托业务"等授权条款与一般投资服务协议条款进行混合,更使投资者处于弱势地位,导致投资者承担了本应由智能投顾运营商承担的义务。其本身就是对投资者个人利益的侵害,这将进一步增加双方利益的失衡性,非常不利于对投资者合法权益的保护。

电子合同中的格式条款在实际应用上与普通合同中的格式条款并没有本质上的不同,区别主要在缔约方式上是通过互联网或移动互联网完成,所以对电子合同格式条款进行认识时,要充分考虑在电子商务、投资理财等特殊场景下的应用情况,明显体现电子合同内容是利用电子数据进行传唤,通过互联网或移动互联网的虚拟场景方式建立的交易平台进而订立合同。① 电子合同格式条款具有一般格式条款的基本特征,而考虑互联网这一特殊背景,电子合同格式条款的特殊性主要体现以下几

---

① 参见李经纬:《构建中国智能投资顾问领先模式——基于市场需求与全球实践》,载《中央财经大学学报》2020 年第 2 期。

个方面:第一,订立电子合同格式条款的场景特殊性。拟定者将电子合同格式条款通过计算机预设程序,向操作该 App 的不特定的多数人发起意思表示。由于缔约环境的虚拟性,相对人范围具有广泛性,双方实质上具有天然的信息不对称性。第二,在法律适用上具有多样性。电子合同格式条款不仅可适用《民法典》对一般合同格式条款的规定,同时也可以适用《中华人民共和国电子签名法》,但是一般合同不能适用。第三,电子合同格式条款具有强制性。双方主体没有对合同内容进行再协商的渠道,当事人只能选择接受或者拒绝,意味着当事人要么接受所有格式合同条款要么选择不缔约。

二、格式条款内容效力

《民法典》第 496 条规定,格式条款提供方未尽说明义务,致使对方没有注意或者理解与其有重大利害关系的条款的,对方可以主张该条款不成为合同的内容。法律规定格式条款无效是基于保护签订合同弱势一方的利益,该条文同时规定了提供格式条款一方必须作出合理的措施,对格式条款信息外观和内容进行显著标明,这是对提供格式条款一方的强制要求。但是法律并没有对格式条款提供方采取的提示义务的具体实施手段进行规定,这需要在具体案例中进行分别分析。一般情况下,企业会选择通过对条款进行加粗、放大或者使用不同颜色字体进行标明,但是司法裁判机关在审查提供方是否履行了合理提示义务时,标准依旧不是很统一。

对于智能投顾而言,更应该强调在源头上对合同和格式条款进行规制和监管,因为依据电子合同的特殊性,投资者一般情况下会忽略这些提示。同时为避免运营商因履行提示义务而造成双方当事人对电子合同格式条款效力产生争议,运营商在设计电子合同时,应对重大利害关系的条款作出主动筛选示明,可以通过各种形式单独提示缔约方,或是打电话进行人工确认并对风险进行提示,如果有大额资金使用授权甚至可以通过视频订立合同,提示合同条款内容。

互联网平台为了规避各类法律风险,往往会对自己的责任进行有效限制,隐晦地制定免责和减责条款,固定自己的权利。常见的格式条款包括:要求用户同意以数据电文形式签约,要求用户自行承担账户密码及其他关联信息保管不当的责任,要求用户认可平台方享有任意修改格式条款的权利、平台方享有任意终止服务协议的权利等。由于法律并未明确规定不合理地减轻或排除己方责任、加重对方责任、排除对方权利的具体标准,司法裁判中对格式条款的理解,主要依据司法机关对互联网平台商业模式的理解。智能投顾平台具有强大的资金优势,因此它有能力在电子合同条款的制定上占据主导地位,譬如,其在数量、利率、费用、履行期限和方式、注意事项、风险提示、纠纷解决等与金融消费者有重大利害关系的内容上,利用优势地位制定格式条款,降低投资者对风险的预期,直接结果就是由投资者来承担着潜在的风险。因此,一旦出现争议诉诸法院时,司法机关也要充分考虑智能投顾的特殊性。

第三节　智能投顾的运营模式与规制障碍

智能投顾依旧处于发展期,各平台公司对人工智能技术的使用情况也不尽相同。一般认为,完全意义上的智能投顾仅仅是一种在线金融产品,它可以模拟人工投资顾问,通过算法程序提供资产管理和投资咨询等服务,不再借助人工操作,也称为全智能型。① 另一种是混合智能投顾,该模式将自动算法程序与人工监督融合起来,通常称为半智能型。智能投顾程序的设计可委托给第三方机构或由金融机构自身的技术部门负责开发,但一般前者较多。智能投顾算法程序的关键内容是反映客

① See Shiri Melumad et al., *Technology-Augmented Choice: How Digital Innovations Are Transforming Consumer Decision Processes*, 7 Customer Needs and Solutions 98(2020).

户的需求和对产品的有效分析。智能投顾算法会预先设定咨询和投资服务,这一过程是纯粹的技术行为,不在传统监管范围之内。但由于技术上的差别,不同运营模式的智能投顾产品存在差异,其直接表现是智能程度有明显的不同。有些程序仅仅设置选项菜单栏,没有对客户特征进行画像描述,其只是简单地进行匹配,通过将客户的优势与自身的投资需求和设定好的金融产品作简单的匹配,提出建议的独立性不高。

一、全智能型投资顾问

智能投顾规制的主要问题在于全权委托型智能投顾,无论是将其纳入投资顾问业务,还是纳入资产管理业务进行规制,都是可选择的路径。如果选择将其纳入投资顾问业务,那么需要资本市场高层级立法的支持。如果选择将其纳入资产管理业务,那么必须采用全权委托账户管理的规范方案,而不能采用信托型资产管理规范方案。①

全智能型模式,是指在整个资产管理和投资咨询过程都是由智能投顾系统主动完成,全程投资者和运营商都不进行操作,是一个独立闭环过程。全智能型模式是智能投顾最典型的模式,也是最理想型模式,人为因素最低,同时也是智能投顾模式中智能化最高的。美国 SigFig 公司是一个比较纯粹的智能投顾网站,现以该公司为例介绍全智能型投资顾问的投资策略。它利用投资组合问题的专业知识与团队 60 年的量化投资组合管理为投资者服务。它可以根据投资者的财务目标为每一个投资者量身定制特定的投资组合,帮助投资者抵御市场的不确定性。美国 SigFig 财富管理公司(SigFig Wealth Management LLC,以下简称 SigFig 公司)通过监控和管理投资者的投资组合,以低成本和高质量简化投资者的生活。

经过研究发现,全智能型模式提供资产组合管理或是投资咨询服务

---

① 参见钟维:《中国式智能投顾:规制路径与方案选择》,载《中国人民大学学报》2020 年第 3 期。

主要经历以下三个过程:第一,对投资者进行全面测评。智能投顾为投资者设计调查问卷,投资者根据设置的问题填写个人信息、投资意向、资产情况等信息资料,智能投顾算法根据投资者独立填写的答案,运用算法程序对投资者承担投资风险的能力和承担风险的意愿进行评估。第二,构建投资组合。算法综合评定投资者各项指标数据,包括风险等级评价、投资者意向、投资收益目标、账户类型,为每一个投资者形成个性化资产配置组合方案。第三,总结修正投资方案。智能投顾会根据市场数据变化和投资者自身指标数据变化情况,进行动态跟踪,综合判断是否需要对既定方案进行修改,这是人工智能技术应用能力最重要的体现。

通过人工智能匹配投资组合是关键步骤。在投资之前,投资者如果具有明确的目标和风险偏好,可以帮助智能投顾找到最适合的投资组合。智能投顾会提出一系列简短的问题,以更全面地了解投资者的目标和偏好,从而在投资风险和预期收益之间取得平衡。它们的问题是经过测试而研究设计的,以确定投资者对风险偏好的共同线索。例如,通过对投资者的年龄、健康信息等评估,智能投顾平台可以辅助预估投资者的投资期限,并为投资者量身定制智能投顾的建议。根据投资者的回答,智能投顾建议选择一个风险与其似乎能承受的风险相匹配的投资组合。同时,投资者也有机会通过重置投资者风险水平来调整投资者投资组合。

现代投资组合理论很清楚,投资的金额并不影响投资者投资组合选择,相反,正确的投资组合要对风险的承受能力,并与对更高回报的需求相平衡。一旦对合适的投资组合感到满意,投资者便能把钱转到相应账户上。

许多投资顾问强调找到正确配置的重要性。获得正确的初始设置对于平衡投资者对风险和回报的偏好是非常重要的。即使投资者对风险的看法没有改变,市场也会改变。市场可能会推高股票价值,压低债券价值。如果投资者开始投资1000美元在股票上,500美元在债券上,而股票市场上涨了20%,而债券市场下跌了20%,投资者现在将有1200美元在股票上,400美元在债券上;此时投资者的配置是3/4的股票和1/4的债券。这是一个比投资者开始时风险更大的投资组合。再平衡通过在价格低时买进,在价格高时卖出来处理偏离投资者理想投资组合的情况。当在整个过程中,SigFig会让投资者账户保持平衡,使投资组合符合投资者风险承受能力。

二、半智能型投资顾问

人机结合模式,是指在平台上既有智能投顾为投资者提供投资服务,又有传统投顾为投资者提供资产配置组合建议。人机结合模式将智能投顾和传统投顾结合起来,主要有以下两方面的优势:一方面,平台能够提高受众范围,智能投顾面向的对象主要是中小投资者,传统投顾面向的对象是高净值群体,人机结合模式能够同时为不同资产规模的投资者提供服务,满足不同投资者的不同投资需求;另一方面,智能投顾和传统投顾都存在优势和劣势,将两者结合起来能够实现优势互补,为投资者提供更好的资产管理服务。

美国嘉信理财集团(Charles Schwab)公司推出的施瓦布智能咨询(Schwab Intelligent Advisory)业务,就是一种人工投资顾问和人工智能算法顾问相结合的方式,现以该业务为例介绍半智能型投资顾问的投资策略。智能投顾经过近10年的发展,越来越受欢迎,目前已经成为主流,有超过100种选择。它们在新投资者中很受欢迎,因为它们的起始存款限制较低,而且不需要深入的市场知识。对于有经验的投资者来说,智能投顾可以将复杂而耗时的活动自动化,比如在平衡税收损失方面。

每个智能投顾都是不同的,但它们往往以相似的方式运作,主要体现为五个过程:第一,投资者需要完成一份简短的问卷,评估风险承受能力和投资需求;第二,智能投顾会自动为投资者构建一个多样化的基金组合,通常是由一组专业投资团队来选择;第三,专家们会定期监测市场活动和每一项基础投资,以确保投资者的投资组合通过复杂的算法得到适当的再平衡,所有这些都是投资者不必做的;第四,智能投顾还包括一个实时顾问或注册金融规划师专业人员,它们可以帮助投资者确定目标的优先级,并提供如何实现它们的建议;第五,智能投顾通过登录投资者的账户,跟踪投资者的进展,对投资作出调整,并继续朝着新的目标工作。对于单个投资目标来说,理想的目标是帮助其实现个人投资收益,但是支付低费用且不提供自动税负管理服务的投资顾问,以全自动化方式完成再平衡财务计划的投资组合,不一定能实现全部目标。然而,对于在专业指导下创建的半自动化投资组合来说,通过帮助投资者学习使用在线投资工具,通过视频聊天方便地与顾问沟通,适度增加支付财务咨询的费用,更容易应对多元化的投资环境。同时,应对更复杂的投资顾问服务,如遗产规划,投资者应该支付更高的费用来提升与投资顾问的沟通频率,进而投资顾问才能基于一个整体的发展规划为投资者提供准确的投资建议。

以人工投资顾问和人工智能算法顾问相结合的方式提供金融服务还要满足以下七个原则:(1)根据投资者的目标制定财务计划,对投资者的目标要实事求是,至少每年审查一次投资者的计划。随着生活环境的改变而改变的计划可以推动净资产增值。在一项针对50岁以上美国人的研究中,成功的规划者的平均净资产是那些没有计划的人的3倍。(2)最大限度地发挥投资者的投资能力。市场时间是关键,不要试图对市场进行计时,这几乎是不可能的,不要试图预测市场高点和低点。2009年是投资波动很大的一年,所以很多投资者都想退出市场,但投资者盲目退出是危险的。例如,如果投资者在2009年1月1日投资了10万美元,但错过了前10个交易日,截至2019年年底,投资者的投资将比投资者一直投资的收益少4.3万美元。(3)根据投资者对风险的承受能力,建立一个多元化的投资组合。了解投资者抵御风险的程度,理解资产类别的行为是不同的，不要追逐过去的表现。如果投资于美国股市，1997 年投入的 10 万美元将在经历一段动荡的旅程后在 2017 年达到近 40 万美元。如果投资于现金或债券，最终金额会更低，但这条道路会更加顺畅。投资于一个适度的配置组合，就会在长期内抓住一些波动性较低的股票的增长。(4)尽量减少收费和税收。虽然市场是不确定的，但是费用是确定的。投资者应该注意净收益，尽量减少税收。(5)加强对重大损失的保护。适度的暂时损失是可以的，但从重大损失中恢复可能需要数年时间。利用现金投资和债券实现多样化，以期权作为对冲市场下跌的工具——某些期权策略可以帮助投资者弥补损失。在 2008 年之后的经济复苏中，全股票投资组合比多元化投资组合花更长的时间才能回到以前的峰值。投资者应该多元化管理风险，在任何一个部门或资产类别上投资过多，都可能会在市场波动时遭受重大损失。(6)定期调整投资组合。运营商应该严守投资者对风险的容忍度，投资者对不同资产类别的投资行为理解是不同的。定期的再平衡有助于使投资者的投资组合与投资者的风险承受能力保持一致。(7)专注于投资者的计划朝着目标前进比短期表现更重要。在过去的 20 年里，市场上下波动，但如果投资者坚持长期计划，就会得到回报。

人工投资顾问将与投资者会面，讨论投资者已进入规划工具的内容，解决投资者可能遇到的任何未决问题，为其提供个性化指导，并制订详细的行动计划。虽然许多人可能称自己为“财务策划者”，但却是专业人员成功地完成了董事会严格和持续的认证要求。专业人士了解财务规划的复杂性，并根据投资者的最佳利益提出建议。① 可以使用联机调度程序设置电话或视频聊天会谈。如果投资者需要重新安排，只需单击确认电子邮件或在线仪表板中的“重新安排”链接，将投资者的约会重新

① See Tom Baker, Benedict Dellaer, *Regulating Robo Advice Across the Financial Services Industry*, 103 Iowa Law Review 756(2018).

安排到更方便的时间。这虽然不能保证投资者每一次都会遇到同样的专业人员,但是团队的每一位成员都是经过认证的财务策划专业人员。人工投资顾问会把投资者所有的信息都准备好,这样投资者就可以很容易地继续上次会谈。另外,还需准备好投资者用来完成在线计划工具的文件,以便在约会期间进行讨论。投资者应充分利用会谈,准备投资账户报表、最近的工资、最近报税表、账户资料、社会保险资料和基本的遗产规划信息,如遗嘱、信托等。

传统人工投资顾问被智能投顾逐渐取代,主要是因为人工投资顾问提供的一些传统的投资咨询服务非常基础,而且智能投顾的商业模式与传统投资理财服务完全不同,智能投顾具有强大的高效性,能够比人工投资顾问更有效地进行再平衡和税收损失收获,同时智能投顾还可以以更低的成本提供同样的金融服务。并且智能投顾基本不会受人为因素的影响,投资顾问个性化建议相对比较客观,而人工智能顾问作出适当投资决策的能力主要依赖于自身能力。

三、运营方式的多样性给规制带来的障碍

智能顾问的优势是能够将持续监控写入其算法中,因此当分配达到一定的百分比时,它们可以自动进行再平衡。这种能力将交易成本降到最低,并有助于确保投资分配不断反映客户的目标税收损失。再平衡还会在战略时间点卖出证券,以实现资本损失以抵消其他收益的策略。①在出售证券以弥补上述损失后,投资顾问将用类似的资产替换所出售的证券,以保持原有的资产配置。通过使用算法,智能投顾可以比人类顾问更一致地捕捉税收损失收获机会。

在提供人工建议时,智能投顾可以收取比人类同行低得多的费用,正如智能投顾积极宣传的那样,它们的自动化系统使其能够利用某些策

① See Andreas Höfer, Andreas Oehler, *Analyst Recommendations and Regulation: Scopes for European Policy Makers to Enhance Investor Protection*, 20 International Atlantic Economic Society 382(2014).

略,特别是基于阈值的再平衡和税收损失收获。再平衡重新调整投资组合的权重,以减少投资偏离最初的目标配置的程度。当投资顾问开始与客户合作时,它会根据客户的风险承受力来选择能获得最大回报的投资组合,并相应地分配资产,但由于不同的资产类别随着时间的推移表现不同,客户的投资组合可能会偏离预定的配置。例如,如果新兴市场基金表现特别好,产生高回报,客户投资组合中新兴市场资产的比重就会增大。投资组合最终需要重新调整,以反映投资顾问最初计算的最理想的配置比例。因为让人工投资顾问持续监控所有客户的投资组合是不可行的,所以人工投资顾问主要在预定的时间间隔内进行再平衡。

智能投顾的高效性主要体现在投资咨询成本的显著降低,迎合了市场的巨大需求,由于资金的逐渐积累,运营者服务的模式和类型也呈现多样的变化。但是各类模式之间很难直接进行区别,往往是某一部分或是某几部分运营模式的区分,因此如果想通过法律来对其进行有效规制具有一定难度,需要监管机关主动对其甄别,这实质上加大了有效监管的可能性,所以应该要求运营商主动对其运营模式进行事前说明,降低监管成本。

第四节 智能投顾的法律规制应对

算法是智能投顾技术的核心组件,它们使用各种财务模型和假设,在建议价值链的每一步将数据转化为建议的行动。一个没有设计好或没有正确编码的算法可能会系统性地偏离预期输出的结果,并对投资者产生不利影响。智能投顾的支持者通常认为,使用算法来构建客户投资组合减少或消除了人类顾问中的利益冲突和偏见。然而算法的开发者也是人类,因此偏见和利益冲突极有可能直接被嵌入计算机代码中,智能投顾运营公司甚至可能会有意地在算法编程中以公司利益最大化而非客户利益最大化为目标。

一、传统监管模式应对不足

在人工智能创新方面,现行法律法规缺乏对算法公开义务的相关规定,"算法黑箱"就会成为一种技术风险问题。也就是说,在大数据运行过程中,数据的输入和输出结果之间的逻辑关系和运行原理是投资者无法理解的,它具有非透明和不可解释性,如同"黑箱"一般,投资者只能被动地接受算法输出的结果,哪怕这个结果性建议不被投资者所理解,但是智能投顾算法不提供建议理由说明,因此也更难以对建议作出过程进行有效监督。"算法黑箱"背后有众多的利益相关者,其中包括智能投顾运营公司、与算法相关的科技公司和投资者,他们之间的目的各不相同,甚至会存在利益上的冲突。譬如,智能投顾可能异化为运营公司产品自销的工具。智能投顾运营公司与其利益相关者可能会存在利益上的勾结,为了谋取各自利益最大化,智能"算法"就可以按照特定的目的去设置运行的程序,这种设计是为了针对特定产品投资建议所设置的,建议输出恰恰就是利用算法的不透明和不可解释的特性成功地逃避其对投资者应承担的信息披露义务,从而谋取不正当利益。

智能投顾算法信息的不对称容易导致投资者利益受到侵害,客观上智能投顾方面的监管规则不完善加剧了这种利益的不平衡。传统的监管思维大多是从智能投顾运营公司和投资者准入条件的适格性判断出发的。其逻辑重点放在了投资者是否合格这个角度,他们认为只有合格的投资者才会理性地应对投资的风险。低成本费用和技术服务的智能化是智能投顾的最大优势,智能算法的参与,使决策程序的效率提高,降低了费用,也可以避免自然人顾问在认知上的知识短缺和感性对决策的影响,这是一种普惠式的智能化服务,用技术手段扩大了享受这种普惠的投资者范围。从形式上看,这是完全符合投资者利益的行为,也符合法律所倡导的对公共利益的照顾,这样的目标设计使针对投资者的事前准入监管模式无法适用。

然而,透过现象看本质,形式上的利与实质上对“算法”的监管,是一个问题的两个方面,智能投顾所隐藏的“算法黑箱”问题以及信息披露具体规则才是问题的本质所在,现行法律的缺位使供需双方地位不平等,从法律权利义务关系看,权利和义务也不相称,“算法黑箱”的智能投顾技术风险的不确定性大大增加,尤其是对于普通的投资者而言,金融知识和算法融合加大了相关专业术语和数据信息的使用力度,从而进一步加剧了信息不对称现象。传统的监管模式是针对人工顾问给投资者带来风险的预防和损失的弥补,双方主体比较单一,信息沟通交流通畅,决策的产生完全在于投资者个人,人工顾问只起到辅助作用,所获得的收入也仅是服务费而已。但是,机器算法的加入使投资顾问开始智能化,智能化模式的算法导致原先针对人工顾问的监管无法应对新领域的经济运行方式,容易产生监管真空和监管混乱问题。“穿透式”监管为智能投顾监管规则制定提供了新的理论思路,穿透式思维模式的优势在于透过现象抓住了智能投顾的本质所在,有助于刺破智能投顾的人工机器外观,着力于其背后的各种利益冲突和金融风险,从而做到有效监管,保护金融投资者的合法权益。

二、“算法黑箱”的“穿透”监管

算法工具负责智能投顾中的投资建议决策的输出,它是计算机程序代码,它可以通过程序设计,对既有大数据按照一定的逻辑关系进行分析和运算。在进行投资建议的输出前,智能投顾平台需要采集投资者相关综合性的数据信息,其中包括投资者年龄、自身或家庭财务状况、过往投资经验、持有资产的综合情况、缴纳税务情况、期望投资期限、投资收益目标以及为了潜在的更高投资回报而冒损失投资资金风险的意愿,数据的采集有利于投资平台解决投资者适格的问题,是对投资者风险和投资倾向的全面评估。但是,算法不是万能公式,它并不能穷尽投资者在投资过程中遇到的所有问题,再者,算法是基于程序的逻辑关系进行判断的,它无法观察市场趋势,也无法采用更自动化的投资方法,更缺乏政治意愿来界定智能投顾的受托责任,这些都给市场创新者带来了困惑,也给投资者留下了疑问。尽管一些分析师预测,这些调查问卷要求提供诸如年龄、年收入、目标退休年龄、风险偏好等问题是为制定投资策略所必需的。

秉承"穿透式"监管的理念价值,存在不同的声音,反对者认为,智能投顾最大的优势在于使金融交易的效率提高和成本降低,穿透式监管会增加金融交易的时间成本、影响交易效率并同金融技术的创新发展产生冲突,且在当前缺乏法律明确授权和边界限制的情况下,穿透式监管的滥用将会给金融市场带来极大的不确定性。反对者同时对算法可行性表示质疑,认为算法监管技术性太强,需要具备专业技术性知识。针对这些争议和质疑,主要观点认为必须明确穿透式监管在智能投顾领域中的工具属性,在工具属性导向下,穿透式监管只是一种用于发现智能投顾背后算法信息和实际利益关系的手段,而非监管结果,具体智能投顾相关主体是否违法违规、是否需要承担法律责任仍须根据相应监管法律进行进一步判断。

支持者认为,智能投顾技术作为一种新型金融科技种类,其产生与发展大大降低了投资顾问的成本,使更多的金融投资者能够获得适当的投资建议,虽然说其内含"算法黑箱"、算法偏见、产品购买引诱、投资建议同质化等金融风险,但并不能"一刀切"地将智能投顾技术完全排除于金融市场外,而是应该在鼓励其发展的同时对风险进行严格管制,在这种情况下,穿透式监管的工具属性就可以发挥极大的作用。"穿透"监管能够有效地发现智能投顾模式下资产管理理财业务的本质,做到金融监管的内外结合,是一种事实发现工具,在金融监管前置环节中发挥重要作用,其一方面为金融管理职能部门提供了相关的监管基础性信息,另一方面为监督者后续合法性判断以及法律责任的认定提供事实依据。树立"穿透"性监管理念,并非就是监管"一刀切",要具体问题具体分析,"穿透"监管的工具性功能手段虽然明显,但是本质上其追求的是维护金融安全及保护金融消费者权益。应积极倡导尽可能减少监管成本、提高监管效率,防止穿透式监管工具属性的滥用。具体到智能投顾平台和投资者关系中,如果不采取"穿透"监管理念,智能投顾平台就会在运营中通过技术合谋,利用算法优势变相地推销不利于投资者的产品,或者利用信息披露不足造成的不对称态势,让处于弱势地位的投资者承担更高的金融风险。因此,在监管过程中不能寄希望于调查问卷的信息反馈,要想将投资者在投资过程中权、责、利三者高效地结合,维护市场的健康发展,把风险控制在可承受范围,就应以金融安全和消费者权益保护为目标导向,对上述行为进行穿透。

三、应对挑战的法律规制方法

智能投顾算法结构的复杂性决定了其缺乏透明性和具有不可解释性,因为算法的设计过程涉及计算机科学、心理学、生物学、数学等学科,也充分借鉴了人体脑神经的网络结构,算法的运行过程就如同把人类的分散的神经元通过技术节点连接,使其共同工作来解决现实问题。算法透明性还依赖于计算机算力的强弱,人工智能就是利用算法进行逻辑关系的处理,是一个大数据的概率分析行为,"穿透式"的监管方式才可以规制算法的不可解释性与不透明的问题。

(一)第三方主体介入监管体系

保险公司、银行或大型互联网企业是智能投顾产品的主要推出方,其特点在于该类主体经营的业务种类繁多,且存在混业经营的行为,同时,智能投顾是一种投资咨询业务,在技术操作上也容易同证券保险类产品经纪业务互相交叉。从这个意义上讲,要想做好对智能投顾产品的"穿透式监管",就需要构建多方监管机构合作的协调机制体系。国务院金融稳定发展委员会一直肩负着加强金融监管协调、补齐监管短板的监管责任。现如今,为了形成多方监管合力,须加强第三方主体介入监管体系,应以国务院金融稳定发展委员会为主导,以中国人民银行、银保监会和证监会为政策执行机构,同时由网信办和市场监督管理部门等协助。这些监管主体都是政府公权力部门，其监管优势在于有执法权，是刚性的监管。此外，还需要“柔性”力量的辅助，所以适当的学术性专业性人才的介入可以加强对智能投顾的监管力量，提供专业技术的理论和实践支撑。例如，在德国已经出现了名为“监控算法”的非营利组织，该组织由技术专家和资深媒体人领头成立，通过审核访问协议的严密性、商定数字管理的道德准则、任命专人监管信息、在线跟踪个人信息使用情况等方式监控智能投顾算法的决策过程。这种第三方介入的监管模式，可以针对算法偏见、算法引诱等情况进行审查监管，从而更好地提供穿透智能投顾技术所需要的专业技术评价。

（二）代码替代法律的科技监管

代码即代表规则的科技监管已成为一种新的监督方式，这种监督的特点，是利用人工智能先进算法技术对智能投顾运行中的金融风险、市场秩序的维护以及投资者利益，通过代码规则的技术审查进行平衡。算法显然是技术监管的核心，并且可以嵌入智能投顾运行的方方面面，以由内到外的方式实现。算法是智能投顾业务的核心，算法可以克服人们的感性认知和对现行经济发展趋势把控的非敏感性缺陷，在智能投顾业务的操作中嵌入算法代码程序就会自动地对投资者适格性审查和程序性审核进行监管，具体而言，用计算机代码代替用自然法律语言编写的规则使人工智能更好地被用于监管目的，从而使智能投顾金融监管变得简易、便捷、高效。英国英格兰银行和金融行为管理局多次进行了技术上的实验和改进，该机构把原来人工化的监管规则，通过编写代码程序，把文字规则数字化、代码化和程序化，因此智能投顾监管规则在技术影响下可以转化为机器可读的数字版本，在算法程序的设置下，强大的算力支撑着数字规则在经济活动中自动执行监管规则程序。代码式的监管可以为监管者提供更加全面、直接、源头化的监管手段，且由于计算机代码比自然语言的精确度更高，法律规则的代码化会替换很多模糊的、有歧义的法律术语，使规则的执行更加精确。

当然,数据代码并非无所不能,其目前也无法解决部分法律规则表达模糊的问题,但是,科技监管在高效、高标准和模块化的优势下显然是受组织欢迎的。因为,技术监管为智能投顾咨询建议提供了多样化的空间。在审慎原则的指引下,目前的监管机构也是采用了一种稳妥的方式先尝试将一些公认无争议的智能投顾监管规则代码化,如投资者利益最大化等,从目前的发展来看,科技监管手段的应用范围在逐步地扩大。

(三)强化智能投顾信息披露义务

信息披露制度是证券领域的一项核心制度,传统意义上的书面信息披露的规定已经比较完备。对于智能投顾而言,通过互联网平台进行信息披露的有关法律规定却并不明确。监管部门一定要严守信息披露的核心,一方面是对算法技术本身的披露,另一方面是与算法相关联的利益主体的披露。这些披露信息对于投资者而言,最基本的要求在于信息披露应包含运营平台的资质信息、算法功能、特定风险和第三方机构等。监管机构披露的应当是更深层次,涉及核心内容的算法信息以便其对算法进行审查、评估。[①] 考察域外法,FINRA 对于智能投顾信息披露的要求比较全面和严格,具体体现在:一是披露算法是否经过测试并独立于第三方;二是算法的监管过程要全程符合规制要求;三是是否有异常报告来识别偏离预期的输出结果等。对于信息披露的原则,并非所有与智能投顾相关的信息都要披露,在制定披露规则和标准时应考虑比例原则,做到对智能投顾发展的影响最小,且最大限度保护投资者利益,关联经纪人存在利益冲突的,必须在客户手册中予以披露。具体披露行为的要求上,坚守信息的真实有效、表达清晰、便于理解不会产生歧义和误解。SEC 鼓励平台在注册流程之前披露关键信息,同时监管机构一定要保守算法机密,对于潜在投资风险作出足够的提示,使他们能够理智地

---

① 参见蒙杰:《智能投顾模式下投资者权益保护机制研究》,载《牡丹江大学学报》2020 年第 12 期。

作出投资决定。

(四)构建穿透监管的归责体系

任何监管手段最终的目的都是对责任主体的确认。由于目前人工智能的发展仍处于弱人工智能时代,智能投顾技术中人工智能并不能成为独立的责任主体,因此穿透式监管刺破智能投顾的人工智能外观,将责任主体范围聚焦于智能投顾运营平台和算法开发者。《美国统一电子交易法》规定:"如果一个人使用电子代理人作出真实的意思表示,那么电子代理人的行为归于该使用者,即使该行为没有被使用者知晓或者预览过。"因此,智能投顾运营平台作为人工智能的使用者,同投资者直接发生交易关系,应该作为主要的责任承担者,对其违背信义义务或者其他义务行为导致的投资者利益损害负责。此外,由于智能投顾以算法为核心,投资者的投资建议也取决于算法所涉及的运行程序,所以算法开发者也应成为智能投顾的责任主体之一。其中,算法的主要专业人员,如交易模型架构师等涉及如何给投资者提供投资建议的整体模型搭建过程,应该承担以信义义务为核心的法律责任,而代码编写人员仅将该运行过程转化为计算机语言,因此只需要承担以注意义务为核心的过错责任。

第三章　智能投顾法律规制的范式以及规制工具

在选择智能投顾规制路径前，总结已有的规制经验、规制范式以及规制工具是必不可少的一个步骤。本章即通过对域外智能投顾的规制情况进行梳理，总结了公法规制范式以及私法规制范式两种路径。

第一节　域外智能投顾规制概况

包括美国、英国、澳大利亚在内的多国均已发布针对性监管规则或其他指导文件，对开展智能投顾业务进行规范与指引。

一、美国智能投顾规制概况

美国对智能投顾的规制重点在于保护投资者。保护投资者的具体措施包括制定相应的准入规则、行业要求以及教育多层次的投资者等。美国将智能投顾纳入 1940 年《投资顾问法》的规制范围,将智能投顾置于传统投资顾问监管体系之下。根据该法第 203 条(a)的规定,从事投资顾问业务必须进行登记,①向 SEC 申请注册,获得相关牌照。此举客观上为智能投顾设置了准入门槛。同时,FINRA 发布《智能投顾相关报告》(Report on Digital Investment Advice),指出智能投顾的监管重点是内置算法程序和投资组合的构建与潜在利益冲突。所以,投资顾问每年都需要依据《投资顾问法》的相应规则进行审查,以保证其遵守法律规定。智能投顾的监管相较于传统投顾,最大的不同之处就是新增了对算法程序的监管,特别是对于算法程序的披露制度。② SEC 在《指引更新》中尤其强调了电子问卷的内容与解决冲突的能力问题。③ SEC 和 FINRA 联合提示投资者,在智能投顾的优点面前仍然要保持理智的态度,对于智能投顾平台披露的相关信息,投资者都要予以审查;投资者同时也要对自己的个人信息进行充分保护,并注意阅读相关提示信息。

二、澳大利亚智能投顾规制概况

澳大利亚的监管方式也很有特色,设立了 ASIC。ASIC 的监管包括三个领域,分别是消费信贷领域、金融市场领域和金融服务领域。澳大利亚根据智能投顾的具体业务内容,将其归类于金融服务领域,由此智能投顾受到 ASIC 的监管。

---

①　参见[美]托马斯·李·哈森:《证券法》,张学安等译,中国政法大学出版社 2003 年版,第 877 页。

②　监管包括:管理个人客户账户的一种算法的说明;管理客户账户的算法功能的描述;管理客户账户的算法的假定和限制的描述;使用算法程序管理客户账户时所固有的特定风险的描述;在管理客户账户过程中,任何可能导致智能投顾算法程序失控的环境的描述,关于任何第三方参与发展、管理或者持有用于管理客户账户的算法程序的描述,包括由某项安排所产生的利益冲突的解释。

③　电子问卷的规制包括:通过调查问卷的问题能否可以获得足够的信息,以便智能投顾能根据客户的财务状况和投资目标,确保其提出的建议适合于该客户;调查问卷中的问题是否充分清楚准确和/或调查问卷是否旨在于必要时向客户提供附加声明或所需范例;是否采取了一些措施来解决回复不一致的问题。

同时,ASIC还发布了针对智能投顾的第255号监管指南《向零售客户提供数字金融产品建议》(RG 255 Providing digital product advice to retail clients,以下简称《数字金融产品建议》)。①《数字金融产品建议》一共116条,主要包括如下几个方面:第一,对监管范围、框架及基本原则予以明确。智能投顾供应商应当明确公司提供的具体服务的类型,经营的每一项业务都需要符合法律规定,并根据业务类型取得单独的授权。第二,获得授权许可从事智能投顾业务的主体应承担的一般义务,如需要满足充足的资金、技术和人员的要求,持续开展业务的能力、风险防范及争端解决制度等。第三,对智能投顾供应商给客户提供关于资产配置比例的最佳建议提出了要求。供应商应当使客户充分了解在业务开展中与其自身有关的关键信息,并告知潜在的风险,让投资者了解在投资建议实施前的撤销程序以及投资者需要承担的相关成本。《数字金融产品建议》从算法准入阶段的专业性、服务阶段的稳定性以及产生损害结果后的有效保护等方面对算法进行了详细全面的监管,有利于防范因算法失灵造成的投资损失从而保障投资者的财产权益。

三、英国智能投顾规制概况

英国金融行为监管局(Financial Conduct Authority,FCA)在其开展的创新计划中,针对智能投顾这类金融创新活动,提出了监管科技(Reg Tech)这一概念。② 监管科技公司的出现对于智能投顾行业在英国的发展起到了重要的推动作用。一方面,监管科技公司可以运用技术手段帮助营运者降低合规成本;另一方面,监管科技公司可以为监管部门提供信息技术监管服务,增强金融科技运营的透明度,让智能投顾业务在英国快速普及各个阶层。同时FCA采取相应措施对以区块链技术、众筹

---

① See Australian SEC urities & Investments Commission,Regulatory guide 255.

② Reg Tech公司可以为智能投顾监管提供监管科技服务,目前代表性公司有Algo Dynamix(英国)、Percenttile(英国)、Alyne(德国)、REG tify(塞浦路斯)、Vizor(爱尔兰)等。

以及智能投顾为代表的金融创新企业加以引导和规范,设置了最为著名的“监管沙盒”监管方式。① 沙盒提供了获得监管专门知识以及一套促进测试的工具的途径。这些工具包括限制性授权、个别指导、非正式指导、放弃或修改规则和执行行动函。

第二节　智能投顾公法规制及工具

一、智能投顾公法规制原则

(一)问责制原则

问责制是指主体对其管辖范围内组织和成员承担职责和义务的履行情况,实施并要求其承担否定性后果的一种责任追究制度。在智能投顾存在技术“黑箱”的前提下,建立问责制原则的意义在于合理分配算法决策对社会所带来的负面影响的法律责任。具体而言,应综合考虑智能投顾市场中各主体实际所处的市场地位,确定各自在算法研发与应用过程中所应遵守的合同义务或法定义务,并明确违反合同义务所应承担的法律后果和法律责任。② 早在 2015 年,FINRA 就开展了智能投顾市场调研,并于 2016 年 3 月公开调研结论,形成了《数字投资建议报告》。美国公共政策委员会于 2017 年 4 月发布了《关于算法透明性和可问责性的声明》,该声明讨论了在算法应用不成熟的前提下,作为智能投顾的核心内容之一,算法本身是否应该并且如何承担法律责任。③ FCA 和英国财政部也于 2016 年联合发布了《金融顾问市场回顾》报告,主要是在金

---

① FCA, *Regulatory sandbox*, 载 FCA 网 2022 年 3 月 27 日, https://www.fca.org.uk/firms/innovation/regulatory-sandbox。

② 参见李瑞雪:《技术伦理下智能投顾算法治理问题研究》,载《大连理工大学学报(社会科学版)》2020 年第 5 期。

③ 参见郑戈:《算法的法律和法律的算法》,载《中国法律评论》2018 年第 2 期。

融市场调研基础上评估智能投顾的可负担性与可得性。基于对潜在风险的充分论证，为了使投资者处于相对公平地位，法律必须对不法利益获得者施加民事法律责任，甚至行政、刑事法律责任。

（二）风险区分原则

智能投顾目前存在的风险主要包括技术风险与法律风险以及经济风险。因为不同的风险在可预防性、致险行为的恶意程度上存在区别，所以在运用公法对智能投顾进行规制并防范上述风险时，需要注意区分不同风险及其致险行为，从而能够更加适当地选择公法规制工具。智能投顾的运行原理为在大数据的背景下，通过计算机算法根据客户所填写的投资偏好提供最优投资组合和资产配置的建议以及账户管理服务。智能投顾业务的开展必须依托互联网和大数据，从这一角度出发，智能投顾不可避免地会遭遇互联网网络存在的技术风险。① 一是外部的网络风险，包括黑客攻击、计算机病毒、网络故障等。相对于内部的算法缺陷，外部的网络风险更难以预防，因为即使最先进的网络防火墙，也难以预防新的未知攻击。二是内部的算法缺陷，即智能投顾的核心程序不合理或存在错误。智能投顾的技术风险从成因上看，致险行为的主观恶意一般较小，且其可预防性也不大。因此在应对这类风险时，公法的规制工具主要是在行政法范畴进行选择，比如设置算法及应用的相应标准等。

智能投顾的法律风险的出现是由于新的技术会架空传统法律规制体系，从而出现一系列通过技术规避法律的行为。其一，在投资顾问领域应用智能投顾会对投资顾问的信义义务产生挑战，在智能投顾业务涉及的各个法律关系中，客户和平台运营商之间的关系是最基础的法律关系。客户与平台运营商之间产生了一种信义关系，平台运营商应当对客户承担信义义务，应当以客户的最佳利益作为行为准则。然而由于智能

---

① 参见李文莉、杨玥捷：《智能投顾的法律风险及监管建议》，载《法学》2017 年第 8 期。

投顾的技术“黑箱”，即便智能投顾并未以客户的最佳利益作为行为准则，客户也无从知晓。其二，算法专业性对监管手段的挑战。智能投顾数字化和专业化的特点需要更高水平的监管，但是监管部门可能难以及时配置专业资源并升级监管手段，难以有效识别更新型、隐蔽的潜在风险，不利于对普通投资者的保护。智能投顾的法律风险从成因上看，致险行为的主观恶意较大，且其可预防性较大。因此在应对这类风险时，公法的规制必须兼顾行政法与刑法，体现公法规制的层次性。

（三）防范金融风险原则

2017 年党的十九大报告提出，要“健全金融监管体系，守住不发生系统性金融风险的底线”，倡导“颠覆性技术创新”。[①] 2018 年 8 月，中国证监会印发《监管科技总体建设方案》，意味着监管科技的应用进入了全面实施阶段。传统的投顾行业也存在金融风险，但智能理财的风险在程度和侧重方面与传统投顾相异。智能理财的金融风险主要包括市场风险、信用风险以及信息不对称风险三个方面。市场风险主要表现为流动性不足。市场风险是典型的传统金融风险，包括流动性风险、稳定性风险、波动性风险等。信用风险则是由于 4G 技术开启了网络金融时代，各类良莠不齐的网络金融平台涌现，由于监管未能及时跟上，许多非法运营平台借机规避法律、监管。但随着监管逐渐完善，加之风险控制能力较差的平台经营不善，市场淘汰机制逐渐发挥作用，大量网络金融平台于 2018～2019 年频频暴雷，大规模的暴雷严重挫伤了投资者积极性。智能理财在信息不对称方面还有其特殊性：一方面，运营平台拥有丰富的投资经验、雄厚的财富资本，更掌握着内嵌的资产配置主要逻辑、人工智能模型主要参数以及算法原理等关键信息；另一方面，我国投资者群体主动搜集、分析信息的能力不足，“羊群效应”明显。故而，运营平台极

---

① 参见习近平：《决胜全面建成小康社会　夺取新时代中国特色社会主义伟大胜利——在中国共产党第十九次全国代表大会上的报告（2017 年 10 月 18 日）》，人民出版社 2017 年版，第 31～34 页。

有可能利用信息优势地位，采用披露不真实、不完整或者不及时的信息等手段以谋取不正当利益。[①] 智能投顾的应用可以降低金融服务成本，为金融普惠化提供催化剂，但金融普惠化程度的迅速提升也增大了金融市场系统性风险。智能投顾在给广大投资者提供更便捷的投资方式的同时，也降低了投资的门槛，于是大量弱势投资者涌入金融投资领域。[②] 金融市场投资者结构发生这样的变化后，风险传导能力也会相应增强，即使是孤立的风险事件也可能导致群体恐慌，甚至引发集体挤兑现象。[③] 金融市场是国民经济的晴雨伞，金融市场的稳定也是我国经济健康发展的必要条件。因此为了防止金融市场形成大的风险事件，可利用大数据技术和人工智能对信息流、物流和资金流进行匹配，实时监测，及时发现规避监管的行为，并采取必要的行政干预措施。针对监测到的风险点，适时调整监管规则和监管工具，让金融科技更好地服务实体经济，更好地满足消费者日益多样化的需求。

二、智能投顾公法责任

我国在《关于加强对利用"荐股软件"从事证券投资咨询业务监管的暂行规定》中有关于"荐股软件"的界定，在该规定中，荐股软件主要是指为客户提供证券投资品种建议的软件产品或终端设备，也即荐股软件只涵盖了智能投顾含义的第一个层面，即投资顾问业务。在欧美各国，智能投顾其实是投资顾问业务和资产管理业务的统一，从我国现有的法律规范和监管实践来看，在分业监管的大背景下，投资顾问业务主要适用的法律规范是《证券投资顾问业务暂行规定》《证券、期货投资咨询管理暂行办法》。资产管理业务则各自适用银行、证券、保险行业的相

---

① 参见侯东德：《智能理财行业风险的法律应对》，载《政法论丛》2020 年第 1 期。

② 参见侯东德、周莉欣：《风险理论视角下智能投顾投资者的保护路径》，载《华东政法大学学报》2021 年第 4 期。

③ 参见周全、韩贺洋：《金融科技发展及风险演进分析》，载《科学管理研究》2020 年第 6 期。

关规定，分散的法律规范和模糊的法律界定使平台很难找到统一的标准遵守。因此，在实际操作的过程中，很容易引发违规风险，如非法经营、非法集资、非法从事投资咨询业务等。相关主体在应用智能投顾的过程中，如果出现了上述类似的不当行为，必须承担相应的公法责任。

（一）行政法责任

现行法律法规多是基于传统规制理念，即以确定可推知的风险为基础制定规制方案，但这与人工智能时代的社会风险有着较大程度的不适应性，因而在风险社会背景下，行政法规制思路与规制手段均需要有适宜的准则和规范。从全面认知现代社会风险的不确定性特征入手，我们应该明确：除传统规制手段中的市场准入许可、违法行为处罚以外，针对以人工智能为代表的行为所引发的未来风险，还可以采取的规制方式包括但不限于对技术应用模式与应用程度的行政指导，对算法内容与编制过程的强制公开等。将其一般化之后可归纳为，根据技术手段推知可能造成社会危害或给他人带来权利损害的行为，规制主体有权采取各类行政行为防止其发生，即有权要求被规制主体从事特定的实体性或程序性行为。因风险规制行为导致合法权益受损的相对人，有权要求规制主体给予补偿。

（二）刑法责任

《关于加强对利用"荐股软件"从事证券投资咨询业务监管的暂行规定》可以作为规制证券类智能投顾业务的规范性文件。未经有关主管部门批准，不持有《经营证券期货业务许可证》，擅自开展证券类"智能投顾"业务具有构成非法经营罪的风险。① 值得思考的是，刑法责任是

① 《证券法》第160条规定，从事证券服务业务，必须经国务院证券监督管理机构和有关主管部门批准。《国务院办公厅关于严厉打击非法发行股票和非法经营证券业务有关问题的通知》指出，严禁非法经营证券业务。股票承销、经纪（代理买卖）、证券投资咨询等证券业务由证监会依法批准设立的证券机构经营，未经证监会批准，其他任何机构和个人不得经营证券业务。

针对违法行为的最严厉的惩罚手段，其核心在于被处罚行为的确定性。罪刑法定原则要求刑法规定必须具有确定性，这是刑法稳定与权威的根基。在智能投顾中，金融风险具有不确定性是一种常态，区分智能平台的技术风险与法律风险的边界就存在一定的价值和技术判断。如果不加考虑地将大量的不确定因素引入刑法，刑法的确定性势必会受到冲击，无法起到应有的震慑与预防作用。

（三）行政、刑事责任衔接

金融风险的不确定性与刑事立法的确定性之间存在价值冲突、司法解释对刑法规范文本的僭越、司法适用中对金融创新与金融犯罪的界限难以把握等难题。按照行政犯理论，界定一种金融行为是否为犯罪时，“不能简单直接从刑法中寻找依据”，应当首先考察该行为是否被金融行政法律规范认定为违法行为。只有以行为违反金融行政法律规范为前提，其罪状“违反……规定”才有了明确的指向与参照。也就是说，在规范结构上应当先有前置性的金融行政法律规范，后有刑法规范，二者就某一行为的规定应当协调一致。①

司法实践中，新型金融犯罪表现形式复杂多样，与民事纠纷、行政违法行为的界限模糊，难以甄别。司法机关面对这些新问题，不得已频繁出台司法解释。这些司法解释的积极作用固然值得肯定，但某些规定已经超出了立法本意，而有“越俎代庖”之嫌。许多金融创新产品在法律性质界定上的不确定、风险评估与风险防控措施上的不充分，也给了犯罪分子可乘之机，引发了不少新类型的金融犯罪。

行政责任的刑事非难性要以前置的行政法律规范为前提，应当将行政法律规范违法性的“定性”（是与否）判断与刑法规范违法性的“定量”（轻与重）判断结合起来，才能合理确定某一行为是否应纳入刑法体系进行规制。金融活动具有专业性，这种专业知识往往只有从事金融领域的

---

①　参见郭华：《互联网金融犯罪概说》，法律出版社2015年版，第22页。

相关主体才能知晓，普通的民众不具备辨别金融行为合法与否的知识与能力，仅能从危害结果上去判断，而这种判断又容易受到利益相关群体的影响，会出现结果的失误。[①] 因此，在金融行政法律规范没有缺位或失范的情况下，只要没有认定某一行为具有行政违法性，刑法就不应当将其直接入罪。刑法的介入应当遵循行政犯的基本规范生成逻辑与结构，以行政违法性为前提和基础。

三、智能投顾公法规制的工具

（一）智能投顾牌照和禁令

1. 智能投顾牌照的核发

依据我国《证券、期货投资咨询管理暂行办法》第 3 条的规定，从事证券投资咨询业务必须取得证监会的业务许可。2018 年《资管新规》第 23 条规定“运用人工智能技术开展投资顾问业务应当取得投资顾问资质”，该条明确规定智能投顾业务开展的前提条件是取得该行业资质也即取得牌照，严禁非金融机构借助智能投顾超范围经营或变相开展资产管理业务。美国 1940 年《投资顾问法》将投资顾问牌照和资产管理牌照统一为“智能投顾牌照”，取得智能投顾牌照的机构既可以从事证券投资咨询业务，又可以从事资产管理业务。这既能解决智能投顾业务合法性问题，又能减免相关机构平台的办事环节。

当前我国智能投顾的主要业务属于证监会监管范围，可在证监会下设专门的智能投顾监督管理办公室，负责登记、记录市场上的智能投顾运营商以及各平台的人工智能模型参数、资产配置逻辑、算法机制等数据，并予以监督管理。监管机构可通过牌照发放的方式对智能投顾进行监管。

---

① 参见孙珺涛、黄明儒：《行政犯视野下高利转贷入罪的正当性检视》，载《互联网金融法律评论》2018 年第 1 期。

2. 全权委托的禁令

全权委托账户的服务是智能投顾充分发挥人工智能的最大优势所在,但是这种服务模式给予了智能投顾经营者对客户资金的掌控权力,容易引发智能投顾经营者私自挪用资金以牟取不当利益的道德风险。比如,智能投顾经营者可以在未经客户同意的情况下将客户的账户资金转入自营账户,形成资金池,向客户“借钱”进行其他投资。我国《证券投资顾问业务暂行规定》第 12 条、《证券、期货投资咨询管理暂行办法》第 24 条规定投资顾问不得代理客户作出投资决策。2020 年 3 月 1 日起施行的《证券法》第 161 条仍然禁止证券投资咨询机构及其从业人员代理委托人从事证券投资。

因此,在我国尚未出台其他替代性的保护投资者措施前,还是应继续禁止智能投顾经营者利用全权委托账户私自占用客户资金。在智能投顾经营者和投资者账户之间设置“防火墙”,保证自营账户和客户账户之间的独立性,单独建账并独立核算;同时还应当在服务合同约定的投资策略和投资目标范围内进行投资活动,禁止智能投顾经营者开展资金池业务。

(二)强制信息披露

智能投顾技术的核心是数字化算法,独特的算法天然具有“黑箱属性”,算法研发是否外包、外包服务商的关键信息、是否存在利益冲突情形、采取何种算法假设、存在何种风险、客户账户监督管理人员的参与程度、算法如何执行、如何收费等信息是智能投顾彼此区分的关键,也直接影响投资者利益能否充分实现。在实践中,某些智能投顾营运者在聘用科技公司进行算法研发时与其串通,故意使智能投顾推荐某一产品,制造利益输送。①

① 参见田春雷、于美瑶:《我国智能投顾法律规制困境的破解》,载《政法学刊》2020 年第 5 期。

对于智能算法与计算过程中产生的“黑盒”现象，智能投顾平台除一般功能性披露以外，还需对利益冲突或可能产生利益冲突的情形进行完整披露。一方面是披露核心内容包括算法信息，具体指算法研发的基础、使用的模型、模型所依据数据的合适程度、算法的设计目的、运行程序、特定风险、算法局限等，以及算法研发是否有第三方参与、参与智能投顾开发管理或拥有算法所有权的第三方信息。① 另一方面是对于发生的重大变化，应在相应变化情况投入实际使用前的一段合理期限内向投资者披露，合理期限应能满足投资者对是否接受此种变化作出合理判断。

（三）算法的备案与评估

相比于传统投资顾问，智能投顾的优势之一是其分析判断、提供投资建议的无偏见性，即智能投顾提供的投资建议是没有情绪和感情因素在其中的。这种优势得益于智能算法。对于智能投顾而言，最为关键的算法有两种：第一种是将投资者可选择的金融产品或投资组合按照一定标准进行排名的算法；第二种是在智能投顾作出推荐时，将投资者与金融产品进行匹配的算法。

智能投顾开发选择架构的最终目标应该是以一种最优的、中立的方式将投资进行组合引导客户选择，并且这种选择架构不会影响投资组合排名或匹配算法的质量和准确性。为对智能投顾算法的有效性进行科学合理的考量，智能投顾经营者有义务对智能投顾进行排名和对匹配的算法进行及时评估和更新。评估主要内容应当包括：采用的排名或匹配算法的详细说明以及所依据的数据资料的科学性和准确性；排名和匹配算法所要达到的目的是否能满足客户的实际需要，是否符合技术规定和法律规定；软件程序是否是按照所设计的算法执行的；对智能投顾是否

① 参见邢会强、银丹妮：《智能投顾信息披露法律制度的构建》，载《西北工业大学学报（社会科学版）》2019 年第 1 期。

成功进行了科学排名匹配，有无进行持续监控；是否建立了针对智能投顾的监控平台，对智能投顾算法的任何更改、智能投顾的每笔交易的存档以及算法投入前的测试信息进行持续监控评估；是否对智能投顾算法技术进行了及时有效更新，各版本更新的主要内容是什么，是否能够匹配当前的金融市场环境，并应对每一次更新的算法代码进行储存备查。

(四)行政处罚

一方面，智能投顾涉及个人信息获取，若非法获取或者向他人提供"能够识别公民个人身份和涉及公民个人隐私的电子信息"，根据全国人大常委会《关于加强网络信息保护的决定》对出售或者非法向他人提供公民个人电子信息的行为，依法给予警告、罚款、没收违法所得、吊销许可证或者取消备案、关闭网站、禁止有关责任人员从事网络服务业务等处罚。另一方面，智能投顾还涉及投资顾问服务资质问题，根据《证券法》第160条规定："从事证券投资咨询服务业务，应当经国务院证券监督管理机构核准"，第202条规定："擅自设立证券公司、非法经营证券业务或者未经批准以证券公司名义开展证券业务活动的，责令改正，没收违法所得，并处以违法所得一倍以上十倍以下的罚款；没有违法所得或者违法所得不足一百万元的，处以一百万元以上一千万元以下的罚款。对直接负责的主管人员和其他直接责任人员给予警告，并处以二十万元以上二百万元以下的罚款。对擅自设立的证券公司，由国务院证券监督管理机构予以取缔。"所以，如智能投顾的运营未取得牌照，或者经营范围超过了批准的业务范围，其投顾业务将面临着停业、巨额罚款等行政处罚。

(五)刑事处罚

根据《中华人民共和国刑法》(以下简称《刑法》)第225条规定："违反国家规定，有下列非法经营行为之一，扰乱市场秩序，情节严重的，处五年以下有期徒刑或者拘役，并处或者单处违法所得一倍以上五倍以下罚金；情节特别严重的，处五年以上有期徒刑，并处违法所得一倍以上五倍以下罚金或者没收财产：……（三）未经国家有关主管部门批准，非法经营证券、期货或者保险业务的……”如智能投顾的运营方未取得牌照，其从事投顾业务将面临着罚金、徒刑等刑事责任。我国《刑法》第253条之一规定违反国家有关规定，向他人出售或者提供公民个人信息，情节严重的，构成侵犯公民个人信息罪。根据《证券投资基金法》、《证券投资基金销售管理办法》（已失效）相关规定，公募证券投资基金管理人和注册取得公募证券投资基金销售业务资格的机构，可以从事公募证券投资基金销售活动；未经中国证监会注册，擅自从事公募证券投资基金销售业务的，中国证监会将依法对相关机构和人员进行处罚。证监会也明确表示，一经发现互联网平台未经注册，以“智能投顾”等名义销售公募基金产品的，将坚决予以查处。

第三节　智能投顾私法规制及工具

一、智能投顾私法规制原则

（一）公平原则

孟德斯鸠在《论法的精神》中说：“在我看来，所谓的平等可以分为以下几种：第一，结果平等；第二，起点平等；第三，机会平等；第四，规则平等。”[①]其中结果平等与起点平等是完全理想的状态，现实中永远无法实现，机会平等存在一定的可能性，而规则平等才最具可实现性。私法规制就是通过对主体财产关系进行调整的方式实现规则平等乃至主体间机会的平等。然而，在原有金融风险种类没有减少的同时，技术开发与应用领域还出现了新的风险类型，也即在风险总值不确定降低的情况

---

① [法]孟德斯鸠：《论法的精神》，申林编译，北京出版社2007年版，第18页。

下，智能投顾的使用的确增加了风险种类。所以，智能投顾的发展将面临智能投顾风险多样性增加与投资者风险承受能力均值降低的局面。交易双方承受的风险是否平衡是衡量交易本身是否公平的标准之一。当一方交易者通过使对方风险增加的方式获益时，法律的调整方式是通过权利义务结构的再设计去改变交易本身的收益情况，从而达到风险重新分配的效果。在金融活动中，交易活动双方因为以信息获取能力为核心的交易能力差距悬殊，导致投资者一方在交易活动中承担了超出普通交易的风险。公平原则就是要求通过调整主体间权利义务框架来分配金融交易中特殊的风险。由于法律对权利义务界定的变化会改变主体的行为，在双方谈判成本极高的情形下，权利义务的初始界定关系到能否实现交易公平。比如，交易地位较高的一方被施加的义务及违反规则可能面临的处罚就成了该方进行决策时必须考虑的成本。包含上述成本的决策会达到保护相对方的效果。① 目前智能投顾投资者利益得不到切实保护是现实的不公平，其发生的原因主要包括以下几方面：第一，关于智能投顾信息披露的具体标准，用户的知情权得不到保障；第二，缺乏关于智能投顾行为监管的标准，导致投资者利益保护机制缺失；第三，对于智能投顾算法缺乏规制，人类存在对算法规制失控的风险；第四，算法可能存在歧视，侵害用户作为消费者的知情权和公平交易权。所以，为了公平地实现利益相关者的合法权益，在运用私法规制智能投顾的过程中，需要贯彻公平原则，以实现主体的一种自由的、作用于外在物质世界的控制力。②

（二）公开原则

公开原则是证券法首要的核心原则，也是证券法律制度的精髓所在。

---

① 参见侯东德、周莉欣：《风险理论视角下智能投顾投资者的保护路径》，载《华东政法大学学报》2021 年第 4 期。

② 参见[德]奥托·基尔克：《私法的社会使命》，杨若濛译，商务印书馆 2021 年版，第 22 页。

信息公开原则是各国证券立法的核心原则,是保护投资者利益的基本途径,是实现证券市场效率的基本条件。信息论奠基人沙农(Shannon)将信息定义为“用来消除随机不确定性的东西”。信息通过影响市场中投资者的决策行为,进而决定了价格的变动、收益率的差异以及市场整体的波动情况。不同于传统民事交易的信息磋商,证券领域缺乏信息磋商环节,且交易各方的信息掌握能力悬殊,因此以信息公开为核心的公开原则在证券领域至关重要。投资者作为智能投顾的客户,需要在知情的基础上进行委托。智能投顾业属于证券业范畴,因此在运用私法规制智能投顾时也必须贯彻公开原则。信息披露义务的设置是公开原则的典型表现,美国《智能投顾升级指导意见》对于信息公开的形式作出了相应规定,要求披露具体明确,并尽到合理谨慎义务,以避免对服务范围作出错误的定义而导致对客户重大的误导。因此,在设计智能投顾信息披露的形式时,必须从用户角度考虑信息的获取度。应进一步完善智能客服的建设,实现实时支持,以提高向客户披露信息、解答问题的效率。

(三)投资者适当性原则

投资者适当性就是指金融中介机构所提供的金融产品或服务与客户的财务状况、投资目标、风险承受水平、财务需求、知识和经验之间的契合程度。投资者适当性原则要求智能投顾平台有义务在对投资者进行合理调查的基础上,向投资者推荐符合其投资目的和投资需求的智能投资服务。中国证券业协会 2017 年 6 月发布的《证券经营机构投资者适当性管理实施指引(试行)》指出,“证券公司及其子公司,证券投资咨询机构(以下统称‘证券经营机构’)向投资者销售金融产品,或者以投资者买入金融产品为目的提供证券经纪、投资顾问、融资融券、资产管理、柜台交易等金融服务,适用本指引”。根据该指引,可以将“投资者适当性管理”定义为证券经营机构根据投资者的需求和能力对投资者进行分类,并向不同类别的投资者销售风险和收益与之相匹配的金融产品和服务。[①] 监管部门既要将智能投顾这种新型财富管理模式及时纳入监管体系内，又要看到智能投顾具有区别于传统金融的特点，设置过渡期，把握监管节奏和尺度，防止过度干预扼杀行业创新。

二、智能投顾民事责任

法律责任是行为主体违反了法定、约定或其他由法律规定的第一性义务后必须承担的带有强制性的第二性义务。[②] 我国《证券投资顾问业务暂行规定》也吸取了现有证券立法与司法实践中的有益经验，确立了投资顾问服务机构的信义义务体系。信义义务的确立，使证券投资顾问服务机构在向投资者提供投资建议时，不仅在道义上尽心尽力，更负有法律强制力的义务，从而在投资顾问服务机构与投资者之间建立起牢固的联系。[③] 在公平原则的指引下，拓宽投资者权利范围，赋予其高于一般交易方的权利是保护投资者的基本方式。与此相应的是，智能投顾责任主体就应当负担严格义务，包括信息披露义务、投资者适当性义务及操纵市场等禁止性义务。一旦责任主体违反上述义务，投资者便可依据法律对其进行追索。

（一）智能投顾的责任主体

关于人工智能在民法上的主体地位，学界存在“客体说”和“主体说”两种相互对立的观点。“客体说”认为，人工智能本质上是从属于人类的工具；“主体说”认为，人工智能具有独立意识，能够享有有限的法律人格，具有民事法律关系中的主体地位。不论通过何种路径进行监管，要实现消费者权益的保护、金融市场的稳定，首先要明确智能投顾中的责任主体。

智能投顾技术本身不能成为主体，因为智能投顾没有独立的意识，没有资源的占有，没有行为能力，没有责任能力。智能投顾只能被视作

---

① 参见《证券经营机构投资者适当性管理实施指引（试行）》第2条。

② 参见杜宴林主编：《法理学》，清华大学出版社2014年版，第131页。

③ 参见《证券投资顾问业务暂行规定》第4条和第5条的规定。

一种能够提高分析、咨询效率的工具，而工具既不应当也不可能作为主体承担责任。① 既然智能投顾本身无法作为责任主体，那么到底是揭开产品的销售面纱还是揭开技术面纱，抑或同时揭开二者面纱则成为义务主体研究的核心。厘清投资者、运营者以及智能投顾算法设计者三者之间的关系是探究由谁承担责任的基础。投资者承担责任的基础包括三种：对合同义务、法定义务以及以保护投资者为核心的信义义务的违反。投资者选择智能投顾产品，与之签订服务合同的主体只可能是运营者，但在投资者为弱势方时，合同本身可能带有不公平性，这种不公平性表现在仅仅依据合同义务无法约束运营方，一方面可能对投资者利益造成损害，另一方面也给金融市场的秩序带来不同程度的破坏，因此无论是《证券法》、《证券投资顾问业务暂行规定》抑或《资管新规》都对运营方赋予法定义务；同时，当投资者购买智能投顾产品或服务之始，运营平台即接受投资者的委托，为其提供投资建议，二者之间形成委托关系，从而也确立了运营者对投资者的信义义务。反观技术人员，其设计智能投顾产品（或服务）的算法，要么是基于其与智能投顾运营平台产生的算法设计的合同关系，要么是基于受雇于运营平台的职务行为。无论是二者中任何一种法律关系，其都不与投资者产生关联。对投资者而言，其相信的是该智能投顾产品能够根据其最大利益作出投资建议，而不是相信一位技术人员可以设计出何种智能的算法。对二者的区分是厘清信义义务主体的关键。此外，并非责任主体越多对投资者就越有利。第一，技术人员的责任能力一般低于智能投顾运营主体；第二，投资者要求运营主体承担责任的难度远低于要求算法设计者承担责任；第三，智能投顾作为一种特殊的产品，设计者仅为算法的设计人员，并非该产品的生产者，智能投顾的生产者与销售者在该领域同时为运营者，因此智能投顾

① 参见侯东德、周莉欣：《风险理论视角下智能投顾投资者的保护路径》，载《华东政法大学学报》2021年第4期。

产生的责任不适用一般的产品责任。技术伦理是一般伦理与特殊伦理(如职业伦理)在技术上的反映,作为技术人员,其不具备掌握金融职业伦理的基础,因此不应当被要求熟知与预见各种主体间的义务以及利益冲突,智能投顾算法中的技术伦理也是如此,其中是否包含职业伦理在于运营者是否告知及要求技术人员将相关伦理反映到算法之中。运营者是智能投顾产品的发起者,其具备金融领域的专业能力,有告知或要求技术人员上述要求的义务,智能投顾算法生成后有监督与检查的义务与能力,因此,约束运营者是维持智能投顾市场秩序成本最低,也是最有利于投资者保护的选择。①

(二)智能投顾的归责原则

民事责任的认定是对立法和司法实践的高度概括,也是对归责原则的系统阐述。智能投顾业务核心的部分为专业化的算法模型,前面章节已经提及作为算法模型的机器人非民事主体,不具有责任承担能力。根据穿透原则,可将其侵权行为归责于算法模型的设计者或营运平台。因此,明确智能投顾营运者的归责原则对于保护投资者而言极为重要。

第一,智能投顾运营者需要有违反其对投资者负有义务的行为,包括违反约定义务与法定义务。运营者的约定义务源于其与投资者签订的服务协议。其法定义务主要是其对投资者承担的信义义务。主要体现在运营者向投资者披露的信息,特别是对智能算法的披露不真实、准确、完整、及时,或虽达到上述要求但不符合投资者的认知水平也不便于投资者获取。这些纠纷的产生一般表现为投资者的货币损失,也称纯粹经济损失。② 可以参照《民法典》侵权责任编相关规定,明确投资者利益

① 参见侯东德、周莉欣:《风险理论视角下智能投顾投资者的保护路径》,载《华东政法大学学报》2021年第4期。

② 参见郑佳宁:《论智能投顾运营者的民事责任——以信义义务为中心的展开》,载《法学杂志》2018年第10期。

的损害是否由运营者的信义义务行为引发,此处的信义行为应当包括故意或过失行为。

第二,运营者存在过错。智能投顾与传统自然人投资顾问最大的不同是,投资建议依靠算法模型,服务过程依靠机器人与投资者之间的人机互动。在现阶段赋予智能投顾独立的法律人格仍缺乏法理基础。[①] 智能投顾模型算法的设计者(若非为营运者的工作人员)的主体地位以及责任承担问题,尚缺乏相关法律规定。为了解决智能投顾不适应传统投顾以投资咨询人员为主要规制对象的法律体系的问题,智能投顾的责任主体为智能投顾的运营者。运营者存在过错的情况包括算法不合理、未履行信息披露义务等。

第三,投资者因运营者加害行为受到损害。在智能投顾业务中,投资者损失必须是因为智能投顾出具不恰当的投资建议或者智能投顾算法存在问题所致,而不是证券市场行情变化所致。如果投资者所受损害,是因其自身原因、市场行情变化所致,或者智能投顾运营者的行为符合投资目的的要求,那么投资者所受的损失与智能投顾运营者违反信义义务的行为之间则无法律上的因果关系。

(三)智能投顾民事责任的分配

民事责任是民事主体对于自己因违反合同,不履行其他民事义务,或者侵害国家的、集体的财产,侵害他人的人身财产、人身权利所造成法律后果,依法应当承担的民事法律责任。[②] 人工智能致人损害的责任认定可以按以下思路进行分析。第一,明确损害的造成是物的责任还是人的责任;第二,根据损害造成者来确定担责主体;第三,准确确定承担责

① 参见彭诚信:《人工智能的法律主体地位》,载《人民法治》2018年第9期。

② 承担民事责任有多样化方式,如停止侵害、恢复原状、继续履行、赔偿损失、支付违约金、赔礼道歉等。而智能投顾运营者因违反其约定或法定义务需对投资者承担的民事责任主要则是赔偿责任。

任的人。[①] 如美国法对于投资顾问的民事责任规定非常清楚,如果投资顾问违反了其忠实义务、注意义务及行业惯例,侵害了投资者的权益,要承担相应的民事责任。[②] 根据《欧盟机器人民事法律规则》,严格责任不适用于运营者,运营者适用过错责任,但应当购买强制保险,并需要建立共同基金支付强制保险不能覆盖的损失。[③] 我国在金融服务立法中各主体违反义务需对投资者承担的赔偿责任一般被认为是补偿性赔偿责任。

在智能投顾中,投资者不仅面临市场风险,还需要承担来自智能算法、网络等风险。在具体责任的分配上,运营者若因操作系统、算法决策系统缺陷导致投资者权益受损,运营者就应当承担赔偿责任,并可视具体情况向操作系统研发设计者追偿;对于程序设计者来说,一般情况下其无需承担责任,但如果损失与其程序设计缺陷有关,运营者可在承担对投资者的赔偿责任后向设计者追偿;如果智能投顾程序设计优良、运作良好,运营者也尽到了相关的提示义务,投资者风险自担。

三、智能投顾私法规制的工具

(一)信义义务的设置

信义义务是指在信义关系中,受信人(Fiduciary)承诺为受益人(Beneficiary)的最大利益行事,要求受信人把受益人的利益始终放在第一位。[④] 信义义务包括忠实义务、注意义务和勤勉义务。落实在投资顾问主体上,通常认为信义义务是以投资者的最大利益作为行动标准和目

---

① 参见杨立新:《人工类人格:智能机器人的民法地位——兼论智能机器人致人损害的民事责任》,载《求是学刊》2018 年第 4 期。

② 参见武贵振:《证券投资咨询机构的专家民事责任》,中国政法大学 2011 年博士学位论文,第 86 页。

③ See Resolution on Civil Law Rules on Robotics, *Committee on Legal Affairs of European Parliament*,51 PARL. EUR. DOC 8(2017).

④ 参见郭霹、赵继尧:《智能投顾发展的法律挑战及其应对》,载《证券市场导报》2018 年第 6 期。

的，禁止将自身利益置于投资者利益之上。注意义务则是指尽到合理的审查义务，从而保证提供给投资者的建议没有被不完整或错误的信息误导。①

信义义务的本质是矫正客户与专业人员之间存在的差距，对处于优势地位、被相对方依赖的当事人产生约束并使其忠实地履行义务。② 忠实义务的内容是受托人需以为委托人谋取利益为行为准则，避免自我交易。忠实义务的实现离不开投资顾问及时向委托人披露利益冲突事项。注意义务要求顾问主体在提供服务时应以投资者的投资收益为出发点，保持合理谨慎的态度，对客户情况保持持续关注。勤勉义务要求智能投顾经营者在服务过程中尽职尽责，尽最大努力实现投资者利益最大化，具体可以概括为谨慎地保障电子问卷设计的合理性、确保智能投顾算法的有效性以及监督与维护智能投顾信息系统的正常运行，避免投资者利益受到损失。③ 我国在制度层面多采用勤勉尽责及诚实信用等概括性描述，如《证券投资顾问业务暂行规定》第 4 条、第 5 条规定：证券公司、证券投资咨询机构及其人员应当遵循诚实信用原则，勤勉、审慎地为客户提供证券投资顾问服务，忠实客户利益，不得损害客户利益；又如《资管新规》中规定“金融机构为委托人利益履行诚实信用、勤勉尽责义务并收取相应的管理费用”。这些条文均明确了在开展资产管理业务时金融机构应当承担信义义务，但相关内容表述均体现为原则性规定，缺乏可操作性，难以克服智能投顾投资者因金融机构的不当行为而面临的法理

① 《证券投资顾问业务暂行规定》第 5 条：“证券公司、证券投资咨询机构及其人员提供证券投资顾问服务，应当忠实客户利益，不得为公司及其关联方的利益损害客户利益；不得为证券投资顾问人员及其利益相关者的利益损害客户利益；不得为特定客户利益损害其他客户利益。”

② 参见邢会强主编：《证券法学》，中国人民大学出版社 2019 年版，第 211 页。

③ 参见郑佳宁：《论智能投顾运营者的民事责任——以信义义务为中心的展开》，载《法学杂志》2018 年第 10 期。

障碍。①

(二)合同法上权利义务的分配

智能投顾平台向客户提供投资建议服务时所提供的《服务协议》或投资者通过智能投顾平台与第三方持牌金融机构签订的经纪合同,均是电子化的格式合同,合同内容由智能投顾营运者或金融机构预先拟定。营运者出于对产品特性与投资风险的了解,就合同中的权利义务分配处于优势地位,制定合同内容时考虑更多的是自身利益,一定程度上增加了普通投资者权利保护的难度。因此,智能投顾行业应当尽快就与投资者的服务协议出台相应的合同标准。可以收集投资者的信息,对照智能投顾平台预设的参数分析,促使运营者承担有利于其审慎经营的法律主体义务。

(三)侵权责任的确认

智能投顾的服务内容本质上仍为投资咨询服务,除智能投顾服务协议中的约定义务外,运营者同样需要严格履行忠实、勤勉的法定义务。智能投顾运营者违背告知说明、保密等法定义务,在满足以下三个条件的情况下,应当依据《民法典》侵权责任编、《证券法》、《证券、期货投资咨询管理暂行办法》等法律法规使投资者承担侵权责任。首先是运营者实施了侵权行为;其次是投资者须遭受损害,且应当是侵权行为发生后,投资者真实发生或必将发生的损害;最后是智能投顾运营者实施的侵权行为与投资者所受损害之间应当具有因果关系。在具体的认定过程中,应当注意排除智能投顾服务过程中投资者投机心理与市场风险等因素导致的损害后果。

(四)启动诉讼行为

在我国司法实践中,尚未出现人工智能作为诉讼主体的案例。根据《民法典》第 2 条规定,智能投顾不符合民事主体"自然人、法人和非法

① 参见欧阳丹丹:《智能投顾法律规制研究》,载《金融与经济》2021 年第 1 期。

人组织”三种法定类型，其受控于运营商，也不具有民法上平等主体的独立意志。智能投顾运营商租借金融机构的牌照，以持牌机构的名义对外开展智能投顾服务，形成挂靠关系的，可被涵摄进《最高人民法院关于适用〈中华人民共和国民事诉讼法〉的解释》第54条的规定。利益受损害的投资者可将智能投顾运营商和被挂靠的金融机构作为共同被告，主张由两者依法承担民事责任。被挂靠的金融机构从挂靠关系中获取利益，为智能投顾运营商规避合规风险提供掩护，也为智能投顾运营商拓展客源提供牌照内在的信用站台，其就智能投顾业务所造成的损害承担相应的法律后果和风险，符合《民法典》规定的公平原则、诚信原则。① 若智能投顾运营商本身取得相关金融牌照，利益受损者则应当以运营者作为被告，主张其承担相应民事责任。

① 参见谭艺渊：《智能投顾功能异化与司法治理》，载《中外投资》2021年第1期。

第四章　法律规制范式的选择

上一章通过对域外规制概况的总结，梳理了两种规制范式，分别是公法规制范式以及私法规制范式。两种不同的范式对于智能投顾的规制在视角以及效果上存在差异。本章主要通过对比二者得出我国应当选择的规制路径，并在此基础上构建智能投顾的规制框架以及本土化规制体系。

第一节　公私法规制路径实施的比较

私法规制的基本路径是通过权利义务结构的再设计去改变交易本身的收益情况，从而达到重新分配各方风险、利益的效果。① 这种权利义务分配是直接作用于意志的行为激励机制，并假定精心构

① 参见侯东德、周莉欣：《风险理论视角下智能投顾投资者的保护路径》，载《华东政法大学学报》2021 年第 4 期。

造的权利义务规则可以改变风险过程中的个人行为。① 公法规制的基本路径则是通过管控性色彩较浓的制度规制对主体资格、行为进行控制从而达到稳定社会、市场秩序的效果,其本身是国家干预社会的一种行为。② 上述两种不同的规制路径在实施效果上各有优劣,例如,私法规制路径具有选择性与针对性的优势,但却存在缺乏预防性、威慑不足、诉讼启动障碍较大等固有缺陷;而公法规制路径则有规模优势以及事前预防的优势,可以降低规制实施成本。③

一、两种路径的实施成本比较

(一)信息获取成本的比较

公法规制具有信息获取能力强的特征。但是,从立法者与监管者角度而言,需要投入巨大的制度构建及监管成本。政府需要替代市场构建智能投顾筛选机制,该机制的构建与持续性运转需要对算法进行实质性审查与后期的技术监管。④ 实质性审查与技术监管的成本投入远高于形式审查与一般的金融监管,具体操作可能会包括如下要求:首先要求智能投顾平台进行技术认证,即该智能投顾平台的搭建应符合信息技术的安全要求,以防止黑客攻击;还要认证该智能投顾平台的投资顾问策略具有盈利的可能性,以其遵循经济运行的一般规律作为市场准入的门槛,从而避免大量的劣质平台进入市场造成投资者的损失。⑤ 其次要求平台公布投资策略分配的标准,及时公布每一个人的具体投资方案。从

---

① See George L. Priest, *The New Legal Structure of Risk Control*, Daedalus, Vol. 119, p. 207 - 227(1990).

② 参见侯东德、周莉欣:《风险理论视角下智能投顾投资者的保护路径》,载《华东政法大学学报》2021 年第 4 期。

③ 参见宋亚辉:《社会性规制的路径选择:行政规制、司法控制抑或合作规制》,法律出版社 2017 年版,第 172 页。

④ 参见侯东德、周莉欣:《风险理论视角下智能投顾投资者的保护路径》,载《华东政法大学学报》2021 年第 4 期。

⑤ 参见吴烨、叶林:《"智能投顾"的本质及规制路径》,载《法学杂志》2018 年第 5 期。

监管者的角度而言，信息披露义务的加强也意味着实施监管的难度加大。监管者需要考虑对披露信息监管到何种程度才能降低智能投顾存在的“一致行动人”“利益冲突”“算法缺陷”等危害投资人利益的风险行为。①

私法规制中，私主体具有强烈的信息获取动力，但其信息获取能力较弱。私法规制的实施过程中，主要由当事人获取信息、提供证据，这就避免了公法规制路径高昂的信息搜集成本，这也是私法控制路径在信息成本方面的优势所在。这种主动性特征源自对诉讼当事人的激励。对于个人来讲，当受到外部性或内部性行为侵害时，只有诉讼的预期收益大于为此付出的诉讼成本时个人才有充分的激励提起私人诉讼。为了取得胜诉的结果，诉讼当事人会有充分的激励去保存证据、收集信息，并向裁决机关披露有关违法行为的信息，而法官只需要组织双方当事人对彼此提供的证据信息进行质证即可。同时，在私法规制路径实施过程中由当事人提供证据，除当事人有积极披露信息的激励之外，还在于当事人更接近信息源，由当事人提供信息的成本更低。然而在信息披露制度不完善的背景下，当事人所能获取的信息是十分有限的，因此也会出现实践中的“举证难”问题。

（二）技术性难度的比较

根据不同标准，可以对智能投顾的技术性风险进行不同的分类。以智能投顾的技术构成为标准来分，智能投顾的技术性风险主要包括数据风险、算法模型风险及计算机程序风险三大类风险，其中每大类风险又可以再细分成各类小风险。以智能投顾技术风险发生的时间及规律来分，可以分为常规性技术风险及临时性（或突发性）技术风险，前者具有发生频率高、风险发生具备规律性及风险防范措施相对完备等特征，而

---

① 参见徐慧中：《我国智能投顾的监管难点及对策》，载《金融发展研究》2016 年第 7 期。

后者则具有发生时间不规律、风险引发因素复合性及相对隐蔽等特征。智能投顾具有程序化交易的特性,人工智能所具备的自我学习功能在自动强化其技术优势的同时,也有放大微小技术错误的可能。① 因此,在智能投顾运营实践中,有必要建立紧急状态下的技术应对强制性要求,对智能投顾平台在特定情况下暂停平台运营或允许人工干预的情况及相关预案作出基本性规定,以此减少紧急状态下客户的损失,阻止风险在市场中的进一步扩散。

公法规制与私法规制相比较,一方面,前者在处理技术问题上更具有专业性优势,因为公法机关一般都拥有相对完善的行政管理体系,其中各个管理部门一般存在专业上的分工,公法部门在内部会有各个领域的专家做后备支持。相比较,比如智能投顾的投资者一方就处于技术上和信息上的劣势,通过私法手段维权困难重重。另一方面,公法在处理技术问题时具有规模优势。在技术性比较强的领域,其存在的风险往往属于公共风险,一旦出现事故,往往是大规模的侵权事故。公法规制可以运用其公权力的强制性特点优势,委托该领域的权威专家或鉴定机构,进行科学合理的风险评估、损害认定、判断因果关系和责任认定等,这就是典型的规模优势。正如柏林斯基和萨维尔所言:"依赖私人执法的问题在于,当私人执法有利可图时,每个人都要去执法,这不符合规模效益原则。"②由此判断,私法工具在应对智能投顾的技术性问题时不具备公法工具的技术优势以及规模优势。

(三)规制者的机会主义倾向比较

纵观金融监管史,机会主义监管倾向是其显著特点。金融监管难以跟上金融创新的步伐,总是滞后于金融创新。金融监管政策一般表现

---

① 参见申海波、韩璞庚:《人工智能背景下的治理变迁及其路径选择》,载《求索》2018 年第 6 期。

② Polinsky A. M., S. Shavell, *Public Enforcement of Law*, 38 Social Science Electronic Publishing 45(2006).

为，当经济繁荣、金融机构普遍盈利时，人们往往把金融监管视为金融发展的掣肘，极力主张放松监管。放松监管导致金融自由化，金融市场的负面效应累积到一定程度，便爆发金融危机，此时，复又开始强化监管。金融监管始终在“放松监管—金融自由化—金融创新—金融危机—严格监管—抑制金融创新”之间游走。①

公法规制的“线性结构”特点在规制路径实施过程中，双方关系体现为典型的“命令—服从”关系或单向的隶属关系。按照一般的理解，权力总是具有自我膨胀的本能，存在机会主义倾向就是顺理成章的事情了。在私法规制的“三角结构”中，原告、被告和法官之间形成了一个彼此制约的三角形结构。在这一结构中，双方当事人根据法定诉讼程序相互对抗、相互制约，法官仅处于居中裁判者的地位。因此，私法规制的“三角结构”使法官更多地受到双方当事人的制约，相较于公法规制的“线性结构”，法官所处的相互制约的制度结构有利于降低法官的机会主义倾向。

二、两种路径的实施效果比较

（一）公法规制路径及效果

公法规制路径的实现一般通过对主体资格、行为进行管控。例如，制定智能投顾准入规则、核发运营牌照或者颁布相关禁令就是对主体资格的限制；而强制信息披露、要求算法备案及评估等就是对行为的规制。如果相关义务主体违背相应法律、法规，则必须承担行政责任乃至刑事责任。通过公法对智能投顾进行规制，存在规模优势以及事前预防的优势，可以发挥威慑功能与监管功能。所以，公法规制路径能够保证智能投顾在应用过程中的整体风险可控，而不致损害市场一般秩序。②

（二）私法规制路径及效果

私法的传统功能在于保护私权利，有利于增强私法主体权利意识、

---

① 参见张永亮：《金融监管科技之法制化路径》，载《法商研究》2019 年第 3 期。

② 参见侯东德、周莉欣：《风险理论视角下智能投顾投资者的保护路径》，载《华东政法大学学报》2021 年第 4 期。

独立意识、平等意识。智能投顾私法规制的启动实际上是借助原告对私人利益的追求和保护,通过诉讼裁判来实现的,该诉讼的提起与否以私人成本和收益为衡量标准。当诉讼程序启动后,举证问题就成为影响私法规制路径实施效果的重要因素。与事前的公法规制相比,事后规制(私法控制)的基本原理在于:通过事后责任制度的实施,将外部性损害内部化,并激励行为人在事前积极采取措施,以避免损害结果的发生,最终实现规制目标。按照侵权行为法的一般原理,事后民事责任的实施需要当事人举证证明加害行为的存在、损害结果的发生、行为与损害之间的因果关系、行为人的过错或违法性等。① 从民事法律责任制度来看,无论是违约责任还是侵权责任,抑或违约责任和侵权责任竞合,都具有预防、复原及惩罚之功能。在智能投顾的私法规制中,与金融商品或金融服务销售相关的民事法律责任制度的功能也主要体现为补偿功能。相比较而言,金融行政责任和金融刑事责任并不具备补偿功能,唯有民事责任才具有该功能。然而,私法规制路径逻辑下的利益的再分配存在事后延迟的特点,当弱势交易方遭受损失后,需通过诉讼的方式使双方收益改变方能达到利益再分配的结果。对于交易弱势方而言,要得到利益的重新分配还需要投入相应的诉讼成本,基于其证据收集能力、风险承受能力,包括应对初次风险发生造成的损害、恢复所需时间的承受力等都较弱,法律的风险再分配效果总体上有所欠缺。②

三、两种规制路径的融合

从规制目标来看,公法规制更注重安全、稳定、秩序以及系统性风险控制;而私法规制更注重纠纷解决和权益救济。从规制依据来看,公法规制的法律依据主要是监管机构颁布的法规、规章、规范性文件以及公共政策等;私法规制的法律依据主要是一般性的民商事法律,尤其是社

---

① 参见宋亚辉:《社会性规制的路径选择》,法律出版社2020年版,第137页。

② 参见侯东德、周莉欣:《风险理论视角下智能投顾投资者的保护路径》,载《华东政法大学学报》2021年第4期。

会接受程度和预期程度均比较高的基础性法律,如《民法典》。在规制手段上,公法规制侧重于事前准入(重点是资格准入和业务范围准入)、事中监测(重点是信息披露和风险控制指标管理)和事后惩戒(重点是追究行政责任和刑事责任)等手段,强制性规定与禁止性规定较多,以管制以及威慑为核心;私法规制侧重于诉讼、仲裁、调解以及和解等方式,强调纠纷解决和权益救济,重视规则的执行成本与实际效果,注重以一般性的法律原则和规则为基础形成个案中的具体裁判规则并引导当事人预期,以政府管制与实践需要的平衡为核心。① 公法规制与私法规制各有千秋,应当利用二者互补的特点,发挥出两种路径融合规制对于投资者保护的优势。公法规制路径可以在事前作为普适的最低标准,对于智能投顾引发的各种风险起到总量控制的作用;私法规制路径则可采用更高的标准,通过事后的个案判断对于个体风险进行分配与化解。②

第二节　智能投顾规制的框架

在公法规制与私法规制的融合下,智能投顾的规制框架需要在创新多维协同理念的指引下确定。因此本节以规制理念为起点,研究智能投顾应选择何种规制路径,并最终确定智能投顾的总体框架应当包括全流程的规制体系、适当的监管标准以及全面的投资者保护等几个方面。

一、创新智能投顾规制理念

(一)树立协同监管理念

金融业已融入社会运行各个方面,单纯依靠金融管理部门难以实现监管目标。要在国务院金融稳定发展委员会的统一指挥下,强化监管部

---

① 参见冯辉:《论互联网金融的私法规制》,载《南京社会科学》2017 年第 12 期。

② 参见侯东德、周莉欣:《风险理论视角下智能投顾投资者的保护路径》,载《华东政法大学学报》2021 年第 4 期。

门与宏观管理部门之间、金融部门与其他部门之间的工作协同，既各司其职、各尽其责，又协同联动，紧密沟通。要更加注重宏观审慎监管、微观审慎监管、行为监管的协调效率，形成跨市场、跨行业风险防线；更加注重金融政策、产业政策、财政政策的优化组合，形成政策措施合力；更加注重发挥中央和地方两个积极性，形成金融风险防控的全国“一盘棋”。

（二）树立穿透式监管理念

要实现穿透式监管，就需要监管部门转变理念，将部门监管和功能监管、行为监管相结合。“穿透式”监管可以分为产品的穿透和主体的穿透。对金融产品和服务的穿透，需从功能监管的角度详细了解不同智能投顾提供服务的类型和范围，注重过程监管，突破嵌套设计，认清底层资产的本质。需要对相同功能、相同法律关系的金融产品按照同一规则由同一监管部门监管。对主体的穿透则主要体现在对一致行动人的穿透。通过细化监管规则和纵深审查，对账户背后的主体进行穿透。同时，可以考虑在证券投资体系内建立分类账户体系，对程序化交易下单、人工下单和智能投顾下单加以区分，使监管部门能够有效识别智能投顾系统所控制的账户，并加以统一监管。①

（三）确立包容审慎规制理念

在规制智能投顾时，应注意平衡好安全与效率的关系。一方面，对其发展应有一定容忍度，另一方面则要对风险有全面的认识，守住不发生系统性金融风险的底线。我国金融规制长期遵循审慎理念，实行严格的市场准入和严厉的行政处罚，规制规则以义务性、禁止性规则为主，凸显其保守性。然而，包容审慎规制理念是基于金融市场创新与风险并存的特定环境提出的，主张通过对市场准入、许可、惩戒、激励、责任等一系

① 参见张家林：《监管科技（Reg Tech）发展及应用研究——以智能投顾监管为例》，载《金融监管研究》2018年第6期。

列制度的完善从而激发市场活力，促进市场的发展。[①] 包容审慎规则既要有义务性、禁止性规则，亦要有授权性规则，也即注重公法规制与私法规则的合作与共融。

二、复式规制的路径选择

复合规制模式是在包容审慎规制理念的指导下形成的，旨在发展中控制风险，在控制风险的过程中规范与发展智能投顾。私法允许当事人根据意思自治原则自由约定各方的权利义务。[②] 智能投顾各参与方基于意思自治、交易自由订立合同，其权利义务受合同法的调整。然而事实上，智能投顾营运者与投资者双方经济实力相差悬殊，对信息的占有程度和分析能力严重失衡，自交易伊始即处于实质的不平等地位，营运者可以轻而易举地以“平等自由”之名行“侵权”之实，投资者却难以依靠私法获得保护。而公法恰好能够弥补私法这一缺憾。公法能够通过“反面规制”手段实现实质正义。

实际上，复合路径的选择就是为了综合公法与私法路径的优点。公法可以将风险防范的端口提前，从整体上起到防范风险的作用。私法则可以打通投资者寻求赔偿的道路。在智能风险规制中综合运用公法与私法进行规制，需要治理主体充分发掘现有法律制度的规制空白，并结合具体事项的性质、涉及主体的范围以及社会影响程度的大小等因素，决定是否利用灵活性更强的软法手段。[③] 所以，对智能投顾的法律规制应当适用民法、证券法、经济法、行政法、刑法等法律，通过一系列金融管制手段，防止因个别营运者不诚信、跑路、陷入危机或倒闭而损害一大批投资者的利益，保证整个智能投顾行业的有序发展。其中，应当重视经

① 参见侯东德、田少帅：《金融科技包容审慎监管制度研究》，载《南京社会科学》2020 年第 10 期。

② 参见史际春、邓峰：《经济法总论》（第 2 版），法律出版社 2008 年版，第 128～131 页。

③ 参见马长山：《互联网＋时代“软法之治”的问题与对策》，载《现代法学》2016 年第 5 期。

济法在智能投顾规制中发挥的作用，因为经济法也属于对公法、私法规制路径进行融合的法律。经济法会按照经济地位将投资者识别为弱势群体，然后为投资者提供集体制度福利，使其无须通过合同约定而当然地享有权利。此外，经济法也能够直接赋予运营者更多的义务和社会责任，①实现双方权利义务的“再平衡”。

三、全流程的规制体系

在第五次全国金融工作会议上，时任总理李克强强调，要“筑牢市场准入、早期干预和处置退出三道防线”。金融由于其特殊的利益结构和风险特征，天生就是一个被管制的市场。“法无禁止便自由”与“负面清单”的竞争法则、市场准入法则在金融领域是不一定完全适用的。因此，要规制根植于金融市场的智能投顾市场，也必须建立全流程的规制体系。

（一）前期的审慎管理

市场准入是金融风险防范的第一道关口。不能因为“简权放政”而放弃对金融市场准入的监管。金融市场是我国经济的重要组成部分，金融服务也大多以取得相关资质为前提。一方面，诸如证券公司、基金期货销售公司等主体本身需要持牌经营；另一方面，金融相关从业人员也必须通过相关资格考试或认证取得任职资格。所以，在金融领域取消资格的准入是风险极大的行为，而在法律法规没有规定取消资格准入的情况下，通过人工智能对该准入进行规避则涉嫌违法。

世界各国在对智能投顾进行规制时，也继续沿用了对金融市场审慎管理的方法。即便美国证监会对智能投顾提出了和传统投顾不一样的持牌要求，运营者取得美国的投资顾问牌照即可同时从事投资顾问和资产管理两项业务，但其仍然没有取消智能投顾在准入阶段的资格限制。澳大利亚将智能投顾公司可提供的服务种类具体分为提供投资建议、代

---

① 参见符启林、刘继峰：《经济法学》（第2版），中国政法大学出版社2016年版，第92～99页。

客交易、全权委托账户服务(Managed Discretionary Account Services, MDAS)和资产管理等。ASIC 不仅对提供客观交易信息的营运者实施牌照监管或许可,而且对提供金融服务的营运者实施牌照监管或许可:除非其已持有相关 AFS 牌照,否则需要根据服务种类申请不同的 AFS 牌照。在人员配置方面,除按照传统金融机构搭建组织架构并配备相关人员外,一些国家还对智能投顾从业人员提出了更高的从业标准。比如,ASIC 对智能投顾营运者的主要负责人提出了明确的任职要求,包括学历、组织能力、知识结构、工作经验、业务水平和道德准则等内容,并且必须通过 ASIC 组织的从业资格考试并参加后续业务培训。综上可知,对智能投顾进行前期审慎管理包括两方面内容,其一是智能投顾平台的义务要求,其二是完善合格投资者标准。

第一,智能投顾平台的义务要求。与传统的金融投资业务相比,智能投顾因其个性化理财方案设置、涉及业务主体较多等特点,在拥有投资业务一般性特点的基础上,同时有独有的特点,正是因为这些特点的存在,才要对智能投顾营运者提出更高的要求,而不能仅仅停留在一般性问题的规制上。智能投顾平台开展业务,首先要通过大数据和算法进行投资者偏好的计算,在这一过程中,平台会有遭受包括互联网技术风险、平台工作人员操作风险、营运平台道德风险在内的多项运营风险,无形中增加了投资者所需承担的风险,对投资利益的取得有一定的影响,根据我国现行法律法规的规定以及智能投顾的投资属性,智能投顾营运者应当遵守一般性投资平台的基本义务。在智能投顾平台的组织机构设置方面,因为智能投顾平台依托互联网这一特性,除要满足一般投资顾问公司的设立标准,如投资者准入门槛、顾问公司配置的专业投资顾问人数、顾问公司的资金规模等基本要求外,还需要配备专业的信息技术人员,来维护平台系统的网络运行安全以及应对可能遇到的恶性攻击。这就对智能投顾平台提出了更高的技术要求,平台应该配备专业的信息技术团队来保障网络运行安全,其中应当包括设计更加完备的编程、数量足够丰富的算法模型以及事前详细的调查问卷来获取客户更加准确的个人信息，以此来对客户进行分类和定位，明确客户的投资偏好和预期收益，为客户匹配最合适的投资方案或投资组合方案。这一类基本义务包括投资顾问、资产管理、资金销售等主体资格的准入，同时也包括提供第三方链接的备案要求，组织能力符合业务规模的要求，严格遵守信义义务的要求，以及投资者适当性义务等要求。

第二，完善合格投资者标准。常言道“投资有风险、入市需谨慎”，加强金融消费者保护，需要遵循投资者适当性规则，即金融机构提供的金融产品与服务需要同投资者的投资目标、财务状况、风险承受水平、财务知识和投资经验相契合，简而言之就是把合适的产品推荐给合适的人。依据《资管新规》，资产管理产品的投资者分为不特定社会公众和合格投资者两大类。合格投资者是指具备相应风险识别能力和风险承担能力，投资于单只资产管理产品不低于一定金额且符合一定条件的自然人和法人。其中个人或家庭金融资产合计不低于 100 万元人民币。例如，《私募投资基金监督管理暂行办法》规定合格投资者应符合三个条件：具备相应风险识别能力和风险承担能力；投资于单只私募基金的金额不低于 100 万元；单位投资者净资产不低于 1000 万元，个人投资者金融资产不低于 300 万元或者最近 3 年个人年均收入不低于 50 万元。其中，金融资产包括银行存款、股票、债券、基金份额、资产管理计划、银行理财产品、信托计划、保险产品、期货权益等。因此，合格的投资者应该树立正确的投资理念。专业投资者获取市场信息和分析投资数据多以现代技术为工具，而普通投资者难以具有此种依托科技的信息分析能力，因此专业投资者和普通投资者在获取信息能力和信息判断能力上存在明显悬殊，相比之下二者的交易能力也存在差别。所以，基于专业投资者和普通投资者的特征和保护诉求的不同进行差异化保护是投资市场的现实需求。

（二）中期的监管指引

为遏制智能投顾对投资者权益的侵害，首先，应当监管运营主体是否建立合格投资者制度。在合格投资者测评中,问卷内容至少应当包含投资者的婚姻状况、年龄信息、收入状况、债务状况、预期收益、可投资年限以及风险承受能力,以及设计反向问题来规避明显的错误回答。其次,完善信息披露制度。我国实践中缺乏智能投顾披露信息的标准,①使智能投顾运营商披露难、监管者监管难、投资者知晓难,也造成违规行为频繁发生。智能投顾在信息披露的方式上过于被动、信息的披露途径较为隐蔽,投资者需要主动去相关平台寻找信息,有时智能投顾运营商甚至还存在刻意隐瞒相关信息的情形。所以要从智能投顾的披露主体、披露内容、披露方式几方面,构建科学合理的披露制度,营造尽可能平等、透明的市场交易环境。最后,要求运营商建立合理的内控制度并给予其相应指引。运营主体构建内控制度,一方面,要建立信息安全保护机制方案,方案中应当包含信息的用途、信息存储方式与存储机构,对于信息处理应当严格遵守数据留痕管理等;另一方面,运营商应当对代码、算法进行持续性维护。在程序代码的维护上,监管机构应当从人员管理、算法质量、应急措施三方面进行具体监管;在应急防控方面,则需要运营商主动制定应急预案并向监管机构予以备案。

(三)后期的退出机制

对智能投顾的市场退出进行监管,是智能投顾监管体系中的最后一个环节,也是重要的一个环节。构建评价指标体系,细化智能投顾的评价指标,包括宏观审慎指标、微观行为指标、风险等级指标、服务质量指标等,从而构建退市制度的法律框架。② 对退出环节的监管关系到监管的效果,关系到金融体系的安全,关系到公众对金融市场的信心。通过退市机制可以促进企业进行规范经营,承担社会责任,也可以实现市场

---

① 参见侯东德、周莉欣:《风险理论视角下智能投顾投资者的保护路径》,载《华东政法大学学报》2021 年第 4 期。

② 参见张静、张乐:《金融机构市场退出的若干问题及立法完善》,载《金融论坛》2004 年第 10 期。

上企业的流动，促进市场资源的优化配置。

合理的退出机制应当包括主动退出机制和被动退出机制。主动退出需要监管机构在一定期限内指派专业人员对业务经营情况进行审查，审查过后经过批准方可退出。智能投顾退出市场后，仍应当对投资者的投资协议、交易记录等投资信息进行保留，以便投资者查找相关信息。被动退出则是因为违规经营或是重大风险，被监管机构采取强制手段退出市场。强制退出后，运营商应对未完结的业务进行妥善处理，在监管机构的指导下，可将业务转移到其他平台进行继续操作以减少投资者的损失，保障投资者的合法权益。

四、适当的监管标准

（一）数据和网络安全

数据安全风险是指电子数据存在被窃取、泄露、篡改、蔑视等风险。在网络空间中，信息是数据的内容，数据是信息的表现形式，信息和数据在网络空间中是一体的。在概念上，信息安全主要是指内容的安全，而数据安全主要是指形式的安全。[①] 但由于数据分析技术的发展，获取了数据，也即获取了信息。所以，在网络空间中开展的活动都面临信息与数据安全的风险。智能投顾的算法依赖于数据的训练，并且只有通过收集客户的数据才能达到了解客户的需求偏好、投资目标、资产状况的目的。智能投顾的特征决定了从业机构必然收集、存储有大量的数据，这些数据中包含了投资者的身份信息、交易信息、财务信息等重要的个人敏感信息、公司商业信息。因此，从业机构所面临的信息与数据安全风险很大。在这些信息与数据安全风险的控制问题上，法律对证券公司的监管制度比较完善，对证券投资咨询机构则相对空泛，既缺乏对其内部控制制度的要求，也缺乏外部监管制度。无论是从业主体抑或监管主体，对于智

---

① 参见郭雳：《信息、金融与金融法》，载《金融法苑》2003 年第 1 期。

能投顾机构存在信息与数据安全风险的防范与处置能力均存在不足。①

网络安全风险，是指“系统漏洞、计算机病毒、网络攻击、网络侵入”等导致的风险。包括智能投顾在内的基于互联网提供服务的金融业务都面临网络安全的风险。《中华人民共和国网络安全法》（以下简称《网络安全法》）要求网络产品和服务应当符合国家标准的强制性要求，对网络运营者防范和处置风险提出了具体要求。但是在证券投资顾问行业还没有更详尽的制度安排之前，智能投顾也缺乏规范服务的技术标准。② 尽管《证券投资顾问业务暂行规定》第10条规定，“证券公司、证券投资咨询机构从事证券投资顾问业务，应当保证证券投资顾问人员数量、业务能力、合规管理和风险控制与服务方式、业务规模相适应”，但是，风险控制的具体内容、风险控制能力的适配等仍然缺乏具体要求和标准。制度上的不明确可能导致实践中一个不具备足够技术能力的机构开展智能投顾服务，并最终引发信息与数据安全、网络安全风险。

（二）以算法为核心的监管

智能算法是智能投顾中利益冲突更具隐蔽性的根源，也是智能投顾区别于传统投顾信息披露的症结所在。智能投顾之所以“智能”，关键在于用“电脑”代替“人脑”作出分析判断，智能投顾大大减少了人工的投入，有很强的算法依赖性。综合各个平台的设计来看，智能投顾核心流程是这样的：开始—在线问卷测评—基于大数据算法推荐的投资组合—自动平衡利益点—结束。

由此能够看出，智能投顾主要是依靠算法技术和大数据技术得以实现的。人工投顾更加依赖投资顾问人的专业素养和忠诚勤勉的职业精神，一旦投顾人的专业能力值得商榷，或者其缺乏良好的信义精神，投资

---

① 参见冯果：《网上证券交易法律监管问题研究》，人民出版社2011年版，第24页。

② 参见郭雳、赵继尧：《智能投顾发展的法律挑战及其应对》，载《证券市场与监管》2018年第6期。

者的利益就可能受到损害。而通过算法进行的投顾业务却很难体现上述要求。为了让智能投顾更加适配我国投顾的业务体系,对算法进行要求与监管仍然是一个必要的措施。这是因为,一方面,程序的编写和设计错误可能导致程序不能按照既定的原理和路径运转;另一方面,由于程序设计的理论基础和投资策略存在问题,如投资策略组合和客户的风险收益偏好不匹配,算法模型设计自身可能存在缺陷。

五、全面的投资者保护

(一)明确智能投顾信息披露标准

绝大多数的智能投顾平台都采用了“黑盒策略”,并未向投资者展示其运行的具体逻辑。因为算法不透明所以投资建议的生成缺乏支撑依据,而证券投资顾问向客户提供投资建议应当具有合理的依据是“人对人”模式中的基本要求。该要求还派生出其他业务规范,包括“购买证券研究报告,提升证券投资顾问服务能力”、载明“说明证券研究报告的发布人、发布日期”等。[①] 依据上述信息披露要求作出的投资建议既可以回溯判断建议生成过程中是否出现利益冲突,也可以判断业务人员是否履行了投资者适当性义务。然而在“机对人”的业务模式中,因为算法不透明进而缺乏可回溯的材料,一方面不能保证算法生成的建议合理,另一方面也缺乏利益冲突协调机制。[②] 有学者建设性地提出建立结果导向型信息披露制度,该种制度要求被披露的信息应当跨越一个完整的交易过程,真实、全面地反映交易的成本或收益,从而使消费者更好地作出知情选择。结果导向型信息披露包含四个维度:在什么情形下需要披露、披露什么、由谁披露以及如何确保准确披露。

(二)完善营运者适当性义务

投资者适当性制度是金融法律制度中一项保障投资者权利的基础

---

① 参见《证券投资顾问业务暂行规定》第 16 条、第 17 条、第 18 条。

② 参见侯东德、周莉欣:《风险理论视角下智能投顾投资者的保护路径》,载《华东政法大学学报》2021 年第 4 期。

制度。该制度要求卖方机构需承担投资者适当性义务,包括明确投资者分类、产品或者服务分级以及二者的适当性匹配。适当性义务用于为投资者提供适当的金融投资服务,在金融行业的应用主要在证券经纪商、投资咨询顾问以及资产管理机构等领域。智能投顾因问卷设计标准化及操作流程较为模糊等特点,很容易出现事实上违反适当性义务的情况。该义务的设置一方面可以保护投资者权益,另一方面也可以管控创新风险。投资顾问作为金融市场的"卖方机构"之一,与投资者产生投资咨询服务关系,也应当遵守投资者适当性义务。① 平台应当严格遵守采取留痕处理、信息储存符合最低年限要求、不得擅自删除相关数据等规定,保存完整的信息资料,防止在出现争议纠纷时没有相关的证明材料。

(三)以过错推定原则设计赔偿责任

法律尚未提供智能投顾运营主体是否履行合同义务的判断标准。市面上智能投顾产品中,大多数平台都只需注册即可,即使是注册前的合同条款都较为罕见。平台一般通过"新手指南""产品介绍"来介绍智能投顾产品的具体内容,这些内容主要包括两方面:一是该产品的智能化介绍,多为宣传性表达,即产品服务的优质性;二是操作指南,主要包括如何申购、调仓、赎回以及相关费率等。因此,基于智能投顾的投资顾问合同中,运营者与投资者之间的权利义务较少,能够统一确定、概括的是:投资者享有接受智能化投资顾问的服务的权利,而运营平台则负责提供合格的、符合宣传的智能投资顾问服务。一般来说,该服务是否符合其宣传要求即为运营者是否履行合同义务的判断标准,但无论是市场体系抑或监管体系都尚未出现可以判断服务是否符合要求的机制。一般而言,违约责任的认定无须考虑义务人之过错情况,当无法完整履行合同义务时权利人有权获得违约救济,但在智能投顾中需要进行综合考

① 参见侯东德、周莉欣:《风险理论视角下智能投顾投资者的保护路径》,载《华东政法大学学报》2021年第4期。

虑，因为尚未出台相关规定。侵权责任的归责原则主要有过错原则、过错推定原则以及无过错原则。意外风险是运营者难以预料并掌控的，适用无过错责任认定智能投顾运营者责任过于严格，容易导致投资者产生侥幸心理，不利于投资者权利的保护，亦不利于金融科技行业的稳定发展。而如果以故意作为责任认定的前提，则可能导致难以对智能投顾运营者形成有效约束，不利于投资者保护。因为金融活动专业性强，相对门槛较高，智能投顾的出现在一定程度上扩大了投资者和运营者之间的信息不对称差距。而一旦发生纠纷，大部分交易数据掌握在运营者手中，投资者的举证能力受制于技术能力，更加容易陷入举证不力的困境。基于保护投资者的目的，应当采取举证责任倒置的证明责任分配方式。结合智能投顾的特点，运营者掌握详尽的算法信息和交易数据，以过错推定作为归责原则似乎更适合。如果智能投顾运营者无法证明其不存在过错，则应承担相应的侵权责任。

第三节　多维融合的本土化法律规制体系构建

一、证券法规范维度

智能投顾的合规经营是投资者权利保护的关键。《证券、期货投资咨询管理暂行办法》第2条、①《证券投资顾问业务暂行规定》

① 《证券、期货投资咨询管理暂行办法》第2条规定："该办法所称证券、期货投资咨询，是指从事证券、期货投资咨询业务的机构及其投资咨询人员以下列形式为证券、期货投资人或者客户提供证券、期货投资分析和预测或者建议等直接或间接有偿咨询服务的活动：（一）接受投资人或者客户委托，提供证券、期货投资咨询服务；（二）举办有关证券、期货投资咨询的讲座、报告会、分析会等；（三）在报刊上发表证券、期货投资咨询的文章、评论、报告，以及通过电台、电视台等公众传播媒体提供证券、期货投资咨询服务；（四）通过电话、传真、电脑网络等电信设备系统，提供证券、期货投资咨询服务；（五）中国证券监督管理委员会（以下简称中国证监会）认定的其他形式。"

第2条①对证券投资顾问进行了明确规定。证券法是规范证券交易和发行的法律，现行《中华人民共和国证券法》(以下简称《证券法》)规制的主体包括证券公司、证券服务机构等，其中与智能投顾相关的法律规范主要包括以下几个方面：

第一，关于经营者准入。《证券法》第160条规定，从事证券投资咨询服务业务，应当经国务院证券监督管理机构核准。该条规定确立了机构开展证券投资咨询服务业务应当取得核准的规则。《证券、期货投资咨询管理暂行办法》规定了取得核准的具体条件，包括人员资质、注册资本等，但针对智能投顾的从业资质，目前法律仍是空白，智能投顾业务在主体资质上仍然存在一定的不确定性。②

第二，关于全权委托。《证券法》第161条规定，证券投资咨询机构及其从业人员从事证券服务业务，不得代理委托人从事证券投资。该条规定一方面是为了防止证券投资咨询机构及其从业人员和委托人联手操作证券市场、扰乱市场秩序，另一方面也是为了避免证券投资咨询机构变相从事资产管理业务，从而使投资顾问与资产管理业务相隔离。③目前学界观点大多认为，这一规定虽然带来了监管便利，但不符合智能投顾业务发展的主流国际趋势、不利于智能投顾的可持续发展。④

第三，关于投资者适当性制度。《证券法》规定了证券公司向投资者

① 《证券投资顾问业务暂行规定》第2条规定："本规定所称证券投资顾问业务，是证券投资咨询业务的一种基本形式，指证券公司、证券投资咨询机构接受客户委托，按照约定，向客户提供涉及证券及证券相关产品的投资建议服务，辅助客户作出投资决策，并直接或者间接获取经济利益的经营活动。投资建议服务内容包括投资的品种选择、投资组合以及理财规划建议等。"

② 参见郭雳、赵继尧：《智能投顾发展的法律挑战及其应对》，载《证券市场导报》2018年第6期。

③ 参见田春雷、于美瑶：《我国智能投顾法律规制困境的破解》，载《政法学刊》2020年第5期。

④ 参见沈朝晖：《证券投资咨询行业升级、两阶牌照与法制改革》，载《证券市场导报》2017年第12期。

销售证券、提供服务时应当评估投资者适当性，销售、提供与投资者状况相匹配的证券、服务，从而实现保护投资者的目的。《证券法》制定的《证券期货投资者适当性管理办法》以部门规章的形式对证券期货投资者适当性管理作出统一规范。然而，将智能投顾业务模式的分析与现有证券投资领域投资者适当性制度的适用进行对比，可以发现人工智能技术催生出的新型的智能化投资顾问与现有的投资者适当性制度中的诸多规定存在不兼容之处，关于经营者勤勉义务。《证券法》第 160 条规定，从事证券投资咨询的证券服务机构，应当勤勉尽责、恪尽职守，按照相关业务规则为证券的交易及相关活动提供服务。该条规范概括性地阐述了从事证券投资咨询业务应当遵守勤勉义务，可以为智能投顾经营者特殊勤勉义务的规定提供依据。

第四，关于个人信息保护。《证券法》第 41 条规定，证券服务机构及其工作人员应当依法为投资者的信息保密，不得非法买卖、提供或者公开投资者的信息。该规定旨在保护投资者个人信息，但缺乏可操作性，在法律责任一章也没有规定对应的违反该条的法律责任。

第五，关于监管主体。《证券法》第 12 章规定了国务院证券监督管理机构的监管原则、职责和职权等，为下位法完善智能投顾监管规制提供了依据。证券法的目的在于保护投资者权益、维护社会经济秩序和社会公共利益、促进社会主义市场经济的发展，其采取的手段就是公开。[①]证券法的目的和手段与智能投顾规制都是可兼容的，其概括性规定可以为规制智能投顾的下位法提供依据。但《证券法》中的一些制度也要作出相应调整，例如，主流观点认为应当解除对全权委托的禁止等。

二、合同法规范维度

智能投顾业务中，投资者和运营者之间的合同属于一般意义上的委托合同，投资者委托运营者通过智能技术提供证券投资咨询等金融服

① 参见朱锦清：《证券法学》，北京大学出版社 2019 年版，第 108 页。

务，运营者须按照合同约定全面履行义务。双方当事人的法律关系受到《民法典》合同编调整，相关的法律规定主要是智能投顾运营者不履行或瑕疵履行的违约责任。《民法典》第929条规定，有偿的委托合同，因受托人的过错造成委托人损失的，或者无偿的委托合同，因受托人的故意或者重大过失造成委托人损失的，委托人可以请求赔偿损失。受托人超越权限造成委托人损失的，应当赔偿损失。该条规定表明，对智能投顾运营者违约责任的认定采取过错原则。当智能投顾的技术风险和操作风险转变为现实损害时，提供投资顾问服务的合同义务无法得到完全履行，运营者应对因此类风险发生所造成的损害承担过错责任。这是因为，根据特别法优于一般法的法律适用原则，应当优先适用委托合同的特别规定。并且，适用过错责任能够使保护创新和避免责任缺位两大目标得到平衡。①

该条规定可以作为智能投顾运营者合同责任的依据，与运营者侵权责任共同组成智能投顾私法规制体系，受损害者有权根据证明难度、赔偿范围等实际情况择一主张，有利于保护投资者权益。但是，由于金融活动具有较强的专业性，同时多数信息掌握在运营者手中，为了维护投资者的合法权益，在过错的认定和证明上应适用举证责任倒置的规则，即由智能投顾运营者证明自身没有过错、对智能投顾给予足够的注意、全面且妥当地实施有效的控制，并且对损害后果已进行尽职的识别和纠正，此时，运营者不承担违约责任。②

三、侵权责任法规范维度

《民法典》侵权责任编规定了侵害民事权益的私法责任，智能投顾业

---

① 参见王灏：《智能投资顾问服务之法律风险承担》，载《暨南学报（哲学社会科学版）》2019年第8期。

② See Joshua New & Daniel Castro, *How Policymakers Can Foster Algorithmic Accountability*, (May. 22, 2018) https://www2.itif.org/2018-new-algorithmic-accountability.pdf (Last visited Oct. 22, 2023).

务中可能产生运营者服务行为造成用户财产损害、泄露用户个人信息或隐私等风险,此时产生的侵权法律关系属于一般侵权关系,应受《民法典》侵权责任编调整。此外,第三方网络平台作为网络服务提供者,还适用相关的特别规定。

第一,关于经济损害。《民法典》第1165条规定,行为人因过错侵害他人民事权益造成损害的,应当承担侵权责任。第1184条规定,侵害他人财产的,财产损失按照损失发生时的市场价格或者其他合理方式计算。根据《民法典》关于侵权行为与侵权责任的规定,智能投顾运营者侵权责任的成立须满足运营者实施侵权行为、投资者遭受损害、侵权行为与损害之间具有因果关系三个要件。一是运营者须实施侵权行为。在智能投顾造成投资者经济损失时,可以根据运营者是否违反法定义务来区分造成经济损失的原因属于侵权行为还是市场风险、技术风险;二是投资者须遭受损害;三是上述侵权行为与损害之间须具有因果关系。

第二,关于个人信息泄露等人身损害。智能投顾经营者在经营过程中违反法律相关规定,泄露用户个人信息或隐私,给用户造成的人身损害、财产损害,应当按照《民法典》侵权责任编的规定承担民事责任。《民法典》在第四编第六章对隐私权的概念和保护范围作出明确具体的规定,即信息处理者在进行个人信息的收集、存储、使用、加工、传输等行为时,必须征得权利人同意,并明示处理信息的目的、方式和范围,不得违反法律、行政法规的规定和双方的约定。

第三,关于网络平台的责任。《民法典》第1197条规定,网络服务提供者知道或者应当知道网络用户利用其网络服务侵害他人民事权益,未采取必要措施的,与该网络用户承担连带责任。智能投顾运营者通过第三方网络平台提供服务的过程中侵害用户权益的,网络平台在明知的情况下可能承担连带责任。

侵权责任法律规范与合同责任法律规范共同组成智能投顾私法责任体系,受损害者可以选择侵权责任或合同责任之一进行主张。但由于金融活动的专业性和运营者信息优势，在智能投资顾问服务中，运营者侵权责任的归责原则应适用特殊的过错原则，即过错推定。如果运营者不能证明其对投资者遭受的损害没有过错，则推定其具有过错，须承担相应的侵权责任。①

四、网络安全法规范维度

我国《网络安全法》的宗旨在于保障网络安全、维护网络空间主权和国家安全、社会公共利益，保护公民、法人和其他组织的合法权益，促进经济社会信息化健康发展。其中与智能投顾相关的规范主要体现在运营者的安全保障义务和个人信息保护方面。

第一，关于运营者网络安全保障义务。《网络安全法》第 10 条规定，通过网络提供服务应当依照法律、行政法规的规定和国家标准的强制性要求，采取技术措施和其他必要措施，保障网络安全、稳定运行，有效应对网络安全事件，防范网络违法犯罪活动，维护网络数据的完整性、保密性和可用性。《网络安全法》第 22 条规定了网络产品、服务提供者负有不得设置恶意程序的义务，对安全缺陷、漏洞等采取补救措施的义务，持续提供安全维护的义务，在规定或者当事人约定的期限内，不得终止提供安全维护，以及收集用户个人信息的相关义务。第 60 条规定了违反上述义务的行政责任。

第二，关于个人信息保护。《网络安全法》第 22 条规定网络产品、服务提供者收集个人信息必须明示并取得用户同意，并遵守相关法律法规；第 40 条至第 45 条规定了个人信息保密义务、个人信息收集使用原则、禁止行为以及个人信息的删除和更正权；第 64 条规定了侵犯个人信息的行政责任。

《网络安全法》是网络安全领域的基础性法律，其对智能投顾运营者

① 参见张清、张蓉：《论类型化人工智能法律责任体系的构建》，载《中国高校社会科学》2018 年第 4 期。

的规制侧重于保护公共安全,主要采用公法规制工具,为其设置的责任主要是行政责任,处罚方式主要包括罚款、责令停业、取消资质等。该公法责任的承担不以造成损害为前提,责令停业、取消资质等处罚措施相较于民事赔偿又更具有威慑力,能够克服民事责任中受损害者出于诉讼成本等考量而不进行追责的问题,弥补私法规制的弊端。由于智能投顾服务不同于一般的网络服务,可以通过下位法针对其特殊性制定更加细化、更具可操作性的规则。

第五章　智能投顾亟待规制的关键问题

智能投顾技术的出现给证券行业注入了新鲜的血液,也带来了一些问题。这些问题既有技术层面的,也有法律规则层面的。本章主要对智能投顾规制的关键问题进行探讨,以求推动智能投顾运用的规范化,防范智能投顾带来的风险问题,充分发挥智能投顾的作用。

第一节　智能投顾主体的市场准入

目前,学界基本共识是智能投顾不能作为独立的主体成为被规制的对象,讨论智能投顾主体应当关注智能投顾技术背后的运营商及开发者。而由于法律的滞后性和保守性,我国对智能投顾主体的准入规制较少且过于严苛,使大部分智能投顾运用处于真空或违法的边缘。严格的法律规制给智能投顾的运用和发展造成了障碍，这一现状既不符合国际证券市场智能投顾规制的发展趋势，也不利于新兴技术在我国证券市场的发展和落地。因此，本节首先对智能投顾主体的市场准入问题进行探讨并提出规制建议，力图在解绑智能投顾运用的同时加强准入的规范性。

一、对智能投顾实施市场准入管理的必要性分析

正如前文所述，智能投顾作为证券市场的新现象受到广泛关注，智能投顾带来的新型法律关系和新的问题需要证券法律的规制。基于证券市场的公开性和高风险性，证券法律制度有监管制度和规范制度双重属性。政府监管机关在证券市场中发挥着重要的作用，主要采取市场准入监管、信息披露监管、事后处罚等方式参与到证券市场中，维护证券市场的安全和稳定。一直以来，市场准入制度是政府监管机关实施监管职能的重要手段，表现为对预进入证券市场的主体进行资格审查。虽然学界和实务界已经达成共识，智能投顾不能作为民事主体，但智能投顾背后的主体仍然应当被纳入证券法规制的对象中。市场准入制度是一种主体审查制度，对诸多证券参与者进行了严格规制。本书试图通过对市场准入制度的必要性进行分析，明确市场准入制度对智能投顾规制的价值和作用。

（一）对智能投顾进行政府干预的必要性

随着科技的发展，越来越多的新技术与新产品涌进市场，并伴随社会经济向前发展，人工智能应用于证券市场的投资顾问业务就是如此。但智能投顾的出现也同时导致证券市场调节失灵、行业管理失序等问题。当市场这一“无形的手”难以有效发挥作用时，政府这一“有形的手”就有介入的必要。

第一，智能投顾带来的系统性风险需要政府的干预。智能投顾的运行建立在以投资理论为引导的计算机算法基础上，通过对市场信息与投资者个人信息的收集、处理自动形成投资组合。但投资理论是大同小异的，随着算法同质化现象愈加严重，智能投顾对不同投资者提出的投资组合趋于同一,各个智能投顾平台可能在同时作出投资同一产品的行为,也可能同时作出撤销投资该产品的决定。我们将这种现象称作市场投资的"羊群效应",这在很大程度上加剧了投资市场的系统性风险。未来,随着智能投顾行业更加成熟,其市场份额会增加,负责的投资产品交易量亦会增长,若不及时加以干预,证券市场的系统性风险将更加严重。

第二,智能投顾双方当事人信息不对称的问题更加突出。算法具有"黑箱"属性,其运行机理作为核心技术是不会对外公开的,即使被公开,普通投资者缺乏专业技术知识也难以看懂,这容易导致双方当事人获取的信息不对称,从而产生两方面不良影响。一方面,增加智能投顾运营机构业务运作的神秘性与封闭性,投资者不能对其实施有效的监督,不利于投资者的利益保护;另一方面,投资者对算法科学性的盲目信任,不仅会增加运营机构实施投顾业务违反执行指令、违背信义义务等操作的便利性,还会对投资者投资决策形成误导。因此,需要通过政府的干预来矫正信息不对称的问题。

第三,智能投顾缺乏政府干预可能损害公共利益。使用智能投顾的投资者不会是专业投资者,而是追求投资便利性的广大普通投资者,由于中小投资者的数量较多,该业务的公共性较强,甚至会涉及个人信息保护等公共利益。个人信息的保护既包括以民事责任为主要内容的事后私法保护,也包括以行政责任为主要内容的事前公法保护。强调对智能投顾进行政府干预也是出于从公法规制的角度保护投资者个人信息的需要,要求金融监管机构负担起保护个人信息的职责,规范收集、使用个人信息的行为,维护公共利益。①

(二)市场准入监管的价值

市场准入制度,是指依照相关法律法规的相关规定,有权国家机关

---

① 参见邢会强:《智能投顾时代的崛起——智能投顾法律问题研究》,中国金融出版社2020年版,第264~266页。

对申请主体进行审查并最终决定是否确认其具备市场主体资格并批准其申请的经营范围与事项的法律制度。一般而言,国家机关主要对两个方面进行审查:一是申请人的市场主体资格;二是申请人的经营活动的能力。

市场准入制度对于证券市场中投资顾问业务而言,具有秩序价值、公平价值与效益价值。市场准入制度的秩序价值体现在行为规范和监管规范两方面。对于行为规范而言,通过法律法规规定证券公司、证券咨询机构从业的资格资质,设定了业务活动时应当遵循的行为模式,使经营者能够预见自己行为可能会产生的法律效果,从而规范自身进入市场后的行为。这种制度可以自觉有效调整投资者与经营机构之间的法律关系,维护市场交易的秩序。对于监管规范而言,市场准入制度还能为国家行政机关开展证券市场的监管活动提供依据,从而创设一个稳定、自由的证券市场秩序。市场准入制度的公平价值体现在只要具备法律规定要求的合格经营者都能进入证券市场提供投资顾问服务,市场内的证券投顾运营机构能够公平竞争并且自觉与投资者进行良性互动,在进行业务活动时更多考虑投资者的权益保护以获得投资者的信任和选择。市场准入制度的效益价值体现在通过规定运营机构的主体资格,提前将不合格的经营者排除在外,对证券投顾违法违规行为防患于未然,有助于这个行业监管效率的提高和监管成本的降低,从而促进经济、社会效益的实现。

人工智能技术应用于投资顾问业务会产生各种各样的新问题,应完善证券市场准入制度,更好地发挥其秩序、公平与效益价值,稳定智能投顾市场秩序,推动智能投顾这一行业不断向前发展。

(三)市场准入监管的作用

长期以来,市场准入制度都是我国金融监管非常重要的一环。如今,市场准入制度对于智能投顾行业的监管也发挥着不可或缺的作用。在众多监管手段中,市场准入监管是金融监管的第一道门槛。市场准入能够在起点上控制证券市场主体、明确投资者与智能投顾运营机构之间的交易方式与交易规则，从而有效引导证券市场的走向与智能投顾的业务方向，是规范我国证券智能投顾行业发展的首道关卡。若市场准入环节未能实施有效监管，后续的其他环节将面临更大的监管风险。

第一，市场准入监管能够通过设置一定的门槛，将部分不具有相应业务能力与经营资格的企业或机构排除在外，确保信誉良好、财力充足、业务能力过硬的运营机构参与智能投顾市场的竞争。一方面，这可以让投资者不用面对不合格运营机构提供的不科学投资建议所带来的风险和损害；另一方面，不合格运营机构被排除后，便利了国家机关后续的监督管理工作，从而维护证券市场运行的平稳与安全。

第二，市场准入监管能够通过制定特定的行为准则和认定标准，将证券市场主体的经营活动固定在秩序化轨道上。通过市场准入监管制定行为准则能够预先规制智能投顾运营机构的行动路径与行为方式，使经营机构进行投资顾问业务活动的目标和方式都从维护投资者合法利益这一方向出发。市场准入监管设定的认定标准能够确保投资者使用的智能投顾具备不亚于自然人投资顾问的服务水平，从而有效防范智能投顾的特殊风险，保障投资者的合法权益。

二、智能投顾市场准入监管的目标

监管方式、手段、范围的选择通常都受到监管目标的影响。因而，通常情况下研究如何设计监管模式，需要明确监管的目标。对于智能投顾的监管亦是如此。要明确智能投顾准入监管的目标，需要将其放入市场环境中。智能投顾属于证券市场中的新兴产品。一般认为，在证券市场中，准入监管的设计主要依托于投资者保护、证券市场秩序的维护、证券服务提供者行为规范等目标。为此，应明确何为智能投顾准入监管最基本的目标。

（一）智能投顾市场准入监管的总目标

投资者保护是证券市场运行的基本理念，也是智能投顾市场准入监管的总目标。一方面,智能投顾运营机构因与投资者之间的信赖关系对投资者承担信义义务;另一方面,智能投顾行业具有特殊技术性风险,投资者的弱势地位更加明显,需要在监管的各环节尤其是市场准入环节确立投资者保护的总目标。

智能投顾运营机构与投资者之间为委托代理关系。当投资者的委托涉及资产管理时,则存在信托法律关系。投资者对于运营商的信赖源于证券具有的高度专业性与运作复杂性,中小投资者独自进行证券交易行为,是无法全面获取证券市场与所选投资产品有关信息的。由此,投资者往往借助具有专业优势的证券投资咨询机构的投资意见进行投资或者直接委托专门的资产管理机构代为实施投资行为。此时投资者的财产安全与智能投顾运营机构给出的投资建议、作出的投资行为息息相关。投资者对运营机构的信赖因此产生,运营机构也因为此种信赖而应当对投资者承担信义义务。

投资者在信息收集和处理上具有天然的劣势,因而在证券活动中处于相对弱势的一方。智能投顾比传统人工服务更具专业性、复杂性,在信息掌握上更具优势,投资者的风险相对更高。因此,证券投顾双方当事人间的特殊信赖关系要求必须将保护投资者作为市场准入监管的总目标,推动智能投顾从业机构对投资者的信义义务的履行,防止投资者的信赖被滥用。

(二)智能投顾市场准入监管的具体目标

为保证投资者保护这一总目标的实现,实践中将其分为两大具体的目标。

其一,保证投资者享有知情权。这是指通过信息披露使投资者对所接受的服务主体、服务质量、投资风险、服务费用等信息充分了解,从而保证投资者作出的接受运营机构提供智能投顾服务的选择是出于其真实意愿。需要注意的是,保护投资者的知情权有别于确保投资者知情。它是通过法律强制要求运营机构以合理合规的方式进行信息披露,保护投资者获取重要信息的机会,而非确保投资者实际上对上述有关信息知情。通过保证投资者的知情权,能够有效转变投资者的信息劣势地位。投资者可以基于接收到的信息,判断服务主体能力与服务质量优劣,衡量投资风险高低,遵循内心的真意决定是否接受智能投顾服务。

其二,提高智能投顾运营机构的专业性。从传统意义上看,证券投资顾问凭借其拥有的专门的投资理论知识向投资者提供建议,而资产管理人则主要依赖长期从事该业务形成的实践经验为投资者提供资产管理服务。无论是投资知识还是投资经验,都具有专业性特征。智能投顾虽然是通过算法技术,对投资理论与投资组合形式进行计算机程序性设计,通过更加自动化的形式向投资者提供投资建议或者代其管理资产,与传统的证券投资服务有所区别,但要保护投资者资产稳定与财产安全,仍然要保证投资者所使用的智能投顾达到与证券投顾服务这一专业业务行为相应的专业标准,甚至该智能投顾需要具备更高层次的专业性,以实现对投资者财产的有效保护。①

三、智能投顾市场准入监管的对象与路径选择

由于智能投顾的特殊形式和功能,学界对智能投顾运营商和开发商可从事的业务范围有一定的争议。要完善智能投顾相关的准入监管,应回答智能投顾服务的范围问题,以此确定准入监管对象的性质。并在此基础上,探讨准入监管的可行路径。

(一)智能投顾业务属性的界定

智能投顾从字面上看是指利用人工智能技术、构建算法模型为投资者提供投资咨询服务。但在实践中,智能投顾不仅只提供投资咨询服务,其涵盖了从投资建议到为客户进行资产管理的完整流程,运营机构以此向投资者提供一站式服务。然而,资产管理是否属于智能投顾的业

---

① 参见夏俊:《我国智能投顾市场准入监管研究》,载《西部金融》2020年第2期;方宇菲:《证券智能投顾市场准入制度构建》,上海市法学会“共建未来法治　共享智能福祉——2019世界人工智能大会法治论坛”论文,2019年8月30日。

务范围在我国还存在很大的争议。如果严格按照现行法律的规定,则智能投顾难以开展资产管理工作。但从长远来看,将资产管理业务纳入智能投顾业务范围有其必要性。首先,其他国家在定义智能投顾时,或将资产管理包含于智能投顾概念之中,或将智能投顾直接定义为资产管理。根据美国《智能投顾监管指南》的定义,智能投顾是一种为投资者提供信息服务、投资咨询、证券投资、资产分配等服务的具有综合性的自动化投资工具。欧洲也有很多国家同样将投资建议、理财规划服务以及资产管理、财富管理等业务涵盖进智能投顾概念中。日本、韩国认为投资咨询与资产管理彼此之间是相互独立的,而两国的立法均将智能投顾纳入资产管理业务中。其次,从实务角度出发,如果智能投顾的业务仅限于投资咨询,不利于证券、金融有关科学技术的创新,会限制我国智能投顾行业的进一步发展。投资咨询服务大多是免费提供的,运营机构难以从中盈利。而为降低运营的成本,机构缺乏对市场信息与投资者个人数据进行全面收集、分析的动力,这又会大大增加投资者的投资风险。因此,只将投资咨询业务纳入智能投顾服务范围对双方都有不良影响。而且从智能投顾的运行模式来看,资产管理是投资者使用智能投顾要实现的最终目的,也是智能投顾自动化与便利化的集中体现。因此,关于智能投顾的市场准入监管应围绕投资咨询服务和资产管理服务展开。①

(二)智能投顾市场准入监管的路径选择

我国现有的关于智能投顾准入问题的文件属于原则性规定,且效力等级比较低,相关监管制度存在真空。这些文件主要围绕智能投顾的业务范围和资质要求进行限制,具有一定的局限性。如 2016 年中国证券监督管理委员会江苏、江西监管局发布通知,强调智能投顾开展投资顾问活动须先取得证监会的许可。又如 2018 年《资管新规》第 23 条规

① 参见吴烨、叶林:《“智能投顾”的本质及规制路径》,载《法学杂志》2018 年第 5 期。

定:“运用人工智能技术开展投资顾问业务应当取得投资顾问资质,非金融机构不得借助智能投资顾问超范围经营或者变相开展资产管理业务。”

从纵向看,我国对投资顾问行业的监管路径依循着从统一规范到分别规定的路径。在我国,“投资顾问”最初被称作“投资咨询”。国务院证券委员会于1997年发布的《证券、期货投资咨询管理暂行办法》正式对证券投资咨询作出定义。此后我国相继颁布了多个与证券、期货投资咨询有关的法律法规。一开始,证券投资咨询形式有两种:一是提供证券投资顾问服务,二是发布与证券投资相关的研究报告。而在2010年,《证券投资顾问业务暂行规定》和《发布证券研究报告暂行规定》将上述两种形式分离开来。专门的法规规定使证券投资顾问业务取得独立地位,也受到更完备的规制。其中,《证券投资顾问业务暂行规定》进一步明晰了证券投资顾问的定义、本质以及在证券交易中发挥的作用,还规定证券投资顾问从业人员的资格要求和证券投资顾问监管规则。随着科学技术的发展,计算机软件被应用于投资顾问行业,“荐股软件”开始在证券交易市场中扮演重要角色。中国证监会因此专门发布了《关于加强对利用“荐股软件”从事证券投资咨询业务监管的暂行规定》,其中第2条从市场准入开始对“荐股软件”进行规制,规定了推介“荐股软件”资格取得要求。

从横向看,对智能投顾进行特别监管的模式被大多数国家和地区所采纳。虽然国际上有部分国家采取统一监管的模式,如欧盟对传统投资顾问、智能投顾与其他金融业务活动实行综合经营与统一监管;英国将传统投资顾问、智能投顾监管都交给一个监管机构,由其依据综合性的金融法规进行监管;澳大利亚将传统投资顾问与智能投顾的监管都交给行为监管机构负责等。但对证券投顾业务与其他金融活动实行分业经营与分业管理,由专门国家机关依据证券法以及投资顾问法进行监管的模式仍被多数国家和地区所采纳,如美国、新加坡等。具体地说,美国

1940 年《投资顾问法》通过规制投资顾问业务活动达到维护投资者利益的目的。美国证券投顾的主管部门是 SEC,其对投资顾问行业的监管从控制市场准入开始,要求提供投资顾问的运营机构首先要在 SEC 注册,并宣布未进行注册而使用邮件或洲际商业手段或工具开展投资顾问的活动非法。[①] 针对新出现的智能投顾,SEC 投资管理部于 2017 年发布了《投资管理部门的更新指南》,强调智能投顾运营机构也要遵循《1940 年投资顾问法》的规定,在注册后才能进行业务活动,并且还要将注册状态通过信息网站向投资者公开。新加坡的智能投顾文件框架也都是由以证券、期货为主的原有法律及规范性文件和专门机关针对智能投顾发布的专门文件构成。

因而,在未来,对智能投顾进行特别规范和管理应是我国准入监管的发展方向。目前的监管制度需要针对智能投顾的特殊问题进行进一步的完善。

四、智能投顾对传统市场准入监管实践的冲击

正如前文所述,要对有关智能投顾的市场准入监管制度进行完善,必须认识到智能投顾给准入监管带来了什么新的问题。整体来看,智能投顾给传统准入监管带来的冲击主要集中于适用对象的扩张和经营业务的违规两方面。

(一)适用对象的扩张

我国对于传统证券投资顾问业务一般采取双重许可的市场准入制度,即证券法及其他法律法规对提供投资咨询业务的运营机构以及机构内的从业人员都有相应的资质要求。智能投顾难以适用于现有市场准入制度。

一方面,根据《证券投资顾问业务暂行规定》,市场准入制度的规制

---

① 参见邢会强:《智能投顾时代的崛起——智能投顾法律问题研究》,中国金融出版社 2020 年版,第 270 页。

对象是证券公司和证券投资咨询机构。然而我国证券市场上提供智能投顾业务的运营机构除了上述两种及其他传统金融机构以外,还包括传统互联网公司和专门提供智能投顾的互联网公司,这意味着后两类互联网公司并不在证券法律法规所规定的市场准入监管范围内。在我国对互联网企业的专门监管存在法律制度空白的情况下,这些互联网公司在市场准入阶段和一般企业一样适用《中华人民共和国公司法》(以下简称《公司法》)的规定,在向市场监督管理部门提交法律规定的申请文件,经其核准登记后,不同类别的互联网公司在相应的通信管理部门备案即可成立。与传统金融机构相比,传统互联网公司和专门提供智能投顾的互联网公司缺少严格的市场准入监管,这使智能投顾整个行业的运行风险都在无形中增加。此外,《证券法》规定证券公司与其他证券服务机构经营证券投资咨询业务需要经国务院证券监督管理机构核准,取得经营证券业务许可证,也就是平时所称的经营牌照。现在,在我国证券市场上提供智能投顾业务的运营机构主要有三种,分别是传统金融机构、传统互联网公司和专门的智能投顾公司,但三者中一般只有传统金融机构拥有齐全的经营牌照。中国证监会严格限制证券咨询经营牌照的发放,行业现存牌照数量也在逐年减少,导致后两类智能投顾运营机构面临非法经营的危机。①

另一方面,《证券投资顾问业务暂行规定》规定,从事证券投资咨询服务的人员应取得相应的执业资格,并在中国证券业协会登记注册。其中获得执业资格的要件包括通过证券业协会组织的从业资格考试、在证券行业工作满一定年限等。但这些资质门槛是针对自然人设置的,如工作年限与资格考试的限制,对依靠自动化、精确化算法的智能投顾没有实际意义,也就无法成为人工智能投资顾问的准入资格要求。因而,有

① 参见欧阳丹丹:《智能投顾法律规制研究》,载《金融与经济》2021 年第 1 期。

学者指出难以确定智能投顾是否应当作为市场准入规制的对象。①

目前，关于智能投顾的定义与判断，在立法层面存在规则缺位问题，缺乏法律直接、统一规制。在司法实践层面，不同机关对于智能投顾的认定标准也未能达成一致的观点。② 因此，需要完善智能投顾市场准入监管的制度设计，明确监管对象，确保监管部门能够有效地行使监管职权、履行监管职责，对整个行业实行集中统一管理。③

（二）经营业务的违规

根据智能投顾的业务属性，我们可以将其分为“证券投资咨询型”智能投顾与“证券资产管理型”智能投顾，前者通过对市场与数据的分析处理提供个性化的投资建议，投资者依据智能投顾给出的建议作出投资决定，后者不单提供投资建议，其在经客户授权后为客户管理资产，直接进行证券交易。可是，根据我国《证券法》第 134 条规定的证券公司办理经纪业务，不得接受客户的全权委托和《证券投资顾问业务暂行规定》第 12 条第 1 款第 5 项规定的“证券投资顾问不得代客户作出投资决策”，“证券资产管理型”智能投顾所从事业务活动既包括投资咨询，又包括代理投资人买卖证券违反了《证券投资顾问业务暂行规定》，且智能投顾代客户进行证券交易时以接受客户的全权委托为前提，也违背了《证券法》的规定。因此，智能投顾对于传统市场准入监管实践来说存在业务违规的问题。

总的来说，这两个问题反映出当前的准入监管制度和手段是不符合证券服务行业智能化发展的现实需求的。一方面，监管着眼于传统机构和模式，忽视了新兴机构的参与；另一方面，监管过于严格，又限制了证

① 参见李翔宇：《智能投顾市场准入机制的构建研究》，载《长春金融高等专科学校学报》2021 年第 1 期。

② 参见郭金良：《我国智能投资顾问发展的法律挑战及其监管应对》，载《江海学刊》2019 年第 6 期。

③ 参见袁淼英：《我国证券智能投顾运营商市场准入制度的构建》，载《西南政法大学学报》2018 年第 3 期。

券服务业的发展。为此,需要对准入监管进行反思,找到符合现实需求的准入监管模式,并设计一套科学、合理的准入监管制度以保护投资者的利益,维护证券市场的秩序。

第二节　智能投顾的投资者适当性

由于投资者与证券服务提供者之间地位的不平等,投资者自身缺乏充足的判断力和能力维护自身权益,法律应着力对投资者进行特别保护。具体到智能投顾时,对投资者的保护体现在对智能投顾服务的特殊要求上,投资者适当性理论便应运而生。

一、投资者适当性的基础理论

投资者适当性的基础理论主要是基于现代投资组合理论和信义义务理论发展起来的。前者从经济学角度出发,以收益和风险为观察要素探讨证券服务运营机构的运行机理。以此为前提,确定证券服务运营机构的注意内容和要点。后者从法学角度出发,立足证券服务运营机构与投资者之间的委托代理关系,要求运营机构应承担信义义务,维护投资者的权益。

(一)现代投资组合理论

基于保护投资者的目标,现代证券监管理念强调投资者适当性问题。投资者适当性以马柯维茨提出的现代投资组合理论为基础。它要求证券咨询机构通过各种手段调查收集投资者的有关信息,在了解其投资需求与风险偏好后,对投资者实行分类处理,针对不同类别的投资者制定个性化的投资方案。该理论的提出主要解决分散投资风险问题,对于不同的资金组合模式进行风险评估,选择其中风险最小的投资组合,取得最大的投资收益。智能投顾对现代投资组合理论的运用可以更好地维护投资者适当性。一方面,从投资者角度来说,智能投顾在投资决策作出前，运用现代投资组合理论，对以后可能出现的风险作出科学的评估，使投资者能够在知晓投资风险可能性的情况下选择投资产品、进行产品组合、作出投资决策；另一方面，从投资组合角度来说，智能投顾能够通过收集的所有市场信息进行大数据分析，进而对各类投资产品作出风险最合理、收益最大化的投资组合结果。

（二）信义义务理论

投资者适当性理论研究也以运营机构应当承担的信义义务为基础。信义义务是指受托人基于委托人的信任为其进行经营管理，忠诚地为投资者的最大利益服务。信义义务源于罗马法规则，一般适用于存在信托关系的双方当事人中。证券服务运营机构与投资者之间是一种委托代理关系，但由于投资者缺乏专业知识，两者对市场动向与投资产品等信息掌握不对称，使这种关系更加类似于信托关系。加之运营商与投资者之间可能存在利益冲突，运营机构可能因追求私利造成投资者损害。因此，运营机构应当对投资者承担信义义务。在证券交易活动中，信义义务要求运营机构以投资者的利益最大化为出发点，忠实、勤勉地提供服务，尽到说明义务、保证交易公正、避免利益冲突。在智能投顾场合中由于网络的虚拟性、算法的复杂性，运营机构更应当受信义义务的约束，即提供智能投顾服务的运营机构在提供投资建议时应当客观、中立、审慎，在进行资产管理时应当持续、公开、透明，在保障投资者合法权益的同时使其获得最大收益。

二、投资者适当性制度的发展实践及分析

总的来看，投资者适当性制度被普遍接受且逐步走向细化、具体化。但智能投顾领域的投资者适当性制度是否有特殊性又应如何设计，这些问题尚未形成统一的观点。目前，各国对此有一定的探索，但针对性和创新性不足。投资者适当性对我国而言属于较为新兴的理论。阶段原则性较强，缺乏具体的规制和充分的实践检验，尚待充分的研究和发展。

（一）我国投资者适当性制度的实践

我国传统证券投顾行业的投资者适当性制度发展得较晚，10 年前才刚刚起步。目前我国《证券法》中没有对运营机构应承担投资者适当性义务予以直接规定。但是“投资者保护”一章的内容体现了投资者适当性规制的精神。我国对于投资者适当性的规则散见于有法律效力的规范性文件以及无强制效力的行业自律规范中，规则体系较为庞杂。国务院2008年发布的《证券公司监督管理条例》第29条第一次对证券公司投资者适当性义务作出了规定。在此之后，国家机关与行业组织对创业板、新三板、科创板等不同类别的证券市场以及股指期货、融资融券等不同的金融服务领域都各自规定了投资者适当性义务。2010年证监会发布的《证券投资顾问业务暂行规定》要求证券公司与证券咨询机构在向投资者提供投顾服务时应当遵守适当性义务，即在充分了解投资者后向其提供最为适合的投资建议。需要注意的是，中国证监会2016年发布的《证券期货投资者适当性管理办法》是我国第一部专门对适当性管理予以规定的规范性文件，也是统领资本市场适当性管理制度的统一规制“母法”性质的文件①。

在客户分类上，我国先按照投资者的身份属性、净资产、金融资产、投资经历等标准将投资者分为专业型和普通型，并要求经营机构对两类投资者进一步细化，通过分类管理的方式维护投资者的合法权益。我国还规定两种类型的投资者若符合法律规定的条件，相互之间是可以转化的。因此，投资者在上述分类情形下又被进一步区分为可转化型与不可转化型。比如普通投资者必须具有一定数额净资产或年收入、一定数额的金融资产以及一年以上的投资经历，在向经营机构提出申请并得到其同意后，才能转化为专业投资者。在产品分级上，《证券期货投资者适当性管理办法》第15条规定，“经营机构应当了解所销售产品或所提供服务的信息，根据风险特征和程度，对销售的产品或者提供的服务划分风

① 参见杨军、刘嘉瑶：《证券投资者适当性制度比较与启示——兼评我国〈证券期货投资者适当性管理办法〉》，载《金融理论与实践》2019年第10期。

险等级”。该办法在第16条规定了对产品与服务进行等级划分时应当予以考量的十大具体因素。证券业协会在文件中建议将投资产品分为五个等级,但目前为止其仍没有对投资产品作出具体的划分。在具体义务设定上,我国从正反两方面进行设定。积极义务包括经营机构对投资者与理财产品进行匹配时推荐高风险产品场合下的注意义务、告知义务与警示义务,这些义务都要运营机构积极地作为。消极义务主要是禁止性义务,运营机构不得向不符合证券市场准入要求的客户提供投资理财产品,也不得向客户提供超出其风险承受能力的高风险产品等。

（二）投资者适当性制度的域外法实践

域外各国对投资者适当性制度多有涉及,但详略各异且各有侧重。举例来说,美国1940年《投资顾问法》规定“提供投资顾问服务并就投资建议收费的投资顾问应当负有信义义务”,这是美国最早的关于证券投资顾问的适当性义务的规定。2010年签署生效的《多德－弗兰克法案》进一步强调经营机构信义义务的承担,并且赋予美国证监会监管权。该法案亦对《投资顾问法》作出修改从而建立起适当性管理的一般规则。欧盟2004年的《金融工具市场指令》第一次对投资者适当性制度作出规定。2006年发布的执行指令对投资者适当性义务的相关概念予以确定。英国对投资者适当性义务的规定遵循《金融工具市场指令》的规制路径,该指令与英国政府制定的《金融服务法案》、《金融促进条例》以及英国金融行为监管局独立制定的相关规定一道构成英国传统的投资者适当性制度体系。日本在1948年颁布的《证券交易法》初次对投资者适当性基本内涵作出规定,此后日本多次对该法进行修改,其中增加证券机构向投资者承担适当性义务的相关内容,还在2006年颁布的《金融商品交易法》中建立起横向金融法制以实现保护投资者的目的。澳大利亚《公司法》明确规定“当客户利益与机构自身及关联方利益有冲突时,必须优先考虑客户利益”,并且还规定了严厉的民事处罚和刑事制裁为投资者适当性制度提供保障,由此可以看出澳大利亚对于投资者适当性保护的高度重视。

1. 投资者适当性的一般规则

可以从分类规定、义务内容等方面对域外投资者适当性制度的一般规则进行具体把握。首先,各国主要基于客户分类和产品分级两方面对运营商的投资者适当性义务要求进行分类。美国传统证券投资顾问领域中有较完备的投资者适当性制度规则。在客户分类上,投资者先初步被分为机构投资者与个人投资者,再根据是否有良好的财产、是否有强大的风险承受能力判断其是否为专业投资者。在产品分级上,美国将投资产品分为低风险产品与高风险产品,并对后者提出更为严厉的规制要求。在客户分类上,欧盟以资产状况与投资经历为标准,将投资者分为零售投资者、专业投资者以及合格对手方,对不同类型的投资者实行差异化的保护,同时规定了零售投资者转化为专业投资者应具备的条件。在产品分级上,欧盟证券产品分为复杂型与非复杂型,证券经营机构在引进金融产品时应该仔细研究分析,做好产品分类工作。日本在客户分类上将投资者分为专业投资者与普通投资者,又以“能否转化”为标准作出进一步区分,日本还对普通自然人投资人规定了十分严格的条件。在产品分级上,日本并未对不同投资产品实行区分管理。

其次,部分国家对投资者适当性义务进行了细分,使规则更为具体化。美国立法的义务要求相对细致,监管部门制定了 2090 号与 2111 号监管规则,其中 2090 号监管规则中“了解你的客户”监管规则要求运营机构了解并留存每位客户的基本信息。2111 号监管规则中“适当性”监管规则要求运营机构在充分考虑上述基本信息的基础上作出适当性评估。投资者适当性义务的全部内容是上述两条监管规则的相加,具体而言包括三个层次:第一,“基础性的适当性义务”要求运营机构将合适的产品推荐给适合的投资者;第二,“特定客户的适当性义务”要求运营机构能向特定客户提供符合其实际情况的投资建议;第三,“数量上的适当性义务”要求运营机构所推荐的一系列产品交易在数量上没有超过限度。欧盟的细化要求则主要体现在对不同环节的约束上。欧盟证券经营机构不管是在客户调查与评估阶段,还是在整个投资产品销售过程中都要尽到相应注意义务、权利保障义务等投资者适当性义务。① 日本的义务要求不仅体现在了解信息上,还包括对销售行为的规制。日本要求证券经营机构充分了解投资者信息,尤其是投资目标,并采取措施保证投资者信息获取的及时性与准确性。此外,日本还针对金融产品销售行为规定具体适当性规则来保证运营机构投资者适当性义务的履行。

2. 智能投顾中投资者适当性的要求

智能投顾领域的投资者适当性制度整体而言还处于摸索期,只有个别国家作了单独要求。如美国主要通过加强义务和增加义务内容的方式进行特别规制。美国监管部门自 2015 年开始构建其投资者适当性制度,主要包括以下三个方面:其一,要求智能投顾也应遵守投资者适当性义务的一般性规则要求;其二,做好投资者教育工作,呼吁投资者对于智能投顾应当持审慎的态度,在接受服务的过程中注意合同条款、个人信息保护等事项;其三,专门规定智能投顾应当遵循的信息披露义务,特别是关于算法运行模式相关的信息。而英国主要依靠"监管沙盒"制度对智能投顾进行约束。英国在 2015 年发布关于"监管沙盒"的报告,并规定智能投顾运营机构在测试过程中应注意履行信息披露以及投资者知情权保障等义务以保护投资者的利益。"监管沙盒"是对于智能投顾下投资者适当性制度新的监管模式,不仅为智能投顾行业提供发展空间,还能够保障英国金融市场的安全与稳定。澳大利亚的规定相对更为完善。ASIC 2016 年发布的第 255 号监管指南《数字金融产品建议》对于智能投顾中投资者适当性制度提出了具体要求:在智能投顾运营机构的资格要件上,不同的金融服务行为对应着不同的牌照资质,从事智能投顾业务应当取得相应的金融服务类牌照;在智能投顾运营机构应当遵守

① 参见杨新兰:《投资者适当性行为监管经验》,载《中国金融》2019 年第 15 期。

的义务上,ASIC要求智能投顾运营机构遵守信义义务,其应当以投资者的最佳利益为出发点进行算法测试、风险管控、信息披露,避免和投资者发生利益冲突,客观地给出投资建议;在智能投顾运营机构责任承担上,澳大利亚监管层鼓励智能投顾运营机构在其违反适当性义务导致投资者投资失败时对投资者进行适当补偿。虽然在投资者教育与电子协议问题上存在缺漏与不足,但澳大利亚对于投资者适当性管理的相关规定相对完善和科学。

(三)我国现有制度的体现

通过上文的介绍,可以看出我国投资者适当性制度的发展仍待完善,主要体现在立法层级仍不高、规范体系仍未形成、具体规则存在空白等方面。

1. 立法层级与规则体系

一方面,我国对投资者适当性规则的立法等级比较基础。主要规定在行政法规、部门规章等规范性文件以及行业自律规范中,并没有将其纳入《证券法》法律规制框架之中,或将适当性义务作为法律原则加以规定。我国规定投资者适当性制度的文件效力最高仅为国务院颁布的行政法规。由于缺乏法律的统一规制、统筹安排,我国投资者适当性义务制度在实际适用时,其规则体系不够清晰。在实践中,《证券期货投资者适当性管理办法》没能完全发挥作用。另一方面,我国对于投资者适当性的规定过于分散,存在不同文件之间具体内容高度重合的问题以及不同市场、领域的个性化规则内容相互冲突的问题。

2. 制度目的与具体内容

我国投资者适当性制度则更注重风险的防范与控制。由于我国更强调监管机构对证券公司、证券投资机构等经营机构的监督和管理,我们往往以中立的态度对待投资者与经营机构,缺乏对投资者的特殊保护。我国虽初步将投资者分为普通投资者与专业投资者,但仍需要经营机构对其进行进一步的细化分类。由于不同证券经营机构之间分类标准有较大差异,对投资者细化分类的规定尚待完善。如前所述,目前我们没有对投资产品作出具体的划分,只是规定划分等级时应考虑的因素,这也是我国投资者适当性制度具体内容的不足。此外,在纠纷解决机制上,法律只规定了协商方式,投资者无法通过诉讼、仲裁的方式寻求权利救济。在责任承担上,法律只规定了经营机构的行政责任承担,未规定违反适当性义务的民事责任,投资者难以主张损害赔偿责任。新出现的智能投顾由于其技术性、专业性与复杂性,与现行的投资者适当性制度的规定存在一定冲突,需要专门的法律规范予以解决,但我国目前对于智能投顾业务中投资者适当性义务的规定相对来说仍不够充分。

三、智能投顾投资者适当性制度的主要问题

如今,要完善智能投顾的法律规制,投资者适当性制度应是重要的内容。为此,需要对我国智能投顾投资者适当性制度存在的现实问题进行考察,以确定待完善的重点。

(一)法律规范保障有待完善

我国当下主要由《证券投资顾问业务暂行规定》对智能投顾中投资者适当性制度进行直接规制。由于智能投顾市场中销售的投资产品结构复杂,运用自动化算法进行适当性管理是否有效以及人工智能引发的技术风险如何化解,这些关键性问题都没有规范性文件予以有效回应。① 证券监管规范与投资者适当性管理规则的缺位使智能投顾场合下投资者权益无法获得有效保障。从长远来看,智能投顾的发展也会受限。为此,当务之急是要弥补《证券投资顾问业务暂行规定》中存在的法律规定不足,②修改与智能投顾发展现状有冲突的规则内容,建立起中国特色的投资者适当性规则体系。

---

① 参见李瑞雪、李可萃:《智能投顾投资者适当性管理问题研究——从销售导向走向客户导向》,载《价格理论与实践》2019 年第 11 期。

② 参见杨东、武雨佳:《智能投顾中投资者适当性制度研究》,载《国家检察官学院学报》2019 年第 2 期。

（二）对投资者测评不够充分

在提供智能投顾服务时，运营机构为了提高业务活动的便利性与高效性，对投资者的测评往往不够充分。主要体现为以下两点：其一，对投资者的个人信息只做基础性收集。智能投顾在收集投资者个人信息时一般采用网络调查问卷的形式，问卷的内容可能只包含投资者的年均收入情况以及收入来源等非常基础的问题。这样无法深入了解投资者的投资取向与风险偏好。此外，在投资者个人信息发生变动时缺乏相应的跟进措施。其二，智能投顾运营机构往往对投资者进行形式评估，仅根据收集的不全面的投资者个人信息进行测评，而没有进一步的沟通和评估措施。在没能全面了解投资者真实投资意愿的情况下，很难对投资者进行充分、科学的测评。

（三）投资产品合规性难判别

智能投顾要保证其向投资者推荐的投资产品是适合的，必须保证投资产品自身是合规的。我国证券市场上开展智能投顾业务的三种运营机构中，只有证券公司和证券投资咨询机构等传统金融机构具有齐全的金融服务牌照，产品合规性风险比较小。而另两种运营机构由于缺乏相应的经营许可证，在提供智能投顾服务向投资者提出投资建议时无法直接销售投资产品，一般会代理投资产品发行机构向投资者进行产品销售并从中获取代理费，如此一来，这两类机构很难确保其代理销售的产品具有合规性。①

（四）违背信义义务可能性高

与传统投资顾问相比，智能投顾在进行业务活动时面临的风险错综复杂，更是增加了以前不会发生的技术风险。智能投顾具有的专业技术性加剧了投资者与经营者在信息上的不对称，使后者很可能借此不正当

① 参见李瑞雪、李可萃：《智能投顾投资者适当性管理问题研究——从销售导向走向客户导向》，载《价格理论与实践》2019年第11期。

行使权利或者怠于向投资者履行职责。而投资者在使用智能投顾时对风险认知与风险保护意识不强。[①] 上述种种原因导致智能投顾运营机构违背信义义务、实施损害投资者利益不当行为的可能性更高。

因此，针对智能投顾投资者适当性制度，完善的重点主要放在投资建议失当的规制上。应围绕信义义务和适当性义务对相关责任主体的行为进行规范，并确定相应的责任。

第三节　智能投顾关联行为

关联行为是证券法律规制的重要内容。关联行为是基于关联关系而言的。一般认为，解决存在利害关系的关联方之间的利益冲突，是法律规制关联行为的出发点。在智能投顾场景下，关联行为可能变得更具隐蔽性和迷惑性。因此，关联行为也是智能投顾法律规制的重点问题。

根据上文对于智能投顾业务属性的分析，由于智能投顾本身的功能定位，美国、欧盟、日韩等国家对于智能投顾的概念定义以及智能投顾在实践中的运行模式表明，智能投顾业务不是单纯提供投资咨询服务或者资产管理服务，而是两者兼顾。智能投顾运营机构在进行业务活动时分为以下几个步骤：首先，收集与分析证券市场大数据与投资者个人信息；其次，根据投资者财产状况与投资风险偏好形成投资组合建议；再次，经投资者同意后选择投资产品，进行资产配置与资产管理；最后，追踪监督用户的投资产品与财产变动情况。因此，可以从智能投顾的多种具体商事行为中具体分析其中可能涉及的关联行为风险。这些具体的商事行为包括委托投资行为、投资咨询行为、资产管理行为等。

---

① 参见杨春：《智能投顾中投资者适当性制度研究》，载《法制与经济》2019年第9期。

一、智能投顾委托投资行为中的关联行为风险

委托投资行为，即投资者与智能投顾运营机构订立智能投资顾问服务协议的行为。因为委托投资行为是整个智能投顾业务运行的起点，协议中权利义务的分配对于后续投资咨询、资产管理等业务的开展以及对投资者权益保护、权益救济有重要的意义。但智能投顾的参与导致运营机构和投资者之间身份的不确定性、授权委托范围的逐渐扩大以及授权内容的综合化，也因此加大了因关联行为损害投资者利益的风险。

（一）智能投顾服务协议主体身份问题

作为智能投顾的起始点，委托投资行为应当被重点关注。因委托投资双方信息披露不全，易形成自我代理、双方代理问题。在实践中，委托方与受托方主体资格与行为能力难以认定、某些合同条款导致双方当事人地位失衡等问题，加重了关联行为潜在的危害性。

1. 智能投资顾问服务协议主体认定困难

证券公司等金融机构在利用人工智能技术从事证券投顾业务时，也要与投资者签订证券投资顾问服务协议，智能投资顾问服务协议与传统证券投资顾问服务协议的区别就在于协议主体的认定，包括受托人主体资格的认定与委托人行为能力的认定。

在受托人主体资格认定上，传统证券投资顾问服务协议的受托人既包括金融机构，也包括自然人投资顾问，也就是说投资人与自然人投资顾问之间基于协议是存在委托关系的。而智能投顾本质上就是用人工智能工具取代自然人投资顾问。基于此，协议主体的认定与相关义务的承担会比传统证券投资顾问服务的协议主体认定更加复杂。需要解决以下问题：首先，智能投资顾问没有独立的意思表示、缺乏独立的法律人格，我们应如何认定协议的受托人？智能投资顾问服务协议中双方主体地位如何以及合同义务与信义义务如何承担？其次，智能投资顾问的开发与算法运行并非仅靠研究员的程序设计就能实现，还需要依靠自然人投资顾问利用专业知识对投资组合、投资风险的分析结果。此时自然人

投资顾问在服务协议中扮演怎样的角色？最后，智能投顾的开发机构是否应当作为投资顾问服务协议的主体？在其开发过程中存在过错导致智能投顾对投资人的利益造成损害时，其是否应当承担相应的责任？在开发机构的技术失误与运营机构的操作失误难以区分判断时，应当如何确定二者对投资者的责任承担？

在委托人的行为能力认定上，智能投顾服务一般采用线上模式进行，投资服务的提供者与投资人订立的是电子合同。电子合同形式虽然为协议的订立提供了便利，但是会导致难以筛除投资人提供的虚假信息，从而会妨碍金融机构对投资者是否具有相应行为能力进行正确评估。此外，我国证券投资法律法规一般会依据金融资产状况、年收入状况等信息对投资者进行细化分类，金融机构对不同类别的投资者有不同的投资建议与资产管理措施，而电子合同中虚假信息的存在也可能导致智能投顾运营机构无法准确地对投资者进行分类评级。①

2. 智能投资顾问服务协议双方地位失衡

与传统的纸质合同相比，投资人并不会审慎地阅读、检查电子合同的每一个合同条款，往往只会粗略浏览一遍合同内容，甚至不浏览合同内容就直接勾选“已阅读”选项。智能投顾运营机构采用电子合同形式与投资人签订智能投资顾问服务协议，更可能在协议里面增加不公平条款和不利于投资者利益保护的条款，这些条款会导致协议双方当事人的地位不平等、权利义务不对等，其中包括不合理的免责条款与仲裁条款。

运营机构大多会从自身利益保护出发，在投资服务协议中增加免责条款，将可能遭受到的损失在合理范围内降至最小。但是，电子形式的合同条款更具有隐蔽性，免责条款更不容易被仔细阅读，运营机构会利用电子合同这一特性，加入不合理的免责条款，这样的做法违背了公平

---

① 参见高丝敏：《智能投资顾问模式中的主体识别与义务设定》，载《法学研究》2018 年第 5 期。

原则,会导致双方享受的权利与承担的义务并不对等。在后续发生纠纷时,对投资者有效维护自身的合法权益造成很多的阻碍。很多运营机构会在电子合同中设置仲裁条款,即在争议发生时,仅能通过向仲裁委申请仲裁的方式处理纠纷,投资者不能向法院寻求救济。使用智能投顾的投资者一般都是投资规模较小的普通投资者,这些投资者无论是在专业知识水平上,还是在资产实力上都完全比不过智能投顾的运营机构。一旦后者滥用强制仲裁条款,就会使普通投资者的诉权受到限制,不利于其在受到损害时进行有效的权利救济。另外,仲裁委也往往是由运营机构决定的,它会从权益保护角度出发选择有利于自己的仲裁委,投资者只能被动接受。强制仲裁条款与仲裁委的选择都体现了智能投资顾问服务协议双方当事人的地位是不平等的。① 因而需要对智能投顾提供方施以更强的规制,强化其信息披露和信息隔离的责任,从而保障投资者免受失当关联行为的侵害。

(二)智能投顾全权委托的合法性问题

可以看到,现有的法律法规对传统投资顾问服务中投资人能否把账户全权委托给证券机构管理持禁止的态度。如《证券法》第 161 条规定,证券投资咨询机构及其从业人员从事证券服务业务不得代理委托人从事证券投资,若因此给投资者造成损失的,应当依法承担赔偿责任。《证券投资顾问业务暂行规定》第 12 条也规定,证券公司、证券投资咨询机构向客户提供证券投资顾问服务时,投资决策由客户作出,投资风险由客户承担,证券投资顾问不得代客户作出投资决策。根据这两个法律条文,我们可以看出证券投资咨询机构及其从业人员接受全权委托而管理投资者账户、代理其从事证券投资等行为是被法律所禁止的。禁止全权委托账户的好处在于通过限制证券咨询机构的业务范围以维持投资咨

① 参见郭雳、赵继尧:《智能投顾发展的法律挑战及其应对》,载《证券市场导报》2018 年第 6 期。

询与资产管理的业务分离,方便证券业监管机构进行管理,从而维护证券市场秩序。但这一做法却不利于智能投顾的长期发展,从投资咨询到资产管理是智能投顾业务运转的完整流程,将两者明确区分开来甚至将其割裂,会导致自动化投资与动态调仓的强制中断,智能投顾从而会失去为投资者提供连续性、便利性投资服务的特点。这不仅不利于智能投顾行业这一新兴事物在我国证券市场的良性发展,也不利于我国智能投顾行业在世界智能投顾发展趋势中取得优势地位。

因此,从长远来看,未来证券行业对全权委托的态度应逐渐放宽。这一转变趋势如今也有所体现。2015 年中国证券业协会向各证券公司、证券投资咨询公司发出《账户管理业务规则(征求意见稿)》第 2 条规定:"[业务界定]本规则所称账户管理业务,是指取得证券投资咨询业务资格并符合本规则条件的机构(以下简称持牌机构)接受客户委托,就证券、基金、期货及相关金融产品的投资或交易做出价值分析或投资判断,代理客户执行账户投资或交易管理。法律法规另有禁止性规定的,从其规定。"这是肯定了全权委托账户管理的合法性,有利于促进智能投顾行业发展,维护智能投顾业务流程的完整性与连续性。但由于其实际上违反了上位法《证券法》的相关规定,是不具有法律效力的。因此,全权委托账户管理在法律层面是没有得到承认的,需要通过修改《证券法》等法律法规放开对于全权委托账户管理的限制,才能承认其合法性。①

从委托范围的扩大化和委托内容的综合化这一趋势看,未来,智能投顾服务将会更加多元。这会导致智能投顾委托协议双方之间的关系以及权利义务分配更为复杂。基于此,提供证券服务一方的身份更加多样,相关联的主体也更多种,这就进一步拉大了其与投资者之间的利益

---

① 参见田春雷、于美瑶:《我国智能投顾法律规制的困境和破解》,载《政法学刊》2020 年第 5 期。

联系。为此,强化对关联行为的监管显得尤为重要。特别是针对算法的标准要求和审查要求,能够提升服务的客观性,从而避免因关联关系产生损害投资者利益的情形。

二、智能投顾投资咨询行为中的关联行为风险

智能投顾的投资咨询行为中主要涉及两种风险:其一是信息泄露风险;其二是咨询建议不符合投资者权益风险。关联行为对投资者的侵害往往隐藏在这两种问题的背后。

(一)用户数据收集中的信息泄露危机

智能投顾所提供的投资咨询服务建立在以投资者个人信息为主要来源的大数据分析基础之上。个人信息是以各种形式记录的可以用于识别个人身份或识别个人活动的信息,具有人格性与财产性双重属性。而在证券市场这个特定的范围内,投资者的个人信息往往指向其财产状况、年收入状况、投资经验等内容,其财产属性更加突出。投资顾问运营机构及其工作人员作为投资者个人信息的持有者可能出于私利不当利用所获得的个人信息,如将信息出卖给第三方导致投资者个人信息泄露。这是关联行为最主要的侵害手段之一。

将人工智能技术应用于投资顾问业务中更会加剧信息泄露危机。一方面,由于投资者使用智能投顾需要将个人信息上传至互联网,数据的分析、处理都是通过计算机终端进行,投资者个人信息也将储存于云空间内。这从内部来说,更方便智能投顾运营机构通过数据传输的方式售卖投资者个人信息;从外部来说,以云端储存投资者信息更容易遭受各种外部因素的袭击,从而导致数据的泄露。另一方面,证券市场中使用智能投顾的投资者大多为投资规模不大的个人投资者,这种投资者对于现代信息技术与人工智能的运用并不精通,甚至可能不太了解,从而使投资者与运营机构获取的信息资源不对等,由此导致的投资者在证券市场中的劣势地位会加剧运营机构对于投资者个人信息的不当收集、利用与出卖。

除了上述所说的投资者个人信息,在智能投顾业务进行过程中形成的用户账户信息与交易信息也会成为被侵犯的对象。不仅运营机构会为了谋取非法利益不当利用账户信息与交易信息,将信息出卖给平台以外的第三方,其他的商业信息收集者也会利用计算机跟踪程序追踪账户信息与交易记录,通过了解投资者的相关投资信息进行个性化业务推送或者投资信息的出售。

还需要注意的是,智能投顾所带来的信息真假难以判定的问题会使原本不具有证券从业资格的主体有机可乘,他们在网络上以证券公司的名义提供智能投顾服务,非法获取投资者的个人信息与投资偏好并将其出售给其他机构获取收益。① 基于此,为了防止智能投顾提供者将投资者个人信息泄露给关联方,应加大智能投顾提供者责任,强化其信义义务,畅通民事赔偿渠道,使智能投顾提供者的权利和义务相匹配,也使投资者有权利维护自身利益。

(二)咨询建议不符合投资者权益问题

智能投顾会通过收集得到的投资者的资产状况、收入情况、投资历史等信息,在了解客户的风险承担意愿后,对客户进行投资偏好分析。智能投顾会以证券市场数据信息作为基础,通过设置好的算法得到多个投资组合方案,并结合分析出的客户偏好进行择优选择,在和投资者协议约定的委托授权范围内进行证券交易行为。但是智能投顾下的自动化投资建议流程是直接根据用户数据收集过程中所得到的有关信息进行分析,从而得出已有信息下的最优投资组合。但是在存在关联关系时,为了关联方的利益,智能投顾给出的投资组合建议不一定是投资者最理想的投资组合。

投资者自己对于智能投顾服务是缺少基本认识和理解的,他们不知道自动化算法很可能提供了不符合自身权益的产品和方案,在智能投顾

① 参见侯东德、苏成慧:《证券投资者个人信息的法律保护》,载《法学杂志》2018年第9期。

提出非理想化投资组合时也无法表达自己的意见。为此,需要通过法律规制,对关联行为进行有效监管。

三、智能投顾资产管理行为的关联行为风险

智能投顾资产管理行为是关联行为风险最集中的环节。当智能投顾运营商与投资者之间存在利益冲突时,智能投顾提供的服务将极可能有失公允,且由于"算法黑箱"的存在,这种侵害也极难被察觉和发现。这也是需要对智能投顾关联行为进行特别规制的重要原因。

(一)自我代理与双方代理导致经营者与投资者之间的利益冲突

智能投顾作为一个新兴产业,其与投资者之间的利益关系缺乏监管和法律规制。因此,智能投顾经营机构在代投资者管理资产的过程中极易出现利益冲突。

智能投顾业务包含从投资咨询到资产管理一整个流程。运营机构用客户资产进行投资的对象可能是自己经营的理财产品。再由于提供智能投顾服务的金融机构之间联系紧密,持股关系错综复杂,智能投顾选择的投资产品可能源于对经营机构有实际控制权的大股东。这两种情况下,智能投顾所提供的资产管理服务就属于自我代理行为。一方面,市场主体都有趋利性,其从事一切经营活动都是以营利为目的,在为投资者进行资产管理时会将为自己获取利益放在首位;另一方面,智能投顾运营商应当履行信义义务,以维护投资者的利益为出发点实施交易行为,进行资产管理。由此,运营机构与投资者之间就不可避免地会出现利益冲突。①

基于智能投顾的复杂性,其可能在业务活动过程中既提供买方投顾服务又提供卖方投顾服务。若提供的是买方投顾服务,投资者是智能投顾的直接服务对象,平台会基于调查得来的客户信息,站在投资者利益的立场上提供投资方案,实施投资行为。若提供的是卖方投顾服务,智

---

① 参见欧阳丹丹:《智能投顾法律规制研究》,载《金融与经济》2021 年第 1 期。

能投顾其实是以资产管理公司为服务对象,从该公司的利益要求出发提供投资方案。若智能投顾运营机构在资产管理交易关系中既是投资者一方的买方顾问又是资产管理公司一方的卖方顾问,运营机构向双方都提供业务服务,属于双方代理行为。此时,运营机构与资产管理公司、运营机构与投资者之间都会存在利益冲突。

(二)"算法黑箱"与信息披露的衡平

智能投顾业务建立在智能算法运用的基础之上,凭借算法为用户自动生成投资建议并进行资产管理。算法的技术具有复杂性与专业性,加之对算法的安全维护与保密需要,智能投顾机构通常都将算法视为核心机密,使算法具有"黑箱"属性。① 这一属性会造成智能投顾运营机构信息披露不充分,即智能投顾运营机构不会向投资者披露算法研发外包、算法函数、算法假设条件、算法源代码、算法执行相关信息,以及外包运营机构背景信息、投资者账户监督管理人员的参与程度、收费信息、风险状况、利益冲突情形等关键信息。

"算法黑箱"所带来的信息披露不充分问题又会带来进一步的信用风险。一方面,信息披露不充分导致运营机构损害投资者利益的行为更不易被察觉,从而导致智能投顾和投资者发生利益冲突。比如,智能投顾营运机构与算法技术的研发公司串通,故意使智能投顾推荐某一投资产品,影响投资者的利益实现;再如,智能投顾运营机构在为客户进行资产管理时,会未经投资者同意而在其资产配置中保留部分现金,这部分现金被存放在智能投顾运营机构的自身账户中作为该公司的收益来源,并不会给投资者带来利益。另一方面,信息披露不充分使投资者难以区分什么是真正的"智能投顾"。智能投顾市场中实际存在很多空有人工智能投资名义的机构。其由于不掌握相关技术,无法使用算法为投资者

① 参见谭九生、范晓韵:《算法"黑箱"的成因、风险及其治理》,载《湖南科技大学学报(社会科学版)》2020 年第 6 期。

提供合适、理想化的投资服务。然而,这些机构以人工智能的噱头欺骗投资者,进行金融产品的销售并以此牟利,投资者不仅不能获得收益,其财产本身也会受到侵害。总而言之,“算法黑箱”导致的信息披露不足使投资者更处于劣势地位,严重影响投资者利益的充分实现。

智能投顾运营机构为投资者管理、配置资产的科学性高度依赖于算法的专业性和技术性。算法的研发、测试、执行不透明,算法信息未被充分披露,导致算法假设与实际情况有一定差距,或者导致算法内在缺陷难以被发现并予以更正,从而造成智能投顾违背投资者的投资意愿,或超出其风险承受能力带来意料之外的投资风险隐患。算法的“黑箱”属性使监管机关的监管措施难以到位,这也会加大投资者合法权益受损的可能性。

第四节　网络安全问题

网络安全风险与网络信息技术是相伴而生的。随着“互联网 + 金融”的深入发展,金融业网络安全问题也日益突出,新的安全威胁不断出现。由于金融数据自身的特殊性和重要性,利用数据安全问题进行金融网络犯罪案件呈上升趋势。来自外部和内部的信息安全风险不断增加。金融信息安全对客户权益、行业发展乃至国家经济安全、社会稳定的意义不言而喻。[①] 智能投顾的运营离不开网络,并且要依靠大量的关键和敏感数据,一旦遭遇网络攻击等安全事件,将损害客户权益、扰乱金融行业稳定运行乃至危害国家经济安全和社会的稳定和谐。因此,智能投顾所面临的网络安全问题亟待规制。

一、智能投顾网络安全问题的理论分析

对智能投顾网络安全问题进行基础理论分析,首先要对网络安全这

---

① 参见贾铁军、陶卫东:《网络安全技术及应用》,机械工业出版社 2017 年版,第 308 页。

一概念进行界定,明确网络安全问题涵盖的范围才能类型化地分析智能投顾所面临的网络安全风险。其次要明确对智能投顾网络安全问题进行规制的理论依据,主要包括从公法和私法两个领域规制金融安全的必要性。在此基础上,才能进一步探讨智能投顾网络安全规制中存在的法律问题。

（一）网络安全的界定

在信息技术学科领域,通常认为网络安全的目标有真实性、保密性、完整性、可用性、不可抵赖性和可控制性,①包含物理安全、运行安全、数据安全和内容安全四个层面,②有观点认为还包含管理安全,主要涉及对人员、网络系统和应用与服务等要素的安全管理。③ 此外,还有学者提出,从总体国家安全观的角度出发,随着技术的发展变迁对网络空间的重塑,网络安全的范围还应从数据安全进一步扩展到算法安全。④

立法上,关于网络安全这一对象,不同国家的各个领域存在网络安全、信息安全、计算机安全等不同表达,其含义和范围也不尽相同。根据我国《网络安全法》,网络安全是指通过采取必要措施,防范对网络的攻击、侵入、干扰、破坏和非法使用以及意外事故,使网络处于稳定可靠运行的状态,以及保障网络数据的完整性、保密性、可用性。根据立法相关说明,《网络安全法》主要从网络设备设施安全、网络运行安全、网络数据安全、网络信息安全几个方面建立和完善网络安全相关制度。⑤ 从条文

---

① 参见李剑、杨军主编:《计算机网络安全》,机械工业出版社2020年版,第9页。

② 参见张传新、姜文华主编:《网络安全保障能力研究》,人民邮电出版社2020年版,第28页。

③ 参见贾铁军、陶卫东:《网络安全技术及应用》,机械工业出版社2017年版,第308页。

④ 参见杨蓉:《从信息安全、数据安全到算法安全——总体国家安全观视角下的网络法律治理》,载《法学评论》2021年第1期。

⑤ 参见全国人大常委会法制工作委员会:《关于〈中华人民共和国网络安全法(草案)〉的说明》,2015年6月24日第十二届全国人民代表大会常务委员会第十五次会议。

内容上来看,网络设备设施安全重点在于确保网络设施设备符合相关标准。网络运行安全主要侧重于确保网络经营者在网络运行中的安全保护义务和责任。网络数据安全重点在于防止数据被窃取、篡改、泄露等,从而保护公民权益并促进数据利用。网络信息安全关注信息内容的合法性,防范违法信息的传播。

(二)对智能投顾网络安全问题进行规制的依据

智能投顾背景下的网络安全规制必要性分析是规制的前提,主要表现在公私法两个领域。

从公法领域来看,网络安全问题涉及国家安全、社会公共安全和稳定,尤其是金融业网络安全事件的发生,将成为危害国计民生的重大风险。然而,保障网络安全需要企业采取大量诸如设备维护、运行维护、危险监测、数据维护等方面的各种措施,耗费大量人力财力,而几乎不能带来直接收益。根据2020年一项关于企业合规成本的调查,在参与调查的企业中平均每家企业每年在合规性活动上支出高达350万美元,同时每季度合规性审核平均需要58个工作日。① 市场主体的逐利性和短视缺陷决定了在没有监管的情况下,其将倾向于对网络安全风险持放任态度。加之网络金融背景下金融体系整体脆弱性增加,并且出现新的信息不对称,②出于国家安全、社会公共利益的考虑,对智能投顾网络安全问题的公法规制是必要的。

从私法领域来看,智能投顾经营者作为该领域网络安全风险的开启者,其从经营行为中获利,负有保障网络安全的义务。在风险控制的可能性上,尽管不能完全消灭网络安全威胁,目前也存在相当多的技术手段可以防范网络安全事件的发生,这些手段最适合的实施者就是智能投顾的经营者以及第三方网络平台、网络设备管理者等主体。因此,应当

---

① 参见《不堪重负:企业安全合规成本平均高达350万美元》,载安全牛网2020年10月15日,https://www.aqniu.com/industry/70695.html。

② 参见张铭洪、张丽芳主编:《网络金融学》,科学出版社2010年版,第218页。

赋予这些主体以相应的网络安全保障义务，在其未尽到相关义务时，应当承担网络安全事件的损害赔偿等私法责任。

二、网络安全风险

金融行业逐渐信息化、智能化，催生了众多的网络安全风险。相较于传统投顾，智能投顾由于其数字化、自动化、智能化的特殊性，将要面临更多更复杂的网络安全风险。要实现智能投顾低费用、高效率运营，能够满足大众客户的金融投顾服务需求的优点，必须借助大数据、人工智能等多项新兴技术。这些技术的运用将会使网络安全风险进一步升级，根据上文提到的关于网络安全的界定，网络安全面临的风险主要包括物理风险、运行风险、数据风险和内容风险四大类。由于内容风险主要是网络信息中有害内容带来的风险，与智能投顾的关联性较小，本部分主要阐述智能投顾面临的物理风险、运行风险、数据风险三部分的风险。

（一）物理风险

物理安全又称为实体安全，是指保护计算机设备、设施（网络与通信线路）免遭地震、水灾、火灾、有害气体等环境事故以及人为破坏的措施和过程。[①] 物理安全的主要威胁包括自然灾害（鼠蚁虫害、洪灾、火灾、地震等）、环境影响（电磁、灰尘、潮湿、温度等）、软硬件影响（设备硬件故障、通信链中断等）、人为破坏（干扰、破坏、盗窃、误用等）。

智能投顾通过算法自动化地提供投顾服务，不论是智能投顾的程序本身还是与客户进行对接的网络平台，其运营都离不开物理层的网络设施设备，一旦设施设备遭受上述安全威胁，就可能造成服务迟延或中断、数据丢失等事故，导致交易无法正常进行。金融市场瞬息万变，即使是短暂的延迟或者中断，都可能给投资者造成经济损失。

物理层的风险是可以进行有效防范的。在环境方面，可以在机房选

---

① 参见徐云峰、郭正彪：《物理安全》，武汉大学出版社2010年版，第10页。

址、装修、配电系统、空调系统、防火系统等方面进行特别安排；在设备方面，可以采取一些防盗防毁、防电磁干扰、设备维护等措施；在介质方面，可以采取相应的防护、加密等措施；在管理方面，可以注重人员管理和授权管理。①

（二）运行风险

运行安全强调网络运行过程中的稳定可靠，能够防范干扰、破坏、攻击、侵入等。威胁网络运行安全的常见因素有黑客攻击、病毒感染、程序错误、用户过失等。网络的开放性、程序漏洞的不可避免性、传输路径与结点隐患、用户安全意识淡薄等都可能是导致运行层风险的原因。

黑客攻击是网络金融面临的一大风险。在利益的驱使下，黑客凭借其计算机技术知识，采用各种不正当手段避开计算机网络系统的安全措施和访问控制，从而进行未授权的或非法的活动，以达到盗取资金和敏感信息等目的。② 智能投顾的运营离不开网络，然而网络具有开放性的特征，通过各种设备的开放端口都可登录互联网，浏览各种信息资源。主机系统和网络协议的复杂结构、程序设计及实现过程中难以避免的漏洞等因素也会增加网络被黑客攻击的可能。③ 近年来，针对金融行业的网络攻击行为不断增多，且具有明显的组织性和系统性。例如，2016年，我国某银行的网上银行系统曾遭到 DDoS 攻击，给整个系统服务器的正常运行造成了影响；2018 年，我国某互联网金融平台遭到恶意软件攻击，导致该平台的数字资产被窃；④2020 年 2 月，澳大利亚金融部门受

---

① 参见徐云峰、郭正彪：《物理安全》，武汉大学出版社 2010 年版，第 12 页。

② 参见贾铁军、陶卫东：《网络安全技术及应用》，机械工业出版社 2017 年版，第 85 页。

③ 参见贾铁军、陶卫东：《网络安全技术及应用》，机械工业出版社 2017 年版，第 5 页。

④ 参见张传新、姜文华主编：《网络安全保障能力研究》，人民邮电出版社 2020 年版，第 68 页。

到 DDoS 攻击威胁,被勒索支付一定量的虚拟货币;①2020 年 9 月,新加坡一家交易所遭到黑客攻击,被窃取约 1.5 亿美元的加密货币。②

病毒感染也是一种破坏网络运行安全的方式,病毒是人为编制的一组指令或程序,其能够影响或破坏服务器、计算机等系统正常运行,并且能够自我复制,具有传播性、隐蔽性、感染性、潜伏性等特征。③ 病毒感染会造成破坏系统和文件、窃取机密文件和信息、网络堵塞或瘫痪、消耗系统资源等危害。④

程序错误是指程序本身的缺陷或漏洞导致的运行错误,属于一种内部风险。智能投顾由于其专业性和复杂性以及发展得不成熟,其算法及程序不可避免地会存在技术缺陷与漏洞,目前智能投顾的算法模型基本都是由各经营者自行研发设计,不存在保障其安全稳定运行的统一技术标准。编程存在的漏洞或设计产生的错误等会导致运行过程出现问题,无法按照既有算法稳定可靠地为客户提供投顾服务。

用户过失主要体现为用户操作中的失误,智能投顾所针对的用户群体为中低净值人群,只需线上简单操作即可完成投资交易,这部分人群可能缺少较强的法律和安全意识及知识,并且此前可能较少甚至没有使用过智能投顾平台,可能会存在人为的失误,如密码设置过于简单、疏于维护设备安全等,造成信息泄露、账户冒用等相应风险。2019 年,网络

---

① See Catalin Cimpanu, *Australian banks targeted by DDoS extortionists*, ZD net on February 26, 2020, https://www.zdnet.com/article/australian-banks-targeted-by-ddos-extortionists/?continueFlag=8f9c0756ec4389a323e9050c76300142.

② See Pierluigi Paganini, *Hackers stole more than $150 million from KuCoin cryptocurrency exchange*, security affairs on September 26, 2020, https://securityaffairs.co/wordpress/108771/cyber-crime/kucoin-cryptocurrency-exchange-hack.html.

③ 参见贾铁军、陶卫东:《网络安全技术及应用》,机械工业出版社 2017 年版,第 165 页。

④ 参见贾铁军、陶卫东:《网络安全技术及应用》,机械工业出版社 2017 年版,第 171 页。

钓鱼案件检测总数超过4.67亿,其中51.4%与金融有关。①

运行安全的保障方法包括采用内外网隔离机制、网络运行监测、系统升级和补丁处理、访问控制和系统恢复、灾难恢复机制与预防、安全审计、用户教育和提示说明等,这些方法能够有效地防范网络运行中的风险,但也具备一定的技术要求,其实施也有一定成本。

（三）数据风险

数据安全是指数据在收集、处理、传输、存储等过程中不被泄露、窃取、篡改等,保障其完整性、可用性、保密性。其中,完整性指的是数据不被非授权更改或破坏、确保其不可否认性和真实性;可用性指的是数据或资源能被授权实体及时可靠地按要求访问和使用;保密性指的是不被非授权地提供或泄露。②

智能投顾程序作出投资决策要依靠大量的数据,其中包括市场行情数据和用户画像数据等。数据是当代企业的重要战略资源,数据集中给智能投顾带来优势的同时也增加了相应的隐患。例如,作为决策依据的数据被恶意篡改或伪造将会导致程序的运行错误或者决策失误,给投资者造成经济损失;经营者持有的大量用户个人信息包括身份信息、财产状况、投资偏好等的泄露不仅本身就是对公民人身权利的侵害,还可能导致公民生活受到过度营销甚至是诈骗、盗窃等刑事犯罪的骚扰;③经营者的数据中可能包含商业秘密,一旦泄露会使经营者遭受直接或间接的损失。

---

① See Kaspersky, *Financial Cyberthreats in 2019*, securelist. com on April 16, 2020, https://securelist. com/financial-cyberthreats-in-2019/96692/.

② 我国国家标准《信息安全技术术语》(GB/T 25069－2010)第2.1.2节规定了保密性,第2.1.42节规定了完整性,第2.1.20节规定了可用性;金融行业标准《金融行业网络安全等级保护实施指引第1部分:基础和术语》(JR/T 0071.1—2020)第3.3.7节规定了机密性,第3.3.8节规定了完整性,第3.3.9节规定了可用性。

③ 参见蒋平主编:《网络与信息安全问题研究》,社会科学文献出版社2018年版,第206页。

金融行业数据安全态势不容乐观,2016 年至 2020 年,全国各级人民法院一审审结涉侵害个人信息犯罪且裁判文书已公开的案件中,金融行业占所涉个人信息数据来源行业比例为 39.10%,位列第一。[①] 其原因在于金融行业数据往往包含大量个人、企业等的详细基础信息和直接财务信息,具有较大的经济价值,因而经常成为被泄露、窃取的对象。

数据安全保障措施包括数据备份和恢复措施、加密和访问控制措施、数据安全审计、用户教育和提示说明、员工培训等。[②]

三、网络安全规制问题

中国人民银行 2019 年印发的《金融科技(FinTech)发展规划(2019—2021 年)》指出,增强金融风险技防能力,要加强网络安全风险管控和金融信息保护,防范新技术应用风险、防范系统性金融风险;也要加强金融监管审慎性,正确处理安全与发展的关系。针对智能投顾网络安全的规制,主要存在规制程度不确定、网络安全事件责任承担不确定两个问题。

(一)智能投顾网络安全规制程度不确定

防范金融风险,网络安全无疑是治理重点,智能投顾具有高度涉众性,受众群体风险承受能力相对较低,金融业网络安全事件可能会导致重大金融风险,影响社会稳定。随着"互联网 + 金融"的发展,对于网络金融的规制也日渐深入推进和专业化,然而绝对的安全是不存在的,过度提高网络的安全性将会导致网络传输速度降低、程序繁杂、运营成本增加、资源浪费等一系列问题,影响用户体验并增加企业合规成本,限制行业的发展。

针对智能投顾而言,网络安全应当保障到何种程度目前还没有明确

---

① 参见《个人信息泄露呈"指数级"爆炸式增长》,载《今晚报》2021 年 4 月 20 日,http://epaper.jwb.com.cn/jwb/html/2021-04/20/content_15353_4340589.htm。

② 参见[美]兰迪·博伊尔、雷蒙德·潘科:《计算机安全》(第 4 版),葛秀慧等译,清华大学出版社 2019 年版,第 449~495 页。

的标准。关于智能投顾网络安全标准的相关内容主要体现在《网络安全法》和《民法典》等共性规范中，相关国家标准、行业标准也制定了相应的技术性规范。《网络安全法》明确规定国家对金融行业网络安全实行重点保障；规定了金融机构的网络安全义务包括明晰网络安全职责主体、完善网络安全保障体系的义务、关键信息基础设施安全保护义务、个人信息安全保障义务；规定了相关制度包括网络安全等级保护制度、金融机构采购关键网络产品和服务的国家审查制度、金融行业网络安全监测预警和信息通报机制等。①《民法典》则明确了公民个人信息受法律保护以及规定了以权利人同意为中心的个人信息处理具体规则。

上述规定从较为宏观的层面明确了金融网络安全的监管指向。智能投顾属于网络金融服务，但也具有一定的特殊性，要实现国家安全、金融安全、公民权益等法益保护与智能投顾行业发展之间的平衡，必须综合考虑智能投顾的特殊性、发展现状、风险程度、技术水平和成本等因素，参考相关国家标准、行业标准等技术标准，制定兼具灵活性与可操作性的监管准则，明确智能投顾领域网络安全的规制程度，有效预防智能投顾网络安全事件的发生。

（二）智能投顾网络安全事件的责任承担不确定

智能投顾由于其高度涉众性、受众风险承受能力及文化教育程度有限等特性，一旦发生网络安全事件，可能出现大规模的群众经济损失，如果责任承担规则不明确，导致损害难以救济，可能产生舆论争议、集体诉讼、上访等情况，影响社会稳定。如何防范此类事件发生也值得思考。

关于智能投顾网络安全事件的责任承担，现行相关规定主要集中在《民法典》侵权责任编。除一般侵权的规定外，侵权责任编第三章还规定

---

① 参见王栋：《金融机构贯彻落实〈网络安全法〉路径探析》，载《金融发展研究》2018 年第 6 期。

了网络侵权的责任主体、网络服务提供者在侵权发生时应当采取的必要措施以及未采取相应措施的连带责任。这些规定在智能投顾网络安全事件发生时可以适用,但仍然存在下列问题需要进一步探讨:

首先,智能投顾网络侵权案件涉及的主体数量多、法律关系复杂。具体而言,智能投顾程序开发方式包括自主开发、委托开发等;经营模式包括自建电商平台模式、进驻第三方平台模式和独立第三方网站模式等。① 在网络侵权案件发生时,多方主体可能出现相互推诿的情形。例如,算法程序缺陷导致经济损失,经营者、程序开发者之间可能推诿责任;物理设备损坏导致服务迟延或中断产生损失,智能投顾经营者、第三方网络平台、网络设备管理方之间可能推诿责任。在存在第三人侵权的情形下,例如,对于黑客攻击、病毒感染导致的经济损失,受害者难以向侵权第三人请求损害赔偿,是否需要经营者、网络平台等先行承担赔付责任,以及与刑事程序的衔接问题,更为复杂。

其次,智能投顾的智能性导致了主观过错认定上的困难。"算法黑箱"导致损害发生时责任主体可能以技术水平限制等理由否认其主观过错。② 即使算法进行了公开,由于其专业性,受害人证明对方主观过错的难度非常大。因此,在主观过错方面可能需要制定特殊规定,如推定规则、举证责任倒置规则等。

最后,关于智能投顾算法程序缺陷导致损害赔偿的免责事由。我国《产品质量法》规定了基于产品投入流通时科学技术水平尚不能发现缺陷的存在的,生产者对该缺陷产品造成的损害不承担赔偿责任。尽管智能投顾经营者提供的服务不属于"产品"的范围,但该条文对智能投顾的责任承担规则仍具有启示作用。由于人工智能的发展尚未达到完全成

① 参见何平平等主编:《互联网金融法规》,清华大学出版社2017年版,第283页。

② 参见徐凤:《人工智能算法黑箱的法律规制——以智能投顾为例展开》,载《东方法学》2019年第6期。

熟的阶段,智能算法中不可避免会存在因科学技术水平限制而难以发现的缺陷和漏洞。对此,经营者是否需要承担相应的责任,要从保护投资者利益和保障智能技术发展两方面综合考量。

第六章　智能投顾市场准入的规制

智能投顾的市场准入是如今争议较大的问题，也是影响智能投顾产业在我国进一步发展的重要因素。要调整和完善智能投顾市场准入规制，需以明确智能投顾的业务范围、运营主体、资格要求为重点，结合证券业法律制度的发展规律和智能投顾产业的发展需求，进行综合评估，选择合适的规制路径。

第一节　市场准入出现的问题

可以看到，智能投顾的市场准入规制面临的最主要的问题就是智能投顾产业发展实践对现有法律规范的影响。一方面，智能投顾的从业主体以及实际业务范围已超出了当前法律限制。另一方面，智能投顾这一新型模式有别于传统的人工咨询，而目前的法律缺乏专门的准入规制，导致规范的欠缺。

一、智能投顾的市场现状

目前,我国智能投顾的发展实践中,出现了从事多种业务的智能投顾。但在法律规定中,不同的业务对应着不同的准入要求,且法律对业务的从业主体设置了一定的隔离机制。这导致我国智能投顾的发展与法律规制产生冲突。

(一)智能投顾的业务属性

当前金融科技(DinTech)正在以前所未有的速度改变传统的金融市场,互联网、大数据、人工智能先后登上金融舞台,分别以不同的形式改变传统的“游戏规则”。智能投顾就是利用人工智能技术作用于传统的投资顾问领域而产生的一款新兴金融产品,智能投顾经营者通过大数据分析、量化金融模型以及智能算法为客户提供资产管理、投资信息等财富管理方面的操作性建议。智能投顾在本质上是建立在人工智能技术基础上的,以定向资产管理业务为核心功能,以投资咨询业务为附属功能的复合型金融服务模式。根据以上定义,可以得出智能投顾是一种投资咨询业务与资产管理业务相结合的新型智能金融服务。① 智能投顾服务分为三个层次:第一层次仅根据大数据收集的市场信息提供一般性的投资咨询建议;第二层次根据层次一所收集的信息,依据不同客户的投资偏好与资产情况,利用特定的算法,为客户提供个性化的投资咨询建议;第三层次根据客户的全权委托,作为委托客户的代理人,投资顾问机构直接自主进行投资交易行为的服务。② 投资咨询业务属于第一层次的投资顾问,而资产管理则归属于第二层次与第三层次的投资顾问,当前我国的智能投顾服务主要集中于第一层次中。

---

① 参见蒋辉宇:《论智能投顾技术性风险的制度防范》,载《暨南学报(哲学社会科学版)》2019 年第 9 期。

② 参见姜海燕、吴长凤:《智能投顾的发展现状及监管建议》,载《证券市场导报》2016 年第 12 期。

美国证监会所发布的《智能投顾监管指南》将智能投顾定义为基于网络算法的程序、利用创新技术为客户提供全权委托的账户管理服务的注册投资顾问，[①]可见美国将智能投顾的业务属性定位于全权委托的账户管理服务。美国在投资顾问概念确立之初，仅将其视为投资咨询业务。但是伴随着市场的不断演化与发展，投资顾问公司的业务逐步延伸到资产管理领域，为了更好地规制投资顾问公司的行为，美国通过对法律的不断修改，将智能投顾所包含的"adviser"进行扩大理解，令智能投顾的账户管理服务囊括了资产管理与投资咨询。欧洲国家对智能投顾业务属性的界定与美国相类似，其采用"自动金融投资咨询建议"。[②] 与之相对应，日韩的投资顾问类规范体系中，坚持"adviser"的狭义概念，严格区分投资咨询与资产管理两类业务类型，强调"adviser"的本质内涵，仅智能投顾可划归于资产管理的业务之下。

虽然在理论上，智能投顾所涉及领域既包括了投资建议与资产管理，但是在实务中，由于我国现行法律严格限定智能投顾业务的准入市场，限制智能投顾业务经营者从事资产管理业务，所以我国的智能投顾业务经营者只能向投资者提出一般性的投资建议，不得代投资者从事资产管理等决策性行为。中国证监会官网 2016 年发布的《警惕"智能投顾"非法投资咨询陷阱》一文中，首次对智能投顾的性质进行官方界定，[③]将智能投顾服务界定为证券投资咨询业务。2018 年，《资管新规》

---

① See U. S. Securities and Exchange Commission, *Guidance Update*: *Robo-Advisers*, on March 22, 2021, https://www.sec.gov/investment/im-guidance-2017-02.pdf.

② EBA. EIOPA and ESMA, *Joint Discussion Paper on Automation in Financial Advice*: *Robo Advisors*, on March 22, 2021.

③ 参见《警惕"智能投顾"非法投资咨询陷阱》，载中国证券监督管理委员会陕西监管局官网 2016 年 8 月 1 日，http://www.csrc.gov.cn/shaanxi/c105610/c1305761/content.shtml。"'智能投顾'是一种网络虚拟人工智能产品，其基于客户自身的理财需求、资产状况、风险承受能力、风险偏好等因素，运用现代投资组合理论。通过算法搭建数据模型，利用人工智能技术和网络平台提供理财顾问服务。"

第23条强调了取得投资顾问资质是运用人工智能技术开展投资顾问业务的必要条件。并明确禁止非金融机构借助智能投资顾问超范围经营或者变相开展资产管理业务。该规定也表现出金融监管部门在当前的市场环境与监管体制下,将智能投顾界定为投资顾问。①《证券、期货投资咨询管理暂行办法》第24条②亦禁止了投资咨询机构和人员代理从事期货、证券买卖等。可见,在我国的法律体系中,狭义地定义了智能投顾。实质上仅将其看作传统投资顾问利用人工智能技术给投资者提供投资建议。因此在"软股推荐"等金融交易过程中智能投顾只起到咨询建议的"辅助性"作用。但是在当前的智能投顾市场中,实际上的智能投顾是集合投资咨询业务与资产管理业务的金融服务,既可以服务于咨询服务,也可以服务于资产管理。我国经营者很少将其用于投资咨询服务,而是常常用于资产管理,以及在资产管理过程中提供咨询服务。不少智能投顾已经或多或少涉及资产管理等业务,典型的如蓝海智投等。③ 然而,由于我国当前法律的限制,智能投顾原则上只能作为投资咨询服务使用。这一现实对我国智能投顾的发展造成了制约,加剧了实务和法律规定之间的冲突。

究竟智能投顾属于何种业务,从理论上讲,当前学界主要存在三种观点。投资咨询说这一观点主要是从我国法律现状出发,认为在我国法律框架下,智能投顾只能作为投资咨询服务使用,而不能提供资产管理

---

① 参见郭雳、赵继尧:《智能投顾发展的法律挑战及其应对》,载《证券市场导报》2018年第6期。

② 《证券、期货投资咨询管理暂行办法》第24条:"证券、期货投资咨询机构及其投资咨询人员,不得从事下列活动:(一)代理投资人从事证券、期货买卖;(二)向投资人承诺证券、期货投资收益;(三)与投资人约定分享投资收益或者分担投资损失;(四)为自己买卖股票及具有股票性质、功能的证券以及期货;(五)利用咨询服务与他人合谋操纵市场或者进行内幕交易;(六)法律、法规、规章所禁止的其他证券、期货欺诈行为。"

③ 参见陈燕红:《人工智能技术发展背景下智能金融的法律风险及应对》,载《人民论坛·学术前沿》2020年第15期。

服务。如果运营商想要利用智能投顾为客户提供资产管理服务,需通过国家法律的修改方可实现该目的。资产管理学说和综合服务说则从应然角度出发,认为智能投顾应当涵盖资产管理业务。① 这两种学说的不同之处在于,资产管理学说认为,资产管理业务在智能投顾领域处于核心地位,而综合服务说则认为投资咨询与资产管理对智能投顾同样重要。②

在我国,智能投顾呈现形态和功能的多元化和复合化状态。根据2018年《资管新规》的规定,在智能投顾交易中,智能投顾的经营者(受托人)根据投资者(委托人)的委托全权管理资产账户,而风险由委托人自行承担。基于该规定,监管者以资产管理业务为智能投顾管理的主要内容。然而,智能投顾的资产管理与投资咨询服务无法完全分割。亦即,智能投顾进行资产管理离不开投资咨询服务的辅助。此外,我国在资产管理业务方面的监管比在投资咨询业务方面更严格。因此,在我国将智能投顾视为资产管理有利于保护投资者权益。不过这仍需官方对智能投顾作出进一步说明。

(二)当前国内的智能投顾的应用

我国严格区分智能投顾所涉及的业务类型,为其设置了明确的准入门槛。根据证监会的要求,原有《证券投资咨询业务资格证书》等10项许可证统一为《经营证券期货业务许可证》。所有从事智能投顾业务的金融理财机构,必须取得上述许可证。但现实情况是证券投资咨询牌照的发放量已大量缩减。2004年市场上共有108张证券投资咨询的牌照。2018年2月市场存量下降至84张。③ 截至2021年,市场上现存的牌照

① 参见陈娟、熊伟:《智能投顾的业务属性和准入监管研究》,载《金融监管研究》2019年第4期。

② 参见夏俊:《我国智能投顾市场准入监管研究》,载《西部金融》2020年第2期。

③ 参见郭雳、赵继尧:《智能投顾发展的法律挑战及其应对》,载《证券市场导报》2018年第6期。

更是有所下降。市场存量的紧缺与收紧发放导致某些智能投顾机构铤而走险利用法规的漏洞提供金融服务。因此,为了更好地规制智能投顾机构的行为,下文将从智能投顾的各分支业务范围入手,讨论其业务特点等合规性问题。

1. 投资顾问

(1)业务内涵

顾名思义,投资顾问业务的内容为提供证券投资的专业建议。此种业务主要起到一种辅助性的作用。业务特点具有顾问性、专业性、综合性与长期性。投资顾问根据客户的资信状况、投资偏好、风险偏好等,帮助客户寻找最适合自己的投资组合,为客户提供个性化的、专业的、具有针对性的建议,是一种综合性的高附加值的服务。

(2)智能投顾在该领域中的作用

在投资顾问领域中,智能投顾主要是通过大数据获取个人用户的风险偏好及资本市场的变化规律,利用算法模型为客户制定个性化的投资组合方案,同时对客户的投资行为进行实时跟踪,综合考量投资者的资产和风险状况,在客户风险范围内,实现客户收益最大化,具有高效便捷、建议精准、低门槛高收益等有别于传统投资顾问的优势,从而实现客户低成本高收益的投资理财需求。

(3)合规性讨论

对投资顾问的合规性讨论,可以规定智能投顾为一种注册投资顾问,当智能投顾公司向客户提供全权委托投资咨询服务的方案时,如果符合安全港规则的要求,则将不会被定义为投资公司,从而避免适用有关的法律。①

《证券、期货投资咨询管理暂行办法》对于证券投资咨询人员规定了

---

① See U. S. Securities and Exchange Commission, *Guidance Update: Robo-Advisers*, 2017, p. 1 – 2.

严格的资格认证制度。从业人员必须要通过相应的资质考试,且工作满一定的年限才能从事金融咨询业务。然而智能投顾的工作原理是通过算法替代人工为服务对象提供证券、期货等投资咨询建议,令其参加证券从业资格考试不具有可操作性,相关法律制度也处于缺失状态。金融行业具有专业性和高风险性,运用人工智能进行投资顾问业务必须取得相应的资质。因此,如何确定智能投顾业务从业人员的资质,避免出现资格认定的不确定性,为当前需要解决的问题。[①]

2. 基金销售

(1)业务内涵

基金销售,是指基金管理公司通过自行设立的网点或电子交易网站把基金单位直接销售给基金投资人的行为。基金管理公司可以直接销售或委托其他机构代理基金单位。证券公司研究所等外部机构可以通过给基金公司提供研究服务获取佣金。[②]

(2)智能投顾在该领域中的作用

智能投顾在该领域中的作用主要体现在,通过利用智能算法,直接为客户提供有关基金销售的投资建议;或者依据客户的委托,直接根据市场机制的变化,代理客户进行基金销售行为,无须人力的介入。

(3)合规性讨论

从事智能投顾业务必须以具有相应的牌照为前提,但我国已经停止发放证券投资咨询相关业务的牌照。特殊的监管体制导致我国几乎所有从事智能投顾的机构都没有获得相应的官方牌照。在金融交易领域合规性原则的要求下,智能投顾经营者只能通过绕道申请私募基金管理人牌照或者获取基金销售牌照等方式来实现经营的合法化。

---

① 参见郭雳、赵继尧:《智能投顾发展的法律挑战及其应对》,载《证券市场导报》2018 年第 6 期。

② 参见《基金销售:基金公司的主要业务是什么》,载蚂蚁财经网 2020 年 3 月 28 日,https://www.mycj58.com/licai/yinxinglicai/16688.html。

3. 资产管理

（1）业务内涵

资产管理业务为智能投顾服务的核心业务之一。《资管新规》将“资产管理业务”定义为“银行、信托、证券、基金、期货、保险资产管理机构、金融资产投资公司等金融机构接受投资者委托，对受托的投资者财产进行投资和管理的金融服务”。同时规定“运用人工智能技术开展投资顾问业务应当取得投资顾问资质”，以及“非金融机构不得借助智能投资顾问超范围经营或者变相开展资产管理业务”。

（2）智能投顾在该领域中的作用

具有资产管理资格的智能投顾可以根据不同的客户进行不同的资产配置，同时此种资产配置又是通过识别每一个具体的投资者得出的，此方案只适合该投资者，具有专属性。

（3）合规性讨论

智能投顾的提供商单纯向投资者提供建议，是一种不具有持续性的商业模式。资产管理业务的高效可持续运转应当以开放对全权委托的限制为必要。2015 年 3 月 16 日，中国证券业协会发布的《账户管理业务规则》（征求意见稿）虽然至今没有正式出台，但从该征求意见稿的第 2 条①规定中可见监管者有软化禁止全权委托的倾向。但是应当注意到，智能投顾在全权委托模式下进行资产管理业务时以算法的运行为关键。然而，算法的存在是工程人员建构的，其必然有相应的价值偏好。鉴于当前我国的智能投顾服务业务的收费较低甚至在免费地提供服务，因此，可能出现资产管理业务的管理人员利用算法的价值偏好从中牟利的现象。

---

① 《账户管理业务规则》（征求意见稿）第 2 条：“本规则所称账户管理业务，是指取得证券投资咨询业务资格并符合本规则条件的机构（以下简称持牌机构）接受客户委托，就证券、基金、期货及相关金融产品的投资或交易做出价值分析或投资判断，代理客户执行账户投资或交易管理。法律法规另有禁止性规定的，从其规定。”

我国有关资产管理的牌照的种类颇为丰富。从事不同的资产管理子业务需要取得相应的牌照,互联网金融领域的牌照发放更加细化,因此,资产管理服务的运营商若想依法合规地实现“一站式”服务,必然前期需要花费大量的精力和时间。但与之对应的成本收回却要经过漫漫长路,甚至有无法收回成本的可能性。[①] 传统金融服务提供者所持有的牌照较为齐全,但是当前有大批的新设提供商涌入智能投顾的资产管理领域,资格获取的困难将迫使提供商游走在合法与违法的边缘,诱发无照经营等行业乱象。

我国智能投顾的资产管理业务若要真正落实,就需要解决一个关键问题即调仓功能与“代客理财”之间的冲突。所谓调仓功能,即“全权委托指令”,由计算机程序根据量化模型生成调仓指令并执行。调仓功能的应用以开放全权委托为前提。在资产管理中的全权委托通俗而言即为“代客理财”。根据我国现行法律的规定,仅商业银行可以开办代客境外理财业务。但智能投顾的实际营运者大多集中在资本市场领域,各自遵守差异化的业务规则,尚无明文规定可以开展代客理财业务。同时,在《证券投资顾问业务暂行规定》中,投资顾问的服务范围也被明确,仅限于提供投资建议和辅助决策,不包括接受全权委托管理,也就是说不能代为从事账户管理中的证券买卖服务。虽然在中国证券业协会于2015年发布的《账户管理业务规则》(征求意见稿)中,对券商的代客理财业务显现出放行之势,但相关政策尚未落实。在智能投顾企业无法找到其开展业务的依据的情况下,贸然进行代客理财这一“业务创新”,很可能触及监管的红线。

二、市场准入的有关法律规定

目前,我国缺乏对智能投顾的专门的准入规制,仅在个别效力位阶较低的文件中有所涉及。在此作具体介绍。

---

① 参见赵吟:《智能投顾的功能定位与监管进路》,载《法学杂志》2020年第1期。

(一)市场准入的现行规范

市场准入制度是进行金融监管的第一步,在市场监管体系中具有重要的作用。商场准入制度一方面可以确保经营者的主体资格适合,避免因经营者资质的良莠不齐发生损害客户利益的行为;另一方面也可以确保经营者始终在合规的轨道上经营。① 对此,《证券、期货投资咨询管理暂行办法》第6条对智能投顾的提供商规定了申请市场准入的资质要求。② 2016年8月,陕西证监局发布《警惕"智能投顾"非法投资咨询陷阱》一文,明确提出"智能投顾"属于证券投资咨询业务,证券金融投资咨询服务必须以获得证监会颁发的"证券期货业务许可"为前提。③ 2000年3月30日发布的中国证券监督管理委员会《关于发布〈网上证券委托暂行管理办法〉的通知》(已废止)的第24条规定了从事网络证券交易业务的主体资格。该通知第26条还严格限制了可以从事网络证券交易业务的主体,即仅证券公司具有从事网络证券交易业务的资格。④ 2012年12月5日出台的《关于加强对利用"荐股软件"从事证券投资咨询业务监管的暂行规定》与智能投顾的关联更加密切。其中该暂

---

① 参见袁淼英:《我国证券智能投顾运营商市场准入制度的构建》,载《西南政法大学学报》2018年第3期。

② 《证券、期货投资咨询管理暂行办法》第6条规定:"申请证券、期货投资咨询从业资格的机构,应当具备下列条件:(一)分别从事证券或者期货投资咨询业务的机构,有五名以上取得证券、期货投资咨询从业资格的专职人员;同时从事证券和期货投资咨询业务的机构,有十名以上取得证券、期货投资咨询从业资格的专职人员;其高级管理人员中,至少有一名取得证券或者期货投资咨询从业资格;(二)有100万元人民币以上的注册资本;(三)有固定的业务场所和与业务相适应的通讯及其他信息传递设施;(四)有公司章程;(五)有健全的内部管理制度;(六)具备中国证监会要求的其他条件。"

③ 参见《警惕"智能投顾"非法投资咨询陷阱》,载中国证券监督管理委员会陕西监管局官网,http://www.csrc.gov.cn/shaanxi/c105610/c1305761/content.shtml。

④ 中国证券监督管理委员会《关于发布〈网上证券委托暂行管理办法〉的通知》第26条:"证券公司以外的其他机构,不得开展或变相开展网上委托业务。证券公司不得以支付或变相支付交易手续费的方式与提供技术服务或信息服务的非证券公司合作开展网上委托业务。"

行规定第 2 条[①]明确了销售或提供"荐股软件"的实质即证券投资咨询业务,并规定了资质要求。该规定虽然只涉及证券投资者提供投资建议,但基本可以涵射目前智能投顾服务平台可以展开的业务范围。2013 年 3 月 15 日,证监会发布的《证券投资基金销售机构通过第三方电子商务平台开展业务管理暂行规定》(已废止)(以下简称《基金销售规定》)的第 3 条[②]规定明确第三方平台如果想自行从事证券销售业务,需要获得相应的牌照。我国证券业监督管理者对从事资产管理的智能投顾采谨慎的态度。2016 年中国人民银行网站上公布的《通过互联网开展资产管理及跨界从事金融业务风险专项整治工作实施方案》(银发〔2016〕第 113 号),再一次表态互联网资产管理平台必须坚持"穿透原则",把握业务本质,直接以自己的名义提供服务的营运者,必须遵守现有的规定,符合相关资质要求。可见无论是哪一类主体,若要从事网络资产管理业务,必须取得经营牌照以及接受证监会的"穿透式监管"。按照《基金销售规定》第 2 条与第 4 条的规定,即使智能投顾平台提供的是辅助性服务,也必须向证监会备案。根据中国证券业协会《关于规范证券公司聘用第三方机构为集合资产管理计划提供投资决策相关专业服务的通知》(中证协发〔2013〕104 号)第 2 条的规定,[③]智能投顾即使是提供资产管理服

---

① 《关于加强对利用"荐股软件"从事证券投资咨询业务监管的暂行规定》第 2 条第 1 款:"向投资者销售或者提供'荐股软件',并直接或者间接获取经济利益的,属于从事证券投资咨询业务,应当经中国证监会许可,取得证券投资咨询业务资格。"

② 《证券投资基金销售机构通过第三方电子商务平台开展业务管理暂行规定》第 3 条第 2 款:"第三方电子商务平台可以为基金销售机构开展基金销售业务提供辅助服务。第三方电子商务平台自行开展基金销售业务的,其经营者应当取得基金销售业务资格。"

③ 中国证券业协会《关于规范证券公司聘用第三方机构为集合资产管理计划提供投资决策相关专业服务的通知》(中证协发〔2013〕104 号)第 2 条:"……聘用的第三方机构应当具有证监会核准的证券投资咨询、证券资产管理、基金管理、期货投资咨询、期货资产管理等资格,或者具有中国证券业协会等受证监会监督指导的行业协会会员资格。"

务的第三方,也必须以具备相应的资质为前提条件。

此外,准入规则除资质要求外,还包括较严格的业务范围限制。根据我国《证券法》第 161 条的规定,[①]智能投顾开展全权委托业务在我国存在被禁止的法律障碍。

(二)目前法律规制现状对智能投顾发展的影响

任何新兴的事物,在其发展的初期阶段,都是由混沌状态逐渐过渡至一个既规范又有序的发展环境。

1. 监管规则有待完善

当前相关具有针对性的制度规范尚未出台,已有的规范体系又无法全面地对智能投顾进行规制。智能投顾服务提供商在等待政策出台的同时,行业规模却在不断地扩张,众多互联网金融产品、资本等涌入智能投顾市场,围绕着智能投顾概念进行炒作,导致同质化竞争的出现,一些伪智能投顾金融产品进入人们的视野。在实践中,出现经营商将传统金融产品伪装成智能投顾服务,着力进行产品推销,但却无法提供有效的证券投资建议等情形,此种情形既损害了传统金融市场秩序,也给本不成熟的智能投顾市场带来不稳定因素。当前智能投顾未出台明确的行业标准,监管意见也没有成型,混乱的监管体系凸显了现行制度规范就智能投顾进行规制的困境。

2. 穿透式监管难度增大

金融市场处于不断创新的发展过程中,实施穿透式监管在于透过事物的表象,揭露背后的本质,找到与制度规范的最佳连接点,达到更好的监管效果。

智能投顾改变了传统投资顾问行业的业务模式,对现行监管框架下

---

① 《证券法》第 161 条:投资咨询机构及其从业人员从事证券服务业务不得有下列行为:(一)代理委托人从事证券投资;(二)与委托人约定分享证券投资收益或者分担证券投资损失;(三)买卖本证券投资咨询机构提供服务的证券;(四)法律、行政法规禁止的其他行为。

以信义义务为核心的投资顾问监管模式提出了极大挑战。为了避免重蹈 P2P 网络平台业务风险事件的覆辙，我国在 2016 年的杭州 G20 峰会上提出，要提高数字普惠金融法律和监管框架中监管者的能力，监管者要通过国内或国际培训和同业项目学习，更好地理解数字技术。[①] 2018 年 4 月 27 日发布的《资管新规》对人工智能在金融领域的应用进行了规制，规定对智能投顾中的算法进行穿透式监管。进行穿透式监管，一方面可以避免利用算法黑箱逃避责任；另一方面可以为人工智能在投顾行业的发展保留充分空间。根据“穿透式监管”理念，证券智能投顾背后的运营商应是准入监管的对象，智能投顾仅仅是运营商提供服务所使用的工具。

穿透式监管与传统的穿透有所差异，并非从单一账户穿透至实际投资人，而是从各分散的、将交易执行委托给智能投顾的账户穿透至实际控制人。在“一致行动人”认定方面，进行委托交易的所有投资者的决策都是通过智能投顾来完成的。当某一智能投顾的服务提供商被很多投资者选中，那么在同一决策模型下，纵使智能投顾系统为每位投资者所作的“画像”有所差别，各账户互相独立且无关联，但是在我国以散户为主的证券市场中，大多数投资者都是以追寻中短期收益为主要的投资目标，各个投资者的风险承受能力和财务状况水平差别较小，极有可能客观上出现在相似的操作逻辑下，智能投顾所代理的各账户之间形成一致行动关系。如何对智能投顾背后的账户实际控制人和一致行动关系进行合理认定，以防范由此可能产生的法律风险，是针对智能投顾发展需要考虑的监管难题。[②]

---

① 参见姜海燕、吴长凤：《智能投顾的发展现状及监管建议》，载《证券市场导报》2016 年第 12 期。

② 参见吴烨、叶林：《“智能投顾”的本质及规制路径》，载《法学杂志》2018 年第 5 期。

3. 监管对象存在遗漏

当前我国金融市场上提供智能投顾的主体主要包括以下三种：传统金融机构、传统互联网公司、互联网金融公司。一方面，根据我国现行的市场准入规定，并从其文义来看，其规范的主体仅限于传统金融机构，包括证券公司和证券投资咨询机构等，而新兴互联网企业未被囊括在内。另一方面，我国尚未建立起完善的互联网公司监管制度。鉴于新兴互联网公司与传统企业之间的制度架构、运行模式等存在较大的差异，简单适用《公司法》的相关规定，将会忽视新兴互联网公司的特殊性，不易对其进行全面且高效的监管。当前，证监会仅能对传统金融机构施加监管，而对从事智能投顾业务的新兴互联网公司则按照普通的互联网企业进行管理监管。监管规则的缺失及不统一增加了监管从事智能投顾业务的新兴互联网企业的风险，给不法分子以可乘之机。①

4. 全权委托规定影响智能投顾发展

2015 年 5 月 14 日证监会发布的《中国证券监督管理委员会江苏监管局回函》中阐述，全权委托是指客户出于投资获利的愿望，在委托证券公司代其买卖证券时，对证券的买进或者卖出，或者买卖证券的种类、数量、价格不加任何限制，完全由证券公司代为决定。客户为了减少投资风险，希望全权委托具有丰富投资经验的证券公司代其买卖证券。但是由于证券市场受社会政治、经济等各个方面因素的影响很大，即使证券公司也难免失误，况且不是所有的证券公司及其从业人员都能忠实地履行诚信义务，有些甚至利用客户的授权为自己谋取私利，如利用客户的账户和资金翻炒证券，或者为证券公司牟利而损害客户利益等。全权委托后若客户没有获利，就会使客户与证券公司之间产生纠纷；证券公司借全权委托的名义进行证券的投机和炒作，就可能严重损害投资者的利

---

① 参见袁淼英：《我国证券智能投顾运营商市场准入制度的构建》，载《西南政法大学学报》2018 年第 3 期。

益。同时,若证券公司利用全权委托来集中资金买卖证券,还会造成证券市场的价格波动。为了防止过度投机和保护中小投资者的利益,目前,法律禁止全权委托买卖证券。

我国禁止全权委托主要基于以下几点:第一,证券行业的全权委托容易损害投资者的信赖利益、破坏市场的价格形成机制。即证券公司为了吸引投资者选择其作为自己的投资顾问,并长期维持这种委托关系,可能采取用自己的资金填补投资者在市场交易中的损失的方式。但此种行为破坏了投资者的自己责任原则使证券交易的价格机制无法发挥作用。同时,证券公司进行填补的对象以大客户为主,并非所有的受损客户均可享有此种福利。证券公司为了实现利益平衡,其填补大客户损失所产生的支出可能会通过提高小客户服务费的方式收回。长此以往,必然会损害投资者的信赖利益,不利于证券市场的发展。第二,全权委托容易增加证券公司操纵市场的风险。即为了实现自己利益的最大化,证券公司基于直接控制投资者账户内资金的优势,可以利用资金进行大规模的轮番炒作,从而操纵市场和证券价格,干扰证券市场正常的秩序。

资本市场的波动性巨大,好的投资时机转瞬即逝。智能投顾必须密切关注资本市场的动态,结合客户资产持有状况,及时给出投资建议、进行市场行为。智能投顾的高度智能化使其在投资建议、执行指令、自动调仓、及时再平衡等环节具有关联性与连续性。这种高效运转特征需要以全权委托为前提。①

为了防止在放开禁止全权委托的限制后,出现市场风险,我国证券监管机构应当建立智能投顾专业能力测试机制和标准。这种机制要求考察智能投顾在建立客户档案、配置客户资产、执行客户指令、自动调仓等方面的核心功能,审查智能投顾的决策能力,提高算法的准入门槛,保

---

①　参见郭雳、赵继尧:《智能投顾发展的法律挑战及其应对》,载《证券市场导报》2018 年第 6 期。

障投资者利益。①

第二节 公法的规制

公法规制是智能投顾准入规制调整的重点。本节将从准入的范围、准入条件和程序以及投资者的准入等方面分别展开论述。

一、智能投顾准入的范围

智能投顾的业务范围包括投资咨询和资产管理,其中资产管理业务属于智能投顾的核心。《资管新规》第2条对资产管理业务作出了定义,即“资产管理业务是指银行、信托、证券、基金、期货、保险资产管理机构、金融资产投资公司等金融机构接受投资者委托,对受托的投资者财产进行投资和管理的金融服务”。

(一)全权委托对智能投顾的必要性

我国智能投顾起步较晚,但是发展比较迅速。当前,各大金融业务,如银行、证券、基金等,纷纷引进智能投顾,并产生了许多智能投顾平台,如广发智投、贝塔牛、蚂蚁财富等。

智能投顾服务的流程大致为“构建算法模型——根据‘客户画像’生成投资组合建议——自动执行投资组合建议指令——自动达成交易”②。因此,运营商首先需要掌握投资人的基本信息、投资风险偏好、交易特点,并利用算法建立模型提出适合投资人的投资组合建议,生成投资交易指令并执行,实时、持续监管投资人账户并随时进行投资组合再平

① 参见郭雳、赵继尧:《智能投顾发展的法律挑战及其应对》,载《证券市场导报》2018年第6期。

② 李文莉、杨玥捷:《智能投顾的法律风险及监管建议》,载《法学》2017年第8期。

衡。[1] 但自动再平衡功能的实现，需要投资人的全权委托，智能投顾依据大数据算法模型和市场行情的实时变化自动作出投资组合的调整。智能投顾的智能化主要体现在其可以随市场信息的变动作出相应反应，根据其绘制客户的"画像"及时作出新的投资组合，通过自动调仓帮助客户完成投资。因此，智能投顾的发展，离不开全权委托账户服务的支持。全权委托，是指委托人（投资者）将买卖证券的决定权全部交给证券公司或证券经纪人，由证券公司或证券经纪人决定买卖证券的品种、数量、价格和时机。离开全权委托，智能投顾就无法从事资产管理业务，无法体现其智能性。

（二）当前法律法规对全权委托的规定

智能投顾作为一种新型技术，需要在法律的框架内开展业务。但其开展资产业务所需的全权委托与现行法律规定相冲突。因此智能投顾无法代替客户进行投资决策，无法实现智能投顾核心业务的开展。

首先，《证券法》第 161 条明确禁止证券投资咨询机构及其从业人员代理委托人从事证券投资。[2] 该条规定不仅禁止了全权委托，还禁止了对一般具体事项的委托。同时《证券法》第 134 条明确禁止了证券公司接受客户的全权委托。[3] 其次，《证券投资顾问业务暂行规定》第 12 条

---

① 参见田春雷、于美瑶：《我国智能投顾法律规制困境的破解》，载《政法学刊》2020 年第 5 期。

② 《证券法》第 161 条："证券投资咨询机构及其从业人员从事证券服务业务不得有下列行为：（一）代理委托人从事证券投资；（二）与委托人约定分享证券投资收益或者分担证券投资损失；（三）买卖本证券投资咨询机构提供服务的证券；（四）法律、行政法规禁止的其他行为。有前款所列行为之一，给投资者造成损失的，应当依法承担赔偿责任。"

③ 《证券法》第 134 条："证券公司办理经纪业务，不得接受客户的全权委托而决定证券买卖、选择证券种类、决定买卖数量或者买卖价格。证券公司不得允许他人以证券公司的名义直接参与证券的集中交易。"

也明确了证券投资顾问不得代客户作出投资决策。[①] 最后,《证券、期货投资咨询管理暂行办法》第 24 条禁止证券、期货投资咨询机构及其投资咨询人员代理投资人从事证券、期货买卖。[②]

事实上,当前我国的法律法规对金融业务的监管较为严格。在当前的法律框架下,智能投顾因无法获得全权委托而无法开展资产管理业务,只能开展投资顾问业务。智能投顾开展投资咨询业务,与之相类似的就是"荐股软件"。根据证监会《关于加强对利用"荐股软件"从事证券投资咨询业务监管的暂行规定》的规定,如果金融机构开展投资顾问业务,需要取得证券投资咨询业务资格。但是近年来,根据证监会网站上公布的证券投资咨询机构名录,可以发现,证券投资咨询机构数量却在变少。这也阻碍了智能投顾业务的发展。

(三)禁止全权委托的原因

禁止全权委托,有其历史原因。[③] 第一,由于我国早先金融监管制度不健全,证券投资咨询机构的从业人员可能会利用客户的全权委托实施双方代理行为,损害客户的合法利益。代理人同时代理双方当事人的事务,很难保证可以在双方被代理人的利益之间实现平衡,同时保证双方当事人利益的最大化,因此,《民法典》第 168 条已经明确禁止代理人实

---

① 《证券投资顾问业务暂行规定》第 12 条:"证券公司、证券投资咨询机构向客户提供证券投资顾问服务,应当告知客户下列基本信息:……(五)证券投资顾问不得代客户作出投资决策……"

② 《证券、期货投资咨询管理暂行办法》第 24 条:"证券、期货投资咨询机构及其投资咨询人员,不得从事下列活动:(一)代理投资人从事证券、期货买卖;(二)向投资人承诺证券、期货投资收益;(三)与投资人约定分享投资收益或者分担投资损失;(四)为自己买卖股票及具有股票性质、功能的证券以及期货;(五)利用咨询服务与他人合谋操纵市场或者进行内幕交易;(六)法律、法规、规章所禁止的其他证券、期货欺诈行为。"

③ 参见郭雳:《智能投顾开展的制度去障与法律助推》,载《政法论坛》2019 年第 3 期。

施双方代理。[①] 第二,禁止全权委托可以防止证券投资咨询机构的从业人员与委托人联手操纵证券交易市场,扰乱证券市场秩序。金融行业重效率,每秒钟就会有大量的业务发生。在当前监管系统不完善的情况下,如果允许全权委托的发生,证券领域的道德风险会更加严重。运营商利用全权委托便可以直接操控客户的账户,操纵市场,影响证券的交易量和价格,既损害投资者的利益,又会危及证券市场的正常秩序。[②]

(四)全权委托解禁的探讨

不难看出,禁止全权委托主要是为了保护投资者的合法利益,以及维护证券市场的正常秩序。但是这在客观上也阻碍了智能投顾的发展。我国智能投顾由于缺少全权委托,只能为客户提供投资建议,而不能自动调仓,自动交易。这也导致智能投顾无法充分发挥其智能化的功能,而仅仅停留在名义"智能"层面。当前限制我国智能投顾业务发展的主要因素在法律制度层面,而非在技术层面。如果说曾经由于我国金融监管体系的不健全而完全禁止全权委托有其必要性,那么经过这几年在我国数字化建设以及监管体制机制不断完善的情况下,禁止全权委托是否还是唯一可行的做法?早在 2015 年,中国证券业协会曾发布《账户管理业务规则》(征求意见稿),其第 2 条就规定了证券投资咨询机构可以接受代客投资理财的委托。这个征求意见稿的出台,也是适应我国智能投顾领域变革的现实需要的。然而,由于该规定与上位法《证券法》中禁止全权委托的规定相冲突,因此该征求意见稿仅仅停留在征求意见阶段而没有正式出台。我国可以适应智能投顾发展的新趋势,逐步开放全权委托,同时加大监管力度,以保护投资者的合法利益且维护证券市场的正

① 《民法典》第 168 条:"代理人不得以被代理人的名义与自己实施民事法律行为,但是被代理人同意或者追认的除外。代理人不得以被代理人的名义与自己同时代理的其他人实施民事法律行为,但是被代理的双方同意或者追认的除外。"

② 参见袁淼英:《我国证券智能投顾运营商市场准入制度的构建》,载《西南政法大学学报》2018 年第 3 期。

常秩序。

第一,禁止全权委托的规定强行将智能投顾的投资咨询业务与资产管理业务相割裂,阻碍智能投顾业务的发展。正如前文所述,智能投顾业务包括投资咨询业务和资产管理业务,其中投资咨询业务是智能投顾业务的基本业务,而资产管理业务属于智能投顾的核心业务,也是体现智能投顾"智能性"的根本所在。由于智能投顾的资产管理业务所需的客户的全权委托与当前我国法律禁止全权委托的规定相冲突,使智能投顾开展资产管理业务存在很大的合法性争议。这也直接导致智能投顾只能开展投资咨询业务而无法进行资产管理,否则会面临合规不能的法律风险。法律禁止全权委托的规定也直接造成智能投顾的两种业务相割裂,不利于智能投顾业务的发展。尤其是在当前大资管背景下,投资咨询业务与资产管理业务之间不再泾渭分明,两者在某种情况下也存在着交叉,禁止全权委托不仅阻碍了智能投顾业务的完整性,而且也不符合资本市场发展的规律和国际趋势。

第二,开放全权委托带来的问题可以通过技术和法律途径加以规制。禁止全权委托最主要的原因在于防范开放全权委托可能会引发的风险,然而这种"一刀切"的做法也在慢慢阻碍我国智能投顾业务和资本市场的发展。随着我国科技的发展和法律监管制度的不断完善,开放全权委托所引发的风险已经可以被及时发现并加以控制,广大客户和投资者在很大程度上也可以依据法律规定救济自己的权利。开放全权委托所带来的问题完全可以通过技术的更新迭代加以解决。当前阻碍智能投顾发展的因素已然不是技术能力的不足,而主要在于法律对全权委托禁止的规定。当下,以全权委托引发风险为托词而禁止放开全权委托,实非明智之举。

第三,可以通过分步实施达到开放全权委托之目的。推动智能投顾业务发展离不开全权委托的放开,但开放全权委托也不可一蹴而就。如果贸然放开全权委托,很可能会使金融市场发生错乱。因此,建议通过开展试点的方式，授予部分内部风险控制良好的智能投顾运营商接受客户全权委托的资质，对试点过程中出现的问题进行梳理和解决，逐步完善内外部风险防控机制，健全风险处置机制。待智能投顾技术发展成熟和全权委托试点充分，再通过修改法律法规的方式放开全权委托，推动智能投顾业务的发展。这种以分步实施、试点开放的方式将全权委托予以解禁，既可以最大限度地将解禁全权委托带来的风险降至最低，又可以顺应国际智能投顾业务发展的趋势，推动智能投顾业务持续发展。

（五）小结

智能投顾智能性的发挥，离不开客户的全权委托。当前阻碍我国智能投顾业务发展的重要原因不在于我国智能投顾技术的落后，而在于当前国内法律的限制。诚然法律禁止全权委托有其合理的一面，但是随着时代的发展，我国各方面的法律制度也更加健全，以往对全权委托一概禁止的做法也与技术发展的趋势格格不入。此时，就需要重新考虑全权委托规制的必要性及合理性。我国智能投顾业务本身就起步较晚，加之法律的限制，智能投顾在我国很难有很大进展。当前，可以通过在特定范围内进行试点开放逐步完善风险防范和处置制度，同时可以通过"监管沙箱"模式加强监管，在开放全权委托的同时，仍可以达到保护投资者利益不受损害以及维护金融市场正常秩序的目的。在鼓励智能投顾业务发展的同时，牢牢守住金融安全的底线。

二、智能投顾准入的条件与程序

市场准入，即市场主体在符合法定条件和程序的情况下进入相关市场领域的行为或过程。[①] 对于智能投顾市场准入而言，即在符合特定条件和程序的前提下，允许市场主体利用智能投顾工具为客户提供投资咨

① 参见王兵兵：《市场准入法律制度研究》，郑州大学2016年硕士学位论文，第8页。

询建议和资产管理服务的过程。

（一）我国对智能投顾准入条件和程序的规制现状

根据《证券法》第120条的规定，从事证券投资咨询业务需要取得证券投资咨询牌照。另外，《证券投资顾问业务暂行规定》第7条不仅要求证券投资咨询机构人员的执业资格，①还要求其在证券业协会登记注册。因此，根据我国法律，从事证券投资咨询业务，证券投资咨询机构需要取得牌照。同时，证券投资顾问也需取得执业资格并进行登记。智能投顾的出现使人工智能技术可以通过智能算法模型代替人工投资顾问，但同时也直接给上述规则带来了挑战。此外，由于我国没有专门的智能投顾牌照，使互联网金融公司在从事证券智能投顾时无法可依，于法无据。

（二）域外国家对智能投顾准入条件和程序的规制

域外国家对智能投顾的准入条件和程序有一定的规定，主要集中于资格的取得和监管两方面。

1. 资格的取得：发放牌照和注册登记

域外规定的智能投顾资格取得的方式主要是获取牌照。欧洲和美国坚持智能投顾的“投资顾问说”。在美国，智能投顾是一种自动投资工具，包含资产分配、证券投资服务。在欧洲，智能投顾又叫作“金融咨询建议的自动化”，即应用自动化工具从事投资顾问业务，为客户提供金融工具的交易建议，涉及资产管理、基金、理财等服务。很显然，欧洲和美国的智能投顾并不仅仅包含投资顾问业务，还包含了资产管理业务。因此，欧洲和美国采用发放“大投资顾问”牌照的方式。只有获得该种牌照

① 《证券投资顾问业务暂行规定》（2020年第二次修正）第7条：“向客户提供证券投资顾问服务的人员，应当符合相关从业条件，并在中国证券业协会注册登记为证券投资顾问……”

的企业,方可利用智能投顾为客户提供业务。①

具体来看,美国智能投顾属于广义的"投资顾问",受到 1940 年《投资顾问法》(Investment Advisers Act of 1940)的调整。②《投资顾问法》第 202(a)条第 11 款③对"投资顾问"的定义为:"任何直接或通过出版物、文字方式从事涉及证券价值、买卖证券的投资咨询业务,或者以发布、制作与证券相关的分析和报告为业务,并收取酬劳的人,但不包括……如果智能投顾提供业务,需要按规定获取牌照。"《投资顾问法》第 203 条规定,④除依据 203(b)条准予豁免的以外,投资顾问必须依法注册,方可从事相关业务。同时 203(c)条明确了注册成为投资顾问需要提交的文件。2016 年,ASIC 针对智能投顾专门发布了《数字金融产品建议》,对智能投顾提出了较全的监管要求。澳大利亚智能投顾准入需要申请牌照。根据各平台提供服务的类型不同,牌照也不同。金融科技企业从事智能投顾业务,需要持有金融服务牌照或金融服务牌照代理许可,但已经持有金融投资顾问业务牌照的除外。⑤ 在加拿大,其国内法并没有对智能投顾平台的业务范围进行明确,因此平台可以选择经营投资咨询业

---

① 参见吴烨、叶林:《"智能投顾"的本质及规制路径》,载《法学杂志》2018 年第 5 期。

② 参见李晴:《互联网证券智能化方向:智能投顾的法律关系、风险与监管》,载《上海金融》2016 年第 11 期。

③ Investment Advisers Act of 1940 §202 (11) Investment adviser means any person who, for compensation, engages in the business of advising others, either directly or through publications or writings, as to the value of securities or as to the advisability of investing in, purchasing, or selling securities, or who, for compensation and as part of a regular business, issues or promulgates analyses or reports concerning securities; but does not include...

④ Investment Advisers Act of 1940 §203 (a) Except as provided in subsection (b) and section 203A, it shall be unlawful for any investment adviser, unless registered under this section, to make use of the mails or any means or instrumentality of interstate commerce in connection with his or its business as an investment adviser.

⑤ 参见王波、陈孝莉:《我国智能投顾的监管路径研究》,载《西北工业大学学报(社会科学版)》2021 年第 2 期。

务和资产管理业务。2015 年,加拿大证券监管管理局发布的《关于投资组合管理人在线建议的指南》(Guidance for Portfolio Managers Regarding Online Advice)认为,智能投顾是自由支配的投资管理服务。加拿大采取注册准入制度,中介机构需要在相应的监管机构进行注册,才能从事该种业务。平台进行注册的依据体现在《全国监管机构 31—103:注册要求、豁免和持续注册人义务》中,该文件采取正面清单与负面清单相结合的方式对注册要求进行归纳。由于证券监管属于地方事务,从事智能投顾的平台还需要满足各个地方的监管规则。①

日本和韩国与欧洲和美国的做法稍有不同,其坚持"资产管理说"。在日本,投资顾问业协会根据投资咨询服务和全权投资管理服务的不同设置不同的要求。从事投资咨询服务的投资咨询公司,只能提供与证券投资有关的建议,而不得代客户作出最后的投资决定。最后的投资决定权属于客户。从事全权投资管理服务的投资管理公司,在接受客户委托后可以根据客户的授权行使投资的自由裁量权。② 在韩国,智能投顾被视为互联网化的资产管理业务,即基于自动化算法,提供互联网资产管理服务。日本和韩国的相同之处在于,两者均将智能投顾纳入资产管理业务,分别设置了资产管理牌照和投资顾问牌照。获得牌照的企业,可以利用智能投顾从事相应业务。③

2. 资格的监管:信息披露和风险处置

域外主要通过信息披露义务和风险处置义务来对资格进行监管。美国《投资顾问法》对投资顾问人的行为内容提出了监管要求,如信息披

① 参见朱紫涵、余涛:《智能投顾监管的国际经验及其借鉴》,载《东南大学学报(哲学社会科学版)》2021 年第 1 期。

② See Japan Investment Advisers Association, *Investment Management and Investment Advisory Business in Japan*, on March 30, 2021, https://www.jiaa.or.jp/komon_e/index.html.

③ 参见吴烨、叶林:《"智能投顾"的本质及规制路径》,载《法学杂志》2018 年第 5 期。

露、信义义务、内部合规程序等。澳大利亚《数字金融产品建议》要求人工服务介入智能投顾服务，并且规定了智能投顾营运商的义务，包括业务监管，交易风险处置等。

（三）智能投顾准入监管条件和程序的完善

对智能投顾准入监管条件和程序的完善，不仅包括对资质的特殊规制，还包括对行为的特别监管。

第一，设置智能投顾开展业务所需的牌照。智能投顾平台开展相应业务需要获取牌照，即投资顾问牌照和资产管理牌照。鉴于我国对金融行业的强监管态度，我国应设置两个牌照分别对应投资咨询业务和资产管理业务。至于智能投顾平台可以获取投资顾问牌照还是资产管理牌照，需要根据对智能投顾平台的审查结果确定。由于智能投顾从事的业务属于证监会的监管范围，因此，对智能投顾的审查仍应属于证监会的职责范畴。智能投顾作为新型投资形式，与传统投资方式大有不同，因此建议在证监会下单独设立专门的智能投顾监督办公室，对智能投顾平台进行审核、监管及备案。对智能投顾平台的审查需要在人工智能模型参数、资产配置逻辑、算法机制、潜在风险和应急处置等方面进行综合考虑。在此基础上对不同的智能投顾平台进行评级，达到相应等级的智能投顾平台可以申请相应牌照。

第二，完善智能投顾运营商的资质要求。无论智能投顾平台获取何种牌照，其开展业务仍需依附于运营商。如果运营商无资产管理资质，即使其使用的智能投顾平台获得资产管理牌照，该运营商也不能利用智能投顾平台从事资产管理业务。因此，除智能投顾平台需要取得相应牌照外，智能投顾的运营商也需要获取相应的资质。对此，可以参照投资咨询牌照和资产管理牌照获取的条件，对符合条件的智能投顾运营商颁发相应牌照。1998 年实施的行政法规《证券、期货投资咨询管理暂行办法》第 6 条已经明确了机构取得投资咨询牌照的条件,①而智能投顾作为新型的投资方式,仅仅具有该条件明显不够,还需要根据智能投顾的特点,为智能投顾运营商量身定做一套资质授予的规则。可以从运营商的规模、信用、管理状况、风险防控与隔离、应急处置、信息披露、计算机技术人员配备等方面进行综合考虑。这就要求我国尽快出台相关细则,明确运营商使用智能投顾平台开展相关业务的条件。

第三,建立智能投顾技术的特殊风险防范规则。智能投顾技术以人工智能和算法为依托,因此智能投顾的技术风险包括算法模型风险、数据风险、计算机程序风险。需要针对智能投顾的固有属性,建立一套智能投顾市场准入的技术性规范,以促进智能投顾行业的发展。首先,需要规范智能投顾平台或技术外包企业,包括从业人员的技术资质、数据处理设施、算法模型设计技术等条件。企业内部也要建立适当的风险控制系统,对各项业务进行监督和审查。其次,防范技术风险,除要求智能投顾运营商加强风险防范和应急处置外,"监管沙盒"也被广泛运用于此。我国可以允许智能投顾运营商面向个别特定投资者测试该智能投顾产品和服务,根据测试结果,对算法进行科学评估,进而决定是否将其用于大范围内的商业经营。

第四,智能投顾平台的信息披露。了解客户并"绘制画像"是智能投顾平台开展业务的基本前提。信息披露制度作为 2019 年《证券法》的主要内容之一。其有利于保障客户的知情权,使投资者在充分了解信息的

---

① 《证券、期货投资咨询管理暂行办法》第 6 条:"申请证券、期货投资咨询从业资格的机构,应当具备下列条件:(一)分别从事证券或者期货投资咨询业务的机构,有五名以上取得证券、期货投资咨询从业资格的专职人员;同时从事证券和期货投资咨询业务的机构,有十名以上取得证券、期货投资咨询从业资格的专职人员;其高级管理人员中,至少有一名取得证券或者期货投资咨询从业资格;(二)有 100 万元人民币以上的注册资本;(三)有固定的业务场所和与业务相适应的通讯及其他信息传递设施;(四)有公司章程;(五)有健全的内部管理制度;(六)具备中国证监会要求的其他条件。"

基础上,实现投资自决、风险自担。信息披露在智能投顾领域同样重要。用户在注册登录之前,智能投顾应当将重要信息予以披露,由客户进行确认并自行决定是否利用智能投顾进行决策。因此,建议我国将信息披露作为智能投顾平台的强制性义务,并明确智能投顾平台的信息披露范围。信息披露的内容应当包括:投资方式、算法模型、主要假设、基本原理、局限性和潜在风险、智能投顾的参与程度等。除一些必要的披露信息外,还可由智能投顾运营商对其他需要披露的事项进行针对性的披露,从而使客户尽可能充分地了解智能投顾并作出合理决策。

(四)小结

由于目前我国法律对智能投顾牌照规定有待进一步明确,使得智能投顾在市场中常常用于向客户提供投资意见,而不能合法地提供资产管理业务。诚然,智能投顾亦可以作为投资咨询业务使用,但是仅仅提供咨询建议的智能投顾无法体现其智能性。为了让智能投顾发挥其功能,推动我国金融行业的智能化发展,我国应完善相关法律,明确智能投顾的准入条件,尤其是牌照的种类和取得方式。结合智能投顾在域外国家的实践,除了在智能投顾牌照取得方面设置了条件,大多数国家也对智能投顾平台及其从业人员提出了确切的要求,如平台内部的风险防范与处置、合规审查、信息披露以及从业人员的资质等。因此,我国应当从整体进行规划,加强制度建设,在准予智能投顾开展业务的同时,也要加强对智能投顾平台和智能投顾业务的监管。

三、投资者准入的讨论

智能投顾技术应用到基金、理财领域不过短短十几年时间,但却极大地改变了资产管理业务的方式。智能投顾通过智能算法和投资模型的构建,对市场中海量的信息进行收集、处理,最终根据投资者个人的投资偏好制定投资组合。智能投顾技术的出现,解放了人工操作,提高了投资建议产出和指令执行的效率。但智能投顾并未改变投资的本质。智能投顾技术带来的革新,没有降低投资者投资的风险,反而增加了智能投顾自身运营的风险,最明显地体现在智能投顾的技术风险、算法风险、信息风险等方面。智能投顾带来的投资风险,决定了智能投顾的投资者需要满足一定的准入要求。

(一)智能投顾的监管理念

投资者是资本市场运行的基础,尤其是在以散户为主的证券市场中,中小投资者往往处于劣势地位。因此,我国应当将保护投资者的利益作为金融监管的目标之一。智能投顾作为新兴的技术开始应用到金融领域,有利于提高金融机构的业务水平。但同时,由于我国金融市场上众多的投资者缺乏专业的投资知识,加上智能投顾拥有"高科技"挂名,使投资者更容易忽视金融领域的风险。甚至在金融机构的推荐下,投资者为了获取高额收益而将自身大多数财产用于投资,在这种情况下,一旦发生市场波动,将血本无归。大多数投资者处于弱势地位,且多有盲目追逐利益的心理,加之在普惠金融模式下,投资者会在主观上放大收益率而忽视金融风险,往往愿意购买与自身客观条件不相符的风险产品。基于此逻辑,智能投顾领域也应当设置一定的准入条件,加强对投资者的适当性管理,建立智能投顾投资者准入制度。①

(二)智能投顾的投资者适当性

我国的智能投顾主要面向广大的普通投资者,因此投资者适当性管理就成了智能投顾发展的重要内容。即要求智能投顾机构运用智能投顾为客户提供投资服务时,应评估产品的风险与投资者的风险承受能力是否相匹配。首先,我国关于投资者适当性管理的规范,散见于规章和自律性规范中。其中 2017 年实施的《证券期货投资者适当性管理办法》②将投资者分为专业投资者和普通投资者两大类,这两类中各存在

① 参见李瑞雪、闫正欣:《数字普惠金融下智能投顾发展与监管问题研究》,载《价格理论与实践》2019 年第 9 期。

② 该办法已于 2022 年修正。

着满足特定条件可以相互转化之类型。[①] 在投资者适当性管理方面，该办法对证券经营机构提出了具体要求：对投资者与产品服务的判断（第18条）；高风险产品的特别提示（第20条）；投资者信息变化检测以及分类调整（第21条）。该办法第22条[②]以禁止性规范明令禁止经营机构销售特定产品和提供特定服务。此外，该办法还规定了录音录像等配套措施，以及明确了纠纷解决方式和法律责任等。尽管如此，投资者适当性原则并未作为法律原则被纳入法律当中，即便将“投资者保护”单独成章，其内容也仅体现了投资者保护的部分精神。其次则是投资者适当性规则缺乏体系性，市场中常用的自律性规范，相互之间有重叠交叉，也有分散割裂，导致规则适用缺乏层次性。再次，我国的投资者适当性规则重在防范风险，而对弱势的投资者保护不足。最后，纠纷解决和法律责任不完备，欠缺对违反适当性义务的民事责任的规定。

针对智能投顾等新型业务，我国于2018年发布了《资管新规》，其第6条[③]要求金融机构发行和销售资产管理产品应当坚持“了解产品”和

---

① 参见杨军、刘嘉瑶：《证券投资者适当性制度比较与启示——兼评我国〈证券期货投资者适当性管理办法〉》，载《金融理论与实践》2019年第10期。

② 《证券期货投资者适当性管理办法》第22条：“禁止经营机构进行下列销售产品或者提供服务的活动：（一）向不符合准入要求的投资者销售产品或者提供服务；（二）向投资者就不确定事项提供确定性的判断，或者告知投资者有可能使其误认为具有确定性的意见；（三）向普通投资者主动推介风险等级高于其风险承受能力的产品或者服务；（四）向普通投资者主动推介不符合其投资目标的产品或者服务；（五）向风险承受能力最低类别的投资者销售或者提供风险等级高于其风险承受能力的产品或者服务；（六）其他违背适当性要求，损害投资者合法权益的行为。”

③ 《关于规范金融机构资产管理业务的指导意见》第6条第1款：“金融机构发行和销售资产管理产品，应当坚持‘了解产品’和‘了解客户’的经营理念，加强投资者适当性管理，向投资者销售与其风险识别能力和风险承担能力相适应的资产管理产品。禁止欺诈或者误导投资者购买与其风险承担能力不匹配的资产管理产品。金融机构不得通过拆分资产管理产品的方式，向风险识别能力和风险承担能力低于产品风险等级的投资者销售资产管理产品。”

“了解客户”的经营理念。[①] 这意味着金融机构在开展智能投顾业务时要加强投资者适当性管理。智能投顾作为复杂的金融产品，普通投资者无法清晰了解金融产品的风险属性，将投资者适当性原则作为智能投顾业务的管理性原则，有利于保护投资者的合法利益。

（三）其他保护投资者的措施

第一，完善金融机构信义义务内容。保护投资者利益，除规定投资者适当性规则，还应根据智能投顾业务的特点和性质，完善传统金融机构的信义义务内容，以加强智能投顾模式下的投资者保护。

第二，加强运营商的信息披露义务。智能投顾开展业务，脱离不掉人们对“算法黑箱”存在质疑的问题。如若算法不透明，则监管者无法对责任主体实施有效监管，投资者也无法有效监督运营商，投资者投资的安全也无以保障。智能投顾的运营商应当就其使用算法的模式及其基本功能等向投资者进行披露。同时，针对智能投顾的模型参数以及配置等，也需向监管部门进行披露。但运营商无须将算法的代码进行详尽披露，因为这可能会引发权利损害问题。

第三，加强对算法歧视的审查与监管。近期，大数据“杀熟”已经成了监管的重要内容。智能投顾运用算法，也有可能通过“杀熟”行为损害投资者利益。然而，智能投顾根据客户的画像作出不同的投资组合，属于一种事实上的差别对待。只有当这种差别对待存在不合理时，才能将其认定为歧视并加以规制。我国规定先由投资者初步证明差异对待的事实，再由法院根据比例原则作出合理判断。

除此之外，还可以通过限制投资额、行政和解、加强投资者教育等措施来保护投资者的合法权益。

（四）小结

投资者保护作为证券金融市场监管的重要目标之一，对金融业的有

---

① 参见吴烨、叶林：《“智能投顾”的本质及规制路径》，载《法学杂志》2018 年第 5 期。

序发展起着重要作用。投资者适当性原则作为投资者保护的一个重要原则,在实践中已经发展出多种具体的内容。由于种种原因,投资者适当性制度尚未在我国法律中予以明确,而是散见于规章和各种自律性文件中。投资者适当性制度作为投资者保护的重要措施,亟待上升到法律层面,为智能投顾业务的规范发展提供明确的法律依据。除规定投资者适当性原则,还可以采取其他措施以达到保护投资者权益的目的,如加强信息披露、对投资者进行教育等。

第七章　智能投顾投资建议失当的规制

在投资顾问业务中,投资者基于对投资顾问的信息获取能力、专业知识和投资技能的信赖,选择与其缔结合约,由其提供投资建议,自行承担相应的投资风险。有学者认为,投资者与投资顾问之间实际存在的是一种信托关系。基于此关系以及缔结的合约,投资顾问需要对投资者承担相应的义务,以保护投资者的权益。在投资顾问业务中,双方当事人所获得的信息是相对不对称的,投资顾问自身的专业能力和市场地位使其能获得更加丰富的信息,从而可以为投资者提供更加适当的投资建议,但投资顾问也有可能利用优势地位控制投资者,提出失当的投资建议。投资者本身处于弱势,自我救济能力差,难以弥补损失。我国现行法律对于传统投顾业务出现的投资建议失当有相应的规定,但是智能投顾作为一种运用金融科技手段为投资者提供具有适当性的投资建议的业务,与传统投顾之间存在一定的差异。因此,智能投顾导致的投资建议失当的规制问题仅用现有的法律体系难以完全覆盖。需要寻找智能投顾投资建议规制方式倾向性,在公法和私法领域完善投资建议失当的法律规制问题。

第一节　投资建议适当性的缘由

一、投资者适当性制度不够完善

在投资顾问业务中,投资顾问往往掌握更加充分的信息并拥有更高的市场地位,因此对于投资者权益的保护就更加重要。投资者适当性制度是投资者权益保护的基石,在以信赖为基础的证券投资顾问业务中显得更为重要。投资者适当性原则源于美国证券市场。按照美国学者诺曼·波泽的观点,投资者适当性是证券经营机构根据自身评估标准,在对投资者进行销售的过程中,对投资者的投资能力是否与销售的产品相匹配的合理判断。[①] 2008 年,国际证监会联合有关部门发布的《金融产品与服务零售领域的客户适当性报告》对投资者适当性也作出了定义。报告指出,投资者适当性是指任何金融公司在建议投资者购买特定产品时要就金融工具对于该投资者来说是否合适或适当作出判断。

传统投顾的适当性主要体现在投资顾问需要分析投资者的资产状况和相关信息,为投资者提出合适的建议,告知其投资风险和投资策略,并且依据其信息变动及时调整投资建议。在资本市场的发展过程中,我国也意识到将合格的产品卖给合格的投资者十分重要。2008 年,国务院发布的《证券公司监督管理条例》开始进行投资者能力测评和风险测

---

① 参见井漫:《投资者适当性制度构建:国际经验与本土选择》,载《西南金融》2020 年第 4 期。

评，是将投资者适当性运用到资本市场管理中的初步尝试，并且随后相关的部门和行业自律组织也陆续发布了相应的制度要求，《证券期货投资者适当性管理办法》第 3 条规定，依据投资者的风险偏好和产品的风险等级向投资者提出适当的意见。《证券投资顾问业务暂行规定》第 15 条要求证券投资顾问向客户提供适当的投资建议。《资管新规》规定了合格投资者的认定标准。2019 年《证券法》的修改更是直接将投资者适当性的部分要求以法律的形式明确规定。

智能投顾作为金融科技发展的产物，其投资者适当性的内容和标准与传统投顾存在一定差异。投资者的分级制度一直是投资者适当性原则的重要组成部分，传统投资顾问时期，金融活动准入门槛高，投资顾问以其专业知识来获取高昂的报酬，有能力支付人工投资顾问报酬的投资者本身具有良好的经济基础，这在无形之中将无能力支付人工费用的投资者拦截在金融活动的门外，实际上也设置了较高的投资者准入门槛。智能投顾的出现打破了原有的准入门槛，其面对的投资者主要为普通投资者，对投资者的人数限制不多，使大批普通投资者涌入市场。虽然普通投资者无法支付高昂的人工服务费用，但是智能投顾的费用较低，大部分普通投资者都是可以承担的。此外，普通投资者对风险认识及投资知识掌握普遍不够，而智能投顾的算法晦涩难懂，多数的普通投资者在接受智能投顾服务的过程中处于弱势地位，承担着较高的投资风险。智能投顾通过大数据的分析能力为投资者提供符合其需求的投资组合策略，而了解产品对营运者而言是向投资者提供服务的基础。智能投顾平台为客户提供投资建议或提供管理服务时，有必要了解其提供的产品，应将产品的特征及风险等级在页面中予以明示，以简练明了的方式向客户予以解释说明。大批普通投资者涌入市场后，传统投顾的投资者分类标准不能完全适用于智能投顾的投资者分类，如果机械适用该标准可能使智能投顾在进行大数据运算时对情况产生错误分析导致投资建议失当造成投资者损失。

尽管这些年各项法律法规的出台完善了我国投资者适当性，从整体上来看，我国的投资者适当性制度已经基本成型，但因为传统投顾和智能投顾对于投资者适当性的要求存在差异，且法律法规中的很多内容还是直接搬用国外的制度，无法完全适应我国的资本市场需要，因此不够完善的投资者适当性制度可能会导致投资建议失当，损害投资者的利益。

二、智能投顾算法监管规则不足

传统投资顾问业务由人工投资顾问进行，投资顾问作为自然人想要为自己追求更高的利益，投资者和投资顾问之间存在的信息不对称加剧了其铤而走险的程度以追求更高的风险收益。因此法律法规对于传统投资顾问业务的规制重点在于完善投资顾问的信义义务。智能投顾相较于传统投顾的重要优势就是运用了先进的技术，将技术运用到资本市场是智能投顾的特色。算法作为智能投顾的核心所在，其决定了整个投顾业务的顺利展开和正常运行。对算法的监管是保障智能投顾投资建议适当性的重要内容。

智能投顾算法所蕴含的风险既包含人工智能技术带来的内部风险，也包括传统投顾业务和科技融合所产生的外部风险，两部分都是需要进行监管和规制的。我国现阶段处于智能投顾的监管初期，制度和规制重点都不够完善，智能投顾算法监管规则的不足主要体现在以下几个方面。

首先，算法本身是由专业的科技人员研发而成的，其中包含着大量的专业信息，而算法本身并不能保证完全没有错误或缺陷。如果投入市场之前的检查没有将这些问题筛查出来而直接将程序投入使用，那么依靠该算法得出的投资建议极可能会出现失当的情况，向投资者提供的投资建议可能会超过投资者预先设定的风险承受范围，最终造成投资者的损失，并且这种算法缺陷是无法被提前预见的。并且智能投顾内部包含人工智能的发展，人工智能可以通过学习进行自我升级。缺乏持续性的监管规则可能会导致其升级过快脱离现有的规范体系，假设其产生自我意识，那么是否会影响到投资建议的提出从而导致投资建议失当的情况。因此除智能投顾的运营者和设计者需要对其进行不断地更新和维护之外，监管规则也需要具有发展性。

其次，算法本身有缺陷或者智能投顾为投资者提供建议是根据从金融市场收集到的大数据，通过算法来为投资者计算出千人千面的投资组合。[①] 但智能投顾业务很容易收集到来自不同用户的零散资金使智能投顾可以轻易地引导投资者运用分散的资金在同一时间购买同一产品。虽然看起来每一笔交易数额都很小，但实际上可能已经产生了控股的可能性。除此之外，如果大量的投资者全权委托一个智能投顾管理其账户，算法的操作逻辑十分相似，那么，虽然这些账户在法律上没有关联，但在实际操作中也能表现为“一致行动人”，从而引起金融市场的动荡。[②]

再次，算法一般直接由提供智能投顾的平台设计，在这种情况下算法极大可能在设计之初就添加了智能投顾研发者和营运者的价值取向；另外有些金融机构的智能投顾系统是外包给第三方机构设计之后直接使用的，其本身对算法技术风险的了解更加有限。有调查显示，多数的智能投顾核心算法的设计都是有利于自身的，而并非为了投资者的利益。在这种情况下，对人的监管，对算法的监管仅采用风险提示和信息披露的方式是完全不够的。金融科技的应用使智能投顾的监管对象不再局限于投资顾问业务的工作人员或者机构，科学技术的运用会让智能投顾的风险处在难以被发现的隐蔽角落，监管机关对此很难察觉，对其的监管容易出现缺位、越位。因专业技术在智能投顾中的使用也进一步

---

① 参见蔚赵春、徐剑刚：《智能投资顾问的理论框架与发展应对》，载《武汉金融》2018 年第 4 期。

② 参见李文莉、杨玥捷：《智能投顾的法律风险及监管建议》，载《法学》2017 年第 8 期。

加大了不擅长此类技术的监管部门对智能投顾的监管难度。怎样对其在各个环节的运行、应用进行有效且及时的监管,都是监管部门需要思考的内容。

最后,从现有法律体系来看,智能投顾软件的统一标准不够明确。对于传统投资顾问业务的从业标准,《证券、期货投资咨询管理暂行办法》第 6 条和《证券投资顾问业务暂行规定》第 7 条分别对从业人员和从业机构进行了标准设置。智能投顾可以说是由“机器人”来提供投顾服务的,而就“机器人”是否可以作为法律主体的问题我国目前并没有一个统一的说法,有学者认为人工智能仅能作为智能投顾法律关系中的客体,而有的学者认为人工智能已经具备了主体的充分条件。因此,投资顾问人员的标准如何应用到智能投顾中,智能投顾是否仅需满足从业机构的标准就可以开展智能投顾业务,这些都需要进一步的法律进行规范。传统投顾即使采取对人员和机构的双重标准限制都不能完全保证投资建议的适当性,智能投顾仅满足从业机构的条件无法保证该算法以客户利益为先,无法减少投资建议失当的可能性。

三、对智能投顾投资者保护不足

投资者不论是在传统投顾还是智能投顾中往往都处于弱势地位,因为对专业知识和信息的掌握较弱,使投资者的保护义务成为投顾业务中非常重要的部分。特别是随着近些年我国的资本市场不断发展,人民的生活水平不断提高,在“全民理财”的热潮下,智能投顾的出现打破了原有的理财产品模式,理财不再仅仅是拥有专业知识的少部分人的活动,普通群众也或多或少地接触过理财产品,有的甚至是在完全没有意识的情况下接触到了理财产品,如支付宝的余额宝、微信的零钱通等都是常见的理财产品。面对资本市场中复杂多样、结构形态各异的产品,投资者需要具有一定的金融专业知识储备,但是普通投资者往往存在盲目从众的心理和行为,其本身的金融专业知识十分匮乏,并不一定具备与其金融活动相符的专业知识水平。

互联网技术的发展打破了传统投顾业务线下一对一的服务模式，线上顾问也同样活跃了起来。智能投顾与传统投顾的运行方式存在较大的差异，这也决定了在对投资者的保护上有了不同的需求。首先，智能投顾所依靠的是大数据和运算模型，根据客户提供的问卷调查内容，在其预设的有限的数据库中选择相对更加适合的投资建议给客户，无法及时应对客户的变化，相较于传统投顾而言，个性化体现较弱。其次，智能投顾中投资平台与投资者订立的通常为智能投顾平台事先拟定好的电子化格式合同，如果投资者希望与智能投顾平台达成合意，那就需要接受智能投顾平台订立的合同。格式合同虽然提高了效率，但是拟定者往往具有市场优势地位，制定合同内容时会更加考虑自身的利益最大化以及风险的最大程度规避。传统投顾虽然也时常使用格式合同，但是订立双方可以面对面进行沟通，投资者对于部分条款的内容也可以通过直接询问来深入了解。最后，智能投顾与传统投顾的运行成本存在差异。传统投顾采用人工方式进行，其精准的投资建议对应相对高昂的咨询费用；而智能投顾的定位是普惠金融产品，以低成本服务大量的投资者，这种定位下的智能投顾不需要支付大量的人工成本。从传统投顾和智能投顾之间存在的差异不难发现，智能投顾难以提供与传统人工投顾水平相当的投资建议，①但这并不意味着智能投顾运营者可以承担相对较低的投资者保护义务。

金融科技的发展改变了投资顾问的服务模式，但是其本质没有发生变化，不论是传统投顾还是智能投顾，投资者和投资机构之间都存在信义关系。信义义务的本质是矫正客户与专业人员之间存在的差距，对处于优势地位且被相对方依赖的当事人产生约束并使其忠实地履行义务，②因此，智能投顾也应该受到与传统投顾相同的有关信义义务的法

---

① 参见侯凌霄：《金融科技背景下智能投顾投资者保护机制研究》，载《金融服务法评论》2019 年第 1 期。

② 参见邢会强主编：《证券法学》，中国人民大学出版社 2019 年版，第 211 页。

律规制。

上述三点可以总结归纳为两个方面的问题,对智能投顾投资者的知情权保障不足和信义义务的缺失,都可能会导致投资建议的失当。从我国现行法律体系来看,对于传统投顾业务的投资者的保护义务主要由《证券法》《证券、期货投资咨询管理暂行办法》《证券投资顾问业务暂行规定》等相关法律法规来规定,属于一般性的投资者保护义务;而智能投顾的投资者保护义务的设置除上述的一般性投资者保护义务之外,还有基于现有的框架体系的特殊义务,例如《关于加强对利用"荐股软件"从事证券投资咨询业务监管的暂行规定》以及《证券投资顾问业务暂行规定》第 26 条等。2018 年出台的《资管新规》第 23 条规定了"运用人工智能技术开展投资顾问业务应当取得投资顾问资质,非金融机构不得借助智能投资顾问超范围经营或者变相开展资产管理业务……",从此条款可以看出从事智能投顾的平台除要遵守《证券、期货投资咨询管理暂行办法》规定的投顾机构的人员、住所、资产的要求之外,还要满足上述条文对于智能投顾平台的主体资格限制。但是对于知情权的保障,《证券、期货投资咨询管理暂行办法》中有规定相关信息的告知义务和公示义务,在智能投顾中投资者的知情权保护只在《证券投资顾问业务暂行规定》中有规定,实践中的推行时常以格式条款的方式来进行,无法真正保障投资者充分了解到相关信息。除此之外,《资管新规》第 23 条还规定了智能投顾机构应当遵循有关的适当性原则和信义义务的要求,但是智能投顾下运营者和投资者之间的信息更加不对称,且信息披露也不像传统投顾一样细致全面,甚至部分决定投资建议的核心信息因为涉及个人隐私问题而无法直接获取或者提供。尽管智能投顾从形式上遵守了法律法规的相关规定,但是实质上是否有效果就不得而知了。因此,仅适用传统投顾有关规定会损害智能投顾投资者的权益,从而导致投资建议失当,造成投资者不必要的损失。智能投顾目前的技术水平还有服务对象定位都决定了其投资建议水平低于传统投顾,其投资建议对于投资者决策的影响也没有那么大。智能投顾对投资者的影响较为有限,且作为金融科技发展的产物,人们本身会觉得高科技的事物具有更大的不确定性和风险性。由此可以看出现行法律对于智能投顾的投资者的保护义务设置重于传统投顾,但是从权利与义务相统一的角度来看,智能投顾的投资者保护义务确实较重。

设置过高的投资者保护义务,一方面,会提高投顾平台的运行成本,而这些增加的成本将会直接或者间接地转嫁到投资者身上,阻碍智能投顾普惠化的发展,无法承担运行成本的机构可能会退出智能投顾业务,导致市场活力降低,整体的竞争力下降,整个智能投顾行业将会被龙头机构垄断,消费者可能并不能从中获得性价比最高的投资建议,导致投资建议失当,造成投资者的损失。另一方面,设置过高的投资者保护义务会阻碍智能投顾的创新发展,因为需要承担过高的义务,运营者可能会要求设计者设计的算法尽量规避各类风险,投资本就不是完全无风险的活动,对投资者的过度保护会导致投资建议不能完全符合投资者的需要,既导致了投资建议失当,也无法保护投资者的利益。

第二节 规制方式的倾向性讨论

一、域外的规制方式

(一)倾向于私法规制的情况

1. 澳大利亚:设置更高的机构义务

澳大利亚的投资者适当性制度的机构主要是 ASIC。澳大利亚的金融机构想要开展智能投顾业务即需要向 ASIC 提交从业申请从而获得澳大利亚金融服务牌照。为了更好地适应智能投顾业务的发展,激发市场活力,2016 年 8 月,ASIC 发布了第 255 号监管指南《数字金融产品建议》,对智能投顾运营者的适当性义务在智能投顾本身的资质,应当遵守的义务和平台责任以及披露义务方面规定得较为详细。

首先,澳大利亚的相关规定要求从事投顾业务需要具有牌照,这是为了保障提供服务的平台具有向投资者提供建议的专业能力。为此ASIC发布了《提供信息、一般建议和规模建议》这一监管指引,对这些概念进行界定。例如,金融机构为投资者提供的信息是一般性的信息且不具有个性,那就不需要获得相应的资质;但如果提供的是个性化的投资建议,那么根据澳大利亚《公司法》的规定,就必须获得准入资格。智能投顾虽然在个性化上稍逊于传统投顾,但是还是不可否认其提供的确实为个性化建议。其次,规定了智能投资顾问的一般义务和特殊义务。同美国的规定相似,澳大利亚要求投顾人员在开展营业活动时要依照《公司法》的规定,在所申请的牌照核准的营业范围内为投资者提供投资建议,并且要确保投资顾问的水平和专业能力,建立健全风险监督机制。智能投顾因为在人力资源分配、算法监管、风险规避等方面的差异也被安排了相应的特殊义务。例如,将算法设计外包给其他平台的金融机构需要采取相应的措施确保外包机构的技术和态度,并且要自主对其进行持续的监督;为应对市场产生较大波动或者政策法规发生修改的情况,机构应当保留一定时间内的算法变更记录,及时调整算法,检测到算法错误并且该错误极有可能导致投资建议失当时应当立即停止提供服务。最后,规定了履行披露义务,保障投资者的知情权。《数字金融产品建议》对于如何履行《公司法》规定的义务提出了针对性的指导意见。智能投顾中缺少投资顾问与投资者的沟通,平台通过算法给出了投资建议,对于建议的了解需要投资者主动,为此《数字金融产品建议》设立了更高的机构义务,要求机构采取有效措施使得客户可以更好地理解,同时告知客户规模化建议的局限性和潜在的后果。①

---

①　参见杨东、武雨佳:《智能投顾中投资者适当性制度研究》,载《国家检察官学院学报》2019年第2期。

2. 德国:监管沙箱基础上的公私平衡

德国适用欧盟委员会出台的《金融工具市场指令》中有关智能投顾的规定。除此之外,德国对于智能投顾没有作出专门的法律规定,还是适用传统投顾业务的相关规定。德国《银行法》对投资咨询作出了定义,德国《工业法》规定智能投顾平台必须向投资者清晰地提示产品风险。德国《证券交易法》规定了投资者适当性的内容包括"了解产品"和"了解客户",即投资顾问必须对自己所提供的产品有充分的熟悉度,不得误导或者不公平地对待投资者;并且投资顾问所提出的投资建议应当是在充分结合了投资者的真实信息后作出的,在评估投资者成为合格投资者之后还需要持续地为投资者提供评估。同时对各类投资者做出分级分类的区分,重点保护零散客户;对专业投资者降低保护程度;尤其当金融机构作为投资者入场时,其受到保护的程度更低并且加大监管力度。因此,严格的投资者保护义务不意味着投资者不需要承担相应的责任,投资者自身也需要掌握最基本的投资知识。

(二)公私共融的规制情况

1. 美国:合规与私人诉讼的并进

投资者适当性原则最早起源于美国,开始时主要表现为以商业道德的形式约束证券经纪商市场。20 世纪 30 年代美国发生经济大萧条且证券市场运营乱象频生,这使投资者对于资本市场运营者的信赖度下降,投资者认为他们没有遵守商业道德,存在欺诈行为。为此,1934 年出台的《证券交易法》中就规定了证券经纪商和交易协会可制定防止欺诈和操纵行为的规则来保护投资者的合法利益。① 接着美国 1940 年的《投资顾问法》第 206 条也明确规定了提供投资服务并就投资建议收费的投资顾问应当负有信义义务。除此之外,因 2008 年金融危机爆发应运而

---

① 参见杨军、刘嘉瑶:《证券投资者适当性制度比较与启示——兼评我国〈证券期货投资者适当性管理办法〉》,载《金融理论与实践》2019 年第 10 期。

生的《多德－弗兰克法案》规定了金融消费者的保护内容，赋予美国证监会权力并要求向投资者提供投资建议的经纪商应承担信托义务，这实际上是在 1940 年《投资顾问法》第 211 节的基础上作出了修改，即美国证监会可以颁布规则来规定所有经纪商、经销商和投资顾问的行为标准，当规定涉及给零售客户（以及美国证监会在规则中可能规定的其他客户）提供证券方面的个性化投资建议时，应该规定：在提供投资建议时，所有经纪商、经销商和投资顾问的行为都应该是为了客户的最佳利益，而不是为了经纪商、经销商和投资顾问自己的财务利益或者其他利益。[①] 总体来看，美国虽然是一个判例法国家，但是其规范证券交易的法律体系整体还是以制定法为主体展开的，具体包括：美国联邦政府 1933 年颁布的首部规范证券交易的法律《联邦证券法》以及 1934 年颁布的首部关于规范证券交易管理的法律《证券交易法》；SEC 于 1940 年颁布的《投资顾问法》《投资公司法》中均对投资顾问应当遵守的投资者适当性原则以及合格投资者作出了规定。[②] 并且基于管理对象的不同，对合格投资者的命名也略有差异。

针对传统的人工投资顾问来说，美国对于传统投资顾问业务的投资者权利保护规定相对完整。随着智能投顾业务的发展，2015 年起，美国的监管机关开始逐步重视智能投顾中的投资者权利保护。首先，就投资者适当性方面而言，2016 年 FINRA 发布了《数字投资顾问报告》，虽然这个文件并不属于法律法规的性质，但是该公告指出，智能投顾除要满足投资顾问的适当性要求之外，还要重视客户特征的关键性信息、评估投资者的抗风险能力和投资偏好、保持信息收集的持续性和稳定性以及对客户画像工具进行监督。还有 SEC 颁布的《智能投顾监管指南》，该

① 参见李文华：《美国证券市场投资者适当性规则的发展及启示》，载《北京航空航天大学学报（社会科学版）》2017 年第 2 期。

② 参见彭晓洁、李梦蝶：《国外证券投资者适当性制度及其对我国的启示》，载《贵州社会科学》2015 年第 11 期。

指南更是对投资者适当性提出了多项要求。其次，美国强调对投资者的教育，2015 年 5 月 8 日，SEC 和 FINRA 共同发布公告警示投资者慎重对待自动化投资工具。公告提出，投资者需要注意在自动化投资中的五个问题，包括对格式条款的理解、了解智能投顾的局限性、知悉智能投顾结果与自身所提供的信息的关联度、投顾结果与预期目标的差异以及网络上个人信息更加需要保护等。除此之外 SEC 在 2017 年和 2018 年也先后发布了《投资者公告》和《投资者警示：自动化投资工具》来促使投资者在实现投资目标的过程中作出明智决定。最后，对于算法的监管问题，《数字投资顾问报告》对于数字投资工具的算法的治理和监管提出了框架性建议，包括监督算法的研发和运行，注意由第三方研发的算法的尽职调查以及是否按照预期稳定运行。《智能投顾监管指南》要求智能投顾平台的监管不仅要遵守《投资顾问法》的合规要求，另外，基于其特殊的模式，算法的开发和执行，以及第三方研究机构的监督和网络风险的预防和应对也应该纳入。

2. 英国：监管沙箱

英国对于传统的投资者适当性制度的法律规制主要是从三个层面展开的：第一个层面是欧盟相关法律。虽然英国已经脱欧成功，但是欧盟在 2007 年颁布实施的《金融工具市场指令》还是依旧在英国被应用，《金融工具市场指令》按照投资者适当性的标准将准备接受金融服务的客户划分为合格交易对手、零售客户、专业客户三类；第二个层面是英国政府制定的法律法规，如 2000 年的《金融服务和市场法》、2001 年的《金融促进条例》《集合投资（豁免）发起条例》以及《开放投资公司法》等；第三个层面是英国金融行为监管局根据上述的法律法规执行投资者保护的职责并独立制定的相应规则。[①] 这三个层面的法律规则由框架到细

---

① 参见彭晓洁、李梦蝶：《国外证券投资者适当性制度及其对我国的启示》，载《贵州社会科学》2015 年第 11 期。

则，从指导性原则到具体的操作方案，共同构成了英国多层次的投资建议的规制体系。

智能投顾时期，英国的金融监管机构在原有的体系基础上主要把焦点集中到了金融创新和金融安全之间的适应和平衡上。“监管沙箱”就是英国为了开创新的监管模式，促进金融科技领域发展所创造的新的空间。“监管沙箱”的引入为监管者平衡金融科技的发展和风险控制提供了一个有效的监管方法。① “监管沙箱”就是为金融科技公司测试创新产品提供一个相对宽松的监管机制和政策环境，使用监管沙箱的公司可以测试创新的金融产品服务而无须担心因此带来的监管后果。② 也就是说，通过一个缩小版的真实市场和宽松版的监管环境，在保障金融消费者的前提之下，允许金融科技初创企业对创新的产品、服务、商业模式和交付机制进行大胆尝试。③ 2016 年，英国金融行为监管局发布了“监管沙箱”的报告，在其报告中指出，对于智能投顾这类新的金融活动，允许一定数量的智能投顾平台向投资者开展投顾服务。智能投顾平台根据投资者的信息提出投资建议之后，再由自然人投资顾问对其进行审核，确保不会损害投资者的利益。英国金融行为监管局要求智能投顾公司的平台采用以下四种手段对投资者加以保护：一是智能投顾平台有说明义务以确保投资者的知情权能够得到保障，平台需提醒投资者潜在的风险以及相应的补偿措施，并测试他们对金融创新潜在风险解决方案的反应；二是在测试过程中对情势的变化进行信息披露，这可以视为对投资者的持续性保护措施；三是保障投资者获得金融申诉服务的权利；四是要求公司证明其具备为投资者补偿损失的能力。④ 这种新型的模式

① 参见李文莉、杨玥捷：《智能投顾的法律风险及监管建议》，载《法学》2017 年第 8 期。

② 参见肖见光、徐文德：《英国金融监管“沙箱”》，载《金融博览》2017 年第 1 期。

③ 参见伍旭川、刘学：《金融科技的监管方向》，载《中国金融》2017 年第 5 期。

④ 参见柴瑞娟：《监管沙箱的域外经验及其启示》，载《法学》2017 年第 8 期。

有利于智能投顾平台寻找到其与传统自然人投顾的异同，学会如何在线上与投资者接触，最终得出经验从而完善投资建议。

二、我国的倾向性讨论

智能投顾发展迅速使各国都在原有的传统投资者保护模式基础上寻找智能时代投资者的保护方式。美国对于智能投顾中投资建议失当的规制主要还是从投资者适当性入手，在多部法律中相继规定了投资顾问的信义义务和信息披露义务，调整投资顾问和投资者之间的关系以此来保护投资者的合法权益；调整算法的监管方式以及投资者的分类和教育；除此之外还有自律组织和机构发布的公告和指导。美国作为英美法系国家不存在公法和私法的分类，但是从其调整的对象来判断也不难得出美国对于投资建议失当的规制也是从法律主体与国家之间的关系和法律主体之间的关系两个方面共同进行的。澳大利亚相较于美国而言，除对从事投顾业务的机构设置牌照这一具有公法特色的规定之外，更多的还是适用澳大利亚《公司法》的规定，包括增强投资顾问与投资者之间的沟通，设立更高的投资顾问的义务，从投资顾问入手提高投资建议的安全性，从而降低投资建议失当的可能性，保护投资者的利益。英国对于智能投顾的投资建议的法律规制沿用了其对传统投顾的法律体系，主要沿用《金融工具市场指令》的信息披露制度，其新增的重点在于“监管沙箱”，总体来看也是从公法和私法结合的角度进行规制。德国同英国相似，并且更加注重私法方面的规制。

综观各国的规制方式不难发现，虽然有些国家以自律性规则为主导，有些以制定法为主导，但都不是单一地用一种类型的法律来规制。我国目前公法领域的法律规范中涉及投资者适当性制度保护的有：2018年发布的《资管新规》第6条明确提到“金融机构发行和销售资产管理产品，应当坚持‘了解产品’和‘了解客户’的经营理念，加强投资者适当性管理，向投资者销售与其风险识别能力和风险承担能力相适应的资产管理产品……”证监会颁布的《关于加强对利用“荐股软件”从事证券投资咨询业务监管的暂行规定》第 4 条第 3 款提到“遵循客户适当性原则,制定了解客户的制度和流程,对‘荐股软件’产品进行分类分级,并向客户揭示产品的特点及风险,将合适的产品销售给适当的客户”。现有私法对投资者适当性制度的规制主要集中在《证券法》。除此之外,因为智能投顾本身存在委托合同,当运营者提出的投资建议失当时可能需要承担违约或者侵权责任,因此对投资者的保护还涉及《民法典》的部分内容。对我国智能投顾投资建议失当的规制还是要从投资者适当性制度体系入手。在 2019 年《证券法》修改之前,我国的投资者适当性制度体系仅包含了行政法规、部门规章以及自律性规则,虽然规定得较为全面,且体系复杂庞大,但是并没有将投资者适当性制度上升到法律的层面。直到 2019 年 12 月 28 日《证券法》发布,第六章专章规定了投资者保护,投资者适当性的要求被明文规定,并且也提出了对投资者的分类。我国的投资者适当性制度的立法层级终于提升到了法律层面,体现了我国在建立多层次资本市场过程中对保护投资者的重视,这对于投资建议失当的规制具有重要意义。①

从前述我国的投资建议失当的原因来看,投资建议失当主要是因为投资者适当性制度不够完善、对算法的监管不足以及对智能投顾投资者的保护不足和设置了过高的投资者的保护义务。投资者适当性制度的内在要求是了解客户和了解产品,其核心内涵之一就是信义义务。信义义务最早可以追溯到罗马时期的信托法律关系,通常是指受益人对受信人施加信任和信赖,使其怀有最真诚、正直、公正和忠诚的态度,为了前者的最大利益行事。② 信托法律关系实际上是一种委托—代理的关系,受托人基于委托人的委托来处理事务,自然人相互之间的法律关系调整

---

① 参见井漫:《投资者适当性制度构建:国际经验与本土选择》,载《西南金融》2020 年第 4 期。

② 参见范世乾:《信义义务的概念》,载《湖北大学学报(哲学社会科学版)》2012 年第 1 期。

一般属于私法的规制范畴。在智能投顾中，智能投顾平台受到投资者的信任作为受托人，投资者作为委托人希望投顾平台基于自己的专业信息提供适当的投资建议，从而使其获得预期收益。虽然目前投资顾问业务的投资者适当性制度较为完善，但是智能投顾业务与现有的适当性制度之间存在矛盾，使得灰色地带将无法得到切实的保护。除信义义务之外，投资者适当性制度的完善还需要注重投资者的教育和投资者的分类。投资者的分类标准需要由法律或者行政法规来制定，2019年，《证券法》的修改中也明确了这一点，但投资者的教育问题还是需要继续完善规制体系。由此来看，对于投资者适当性制度的规制还是更多地运用私法来进行。就算法的监管来说，传统的监管方式，一方面是技术的进步让智能投顾机构等金融机构往往可以利用一些技术手段来逃避监管，另一方面是智能投顾存在新的监管领域需要监管，从而达不到充分的监管。《证券法》中有关国务院证券监督管理机构的监管规定为后续部门规章或行政法规的出台提供了法律依据。我国投资者保护的立法模式正在从自律性规范主导慢慢转变为制定法规范主导，因此需要对现有监管标准进行修改和补充，这往往需要行政机关出台具体政策。

因此，对于投资建议失当不仅需要规制投资顾问、投资平台以及投资者之间的金融活动，智能投顾作为科技发展的产物，对现有金融市场必然会产生一定的冲击，为了维护金融市场的秩序稳定，也需要国家发挥宏观调控作用，注重调整对智能投顾的监管规则。

第三节　私法的规制

一、合同义务

投资者在购买智能投顾服务时，需要与智能投顾平台签订电子合同，而该类电子合同均是由智能投顾运营者所提供的格式合同，其中往往包含了大量的关于智能投顾运营者完全免责的条款。在该类电子合同中,投资者和运营者从合同签署之初便处于不平等的地位,运营者出于谋求自身利益的最大化等原因,有可能引导投资者签署与其自身基本情况不相符的电子合同,并且提供失当的投资建议,而完全免责的条款更让运营者可以肆无忌惮地进行不当行为。基于此种情形,为了最大程度地规制投资建议的失当、保护投资者的合法权益,就需要对智能投顾服务机构提出更高的合同义务要求。智能投顾服务机构被要求承担的合同义务,其实质是适当性义务的私法化,即要求智能投顾平台在对客户提供投资建议时满足“了解你的产品、了解你的客户以及数量适当性规则”的要求。①

首先,智能投顾服务机构应当履行切实的告知义务。和一般的投资者相比,智能投顾平台的运营者拥有绝对的技术优势和专业优势,掌握的有效信息也绝对多于投资者,双方天然处于不平等的地位。为此,在与投资者签订电子合同时,智能投顾平台必须履行完全的告知义务,尽量保证双方信息收集的平等性,从而确保在合同订立时双方处于平等地位。其次,智能投顾服务机构应当履行尽职调查义务。智能投顾服务机构不能仅以投资者勾选“本人同意该项投资且风险自担”等内容而草率判断投资者已充分了解该投资项目及投资风险,其应当采取问卷调查等具体措施分析投资者的个人情况,调查投资者的资产信息、消费水平、风险承受能力等,并在此基础上为投资者提供恰当的投资建议。最后,智能投顾服务机构不得在电子合同中设计完全免责条款及加重对方义务等不平等条款,让投资者的合法权益受到损害。智能投顾平台在行为处事时有义务按照客户的最佳利益原则为投资者提供投资建议。在电子合同中设置“霸王条款”,将投资风险转移给投资者,极大地损害了投资者的合法权益,破坏了客户利益最大化的原则。为此,智能投顾平台的

---

① 参见欧阳丹丹:《智能投顾法律规制研究》,载《金融与经济》2021 年第 1 期。

运营者不得以格式条款的方式制定完全免责条款,变相强迫投资者只能选择接受或者不接受以保证自身利益的最大化。

二、智能投顾平台的信义义务

所谓信义义务(fiduciary duty)作为一项法律原则,其本身源于英美法系的衡平法的信托领域,是指在信义关系中,受益人(Beneficiary)对受信人(Fiduciary)施加信赖,受信人承诺以受益人的最大利益为行事准则。[①] 在传统投资顾问业务中,人工投顾被赋予信义义务,而对于智能投顾,其在本质上也还是一种投资顾问服务,面对投资建议的失当,智能投顾理应承担信义义务加以规制。信义义务的核心包括忠实义务和注意义务,因此,在规制投资建议失当时,则要重点从这两个方面展开。

(一)忠实义务

忠实义务是信义义务中最为核心和最为基础的内容,是指受托人应当忠实于委托人的最大利益,在受托人自身利益与委托人利益发生冲突时,受托人应当将委托人利益置于自身利益之上,为委托人的最大利益而行事。[②] 当智能投顾投资建议失当时,原因之一便可能是智能投顾服务机构与投资者之间发生利益冲突,且智能投顾服务机构将自身利益凌驾在投资者利益之上。为此,智能投顾服务机构应当承担忠实义务,遵守投资者“最佳利益”原则,具体而言:

第一,智能投顾服务机构需要制定合法有效的内部披露合规程序,同时指定一个理解智能投顾算法理论基础、风险和规则,并且充分了解相关法律法规和有关利益冲突的审查员或者审查组织,由该审查员或者审查组织实施以下监督管理职责:对智能投顾算法的有效性加以监督,确保其在运行过程中的可行性;针对由第三方提供的智能投顾算法系统

---

① 参见李文莉、杨玥捷:《智能投顾的信义义务》,载《人工智能法学研究》2018 年第 1 期。

② 参见郑佳宁:《论智能投顾运营者的民事责任——以信义义务为中心的展开》,载《法学杂志》2018 年第 10 期。

进行实质性审查，以保证该系统的安全性；等等。第二，智能投顾平台应当尽可能地保障投资者的知情权，增强自身的信息披露义务。智能投顾的运营者应当定期全面、及时、完整地公开相关的信息资料，包括运营者管理的资产状况、投资者的账户情况、算法的运行程序以及投资风险等信息资料，以确保信息披露的真实性、准确性、完整性。第三，智能投顾服务机构在履行忠实义务时，还应当在智能投顾算法中包含避免损害投资者利益的设置，在整个算法的设计程序中避免任何可能造成结果失之偏颇或者投资者利益损害的参数，切实保护投资者的合法权益，避免不恰当的投资建议的提出。

（二）注意义务

注意义务，又叫“勤勉义务”，是指智能投顾服务机构在履行职责时应尽到合理、谨慎的注意，恪尽职守，像处理自身事务那样处理投资者的事务，为投资者提供合理的投资建议，否则，应当对投资者承担相应的赔偿责任。[①] 在注意义务项下，最重要的一点就是要完善投资者画像，收集与完善投资者个人的信息资料对于智能投顾服务机构提供合理、谨慎的投资项目计划具有十分重要的作用。为此，智能投顾服务机构在设置、优化问卷调查时，应当采取以下措施以保证其可以获取足够多的客户信息从而提供合理的投资建议。

第一，问卷调查的内容的设置应当科学、合理、完整。在问题的设置方面，问卷调查应当涵盖投资者的个人基础信息、收入水平、消费情况、负债状况等具体信息。同时，如若投资者在填写时出现前后不一致的情形，该问卷调查还应当及时提醒投资者，以免出现信息收集偏差的过失。第二，智能投顾平台应当设置定期回访制度，以便及时、持续更新投资者的基本个人情况，作出恰当、合理的投资建议，避免智能投顾平台因信息

① 参见郑佳宁：《论智能投顾运营者的民事责任——以信义义务为中心的展开》，载《法学杂志》2018 年第 10 期。

滞后而对投资者的个人资产情况、收支状况以及风险承受能力产生认知错误,从而提供错误的投资建议让投资者蒙受损失。定期回访制度能够有效达到符合投资者适当性原则的要求,即了解你的客户、了解你的产品,将产品和客户进行恰当的匹配,防止“一致行动人”的出现。[①] 第三,若问卷调查后得出数个不同且具有一定冲突性的投资建议方案,则服务机构需要及时筛选出最适合投资者个人且投资风险相对最小的投资建议方案提供给客户。第四,适当性义务也是勤勉义务的重要内容之一,智能投顾服务机构必须依法履行其对客户的适当性义务,尽到应尽的提示义务,为投资者的最佳利益行事。

三、通过民事责任作为规制的实施工具

在智能投顾时代,智能投顾平台与投资者之间的信息不匹配,导致双方极易产生纠纷和矛盾,诉讼作为最后的纠纷解决机制,是必不可少的。与传统投资顾问相比,智能投顾的机器人取代了传统模式的人工投资顾问,这让人工智能在法律属性上更为复杂,其民事责任的承担主体也颇有争议,人工智能是否具有民事主体资格这一问题引发了学界的大量讨论。为此,在通过诉讼解决智能投顾平台与投资者之间的纠纷时,迫切需要厘清的问题就是民事诉讼的主体以及通过诉讼需要承担的民事责任的性质。

(一)智能投顾民事责任主体的认定

在智能投顾服务过程中,如果智能投顾平台因投资建议失当导致投资者遭受利益上的损失而被提起诉讼,则首先要确定人工智能是否能够成为民法上的主体以承担民事责任。对此,学界上存在争议,总体而言有两种观点,分别是“主体说”和“客体说”。第一,主体说。坚持“主体说”的学者认为,人工智能可以成为民事法律关系的主体,其拥有有限的

---

① 参见潘冠羽:《智能投顾模式下对信义义务的重构》,载《公共财政研究》2019年第3期。

法律人格,享有法律权利,能够承担法律义务。① 学者认为,随着人工智能的不断突破和发展,其与人类社会的其他科技成果相比,最大的差异就在于人工智能具有类似人类的独立思考与深度学习的能力,具有独立的"意识",因而在法律性质上可将人工智能视为一种既具有智慧工具的性质、又可作出独立的意思表示的特殊的民事主体。② 因此,认为人工智能可以享有有限的法律人格,相应地享有法律权利,承担法律义务。第二,客体说。坚持"客体说"的学者认为人工智能没有独立的民事主体资格,其仍然属于民事法律关系的客体。学者认为,人工智能虽然是人类理性的产物,但其实际上并不可能具有人类独有的理性诉求和理性表达,更不可能像人类一样拥有自我认知能力以及情感意识,也不会认识到自己的个人隐私和尊严。③ 因此,认为人工智能不会成为民事法律关系中的主体,只能是客体,无法享有法律人格。

之所以会产生上述争议,究其根源,上述学说是针对智能投顾的不同发展阶段而提出的。现阶段学界的主流观点是将人工智能大体分为三个不同的阶段:第一阶段,弱人工智能阶段。在这一阶段的人工智能仅能处理简单的算数、算法问题,其主要任务是收集和分析大数据。"客体说"就是针对这一阶段而提出的。第二阶段,强人工智能阶段。这一阶段的人工智能已较为成熟,其已具有人类的思维能力和思考方式,可以自主从事人类从事的活动。第三阶段,超人工智能阶段。这一阶段的人工智能已拥有超人类的大脑,其在各方面的思维能力和分析能力都已经超越了人类。"主体说"则是主要针对强人工智能阶段和超人工智能阶段而提出的。综上,现阶段的人工智能仍处于"弱人工智能阶段",其

---

① 参见袁曾:《人工智能有限法律人格审视》,载《东方法学》2017 年第 5 期。

② 参见郑佳宁:《论智能投顾运营者的民事责任——以信义义务为中心的展开》,载《法学杂志》2018 年第 10 期。

③ 参见郑佳宁:《论智能投顾运营者的民事责任——以信义义务为中心的展开》,载《法学杂志》2018 年第 10 期。

尚不具备像人类一样独立思考的主观意识和判断能力，因而无法成为民法上的“主体”从而独立承担民事责任。同时，“客体说”这一学说也符合人类科技的未来发展趋势，人工智能的目的在于尽可能地延伸、提高人类的技能，但其必须要有伦理道德的约束，坚决不能撼动人类的主体性地位。基于“客体说”，智能投顾本身并不能成为民事诉讼的主体，在智能投顾服务过程中产生的纠纷，则应当由智能投顾的运营者作为民事诉讼的主体承担民事责任，确保投资者的合法权益得以保护。

（二）智能投顾运营者民事责任的性质

1. 智能投顾运营者的合同责任

智能投顾运营者和投资者之间存在的是特殊的委托合同法律关系，即投资者委托智能投顾运营者为其提供证券投资建议等金融服务，智能投顾服务机构则在双方合同约定的范围内履行合同义务，为投资者实现自身利益提供恰当的投资建议。该特殊的委托合同法律关系除受证券法律规范调整外，也受相关合同法律规范的调整。因此，当智能投顾服务机构不履行或者不完全履行合同约定义务而损害投资者合法权益时，智能投顾运营者就应当按照委托合同的相关规定承担相应的违约责任。《民法典》第929条关于受托人的赔偿责任规定：“有偿的委托合同，因受托人的过错造成委托人损失的，委托人可以请求赔偿损失……”这表明，对待智能投顾运营者的违约责任应当采取过错责任原则。同时，其过错责任的认定标准，应当采取抽象轻过失的标准，即智能投顾运营者欠缺善良管理人的注意义务。① 此外，鉴于智能投顾平台和投资者在合同中实质上处于不平等的地位，为了切实保护投资者的合法权益，在过错认定的方式上，应当采取举证责任倒置。即由智能投顾运营者证明自己没有过错，已经尽到善良管理人的注意义务，否则其应当对投资建议失当

① 参见王灏：《智能投资顾问服务之法律风险承担》，载《暨南学报（哲学社会科学版）》2019年第8期。

造成的损害后果承担责任。

2. 智能投顾运营者的侵权责任

智能投顾的服务模式是在传统投资顾问模式上进行创新改进的,其在本质上仍然是投资顾问服务,适用于传统投资顾问的相关法律规范同样适用于智能投顾的运营者。因此,当智能投顾平台违反法定义务造成投资者人身或者财产上的损失时,运营者就应当承担相应的侵权责任。运营者侵权责任的承担,需要满足以下几个条件:第一,有侵权行为的发生。即智能投顾运营者违反法定义务实施侵权行为,损害投资者的合法权益,造成投资者财产上的损失。第二,损害利益的发生。即投资者必须因为智能投顾平台投资建议的失当而遭受人身或者财产上的实际损失,如个人信息遭到泄露、隐私权遭受侵犯以及纯粹上的经济损失等。第三,运营者的侵权行为与投资者的利益损害之间应当存在因果关系。也即如若并非智能投顾运营者的原因导致投资者遭受损失,则运营者无须承担侵权责任,无须赔偿利益损失。此外,在智能投顾服务中,运营者的侵权责任所适用的归责原则应当是过错推定原则,而不是一般的过错责任原则。如果智能投顾的运营者不能证明自己没有过错,就应当推定其具有过错,从而承担相应的侵权责任以保护投资者的合法权益。

综上,智能投顾运营者的违约责任和侵权责任可能发生竞合,当两者之间发生竞合时,投资者即可以依据《中华人民共和国民事诉讼法》选择其中一种救济方式提起诉讼,维护自己的合法权益。

第四节　公法的规制

一、适当性义务

适当性义务已成为现代金融市场的重要原则之一,2019 年,最高人民法院发布了《全国法院民商事审判工作会议纪要》。其中第 72 条规定:“适当性义务是指卖方机构在向金融消费者推介、销售银行理财产品、保险投资产品、信托理财产品、券商集合理财计划、杠杆基金份额、期权及其他场外衍生品等高风险等级金融产品,以及为金融消费者参与融资融券、新三板、创业板、科创板、期货等高风险等级投资活动提供服务的过程中,必须履行的了解客户、了解产品、将适当的产品(或者服务)销售(或者提供)给适合的金融消费者等义务……”因此,智能投顾的适当性义务,是指智能投顾服务机构在向投资者销售各类金融产品时,其推销的金融产品应当与投资者的收支水平、投资目标、消费能力以及风险承受能力等情况相符合。[①] 在当今市场环境下,投资者权益保护逐渐成为金融交易的保护重点之一,这就要求智能投顾服务机构和其运营商承担起更高标准的法律义务且更加合理地向投资者提供投资建议,监管机构对于智能投顾平台适当性义务的承担也要进一步细化标准和加强监督。

《证券期货投资者适当性管理办法》明确提出了投资者适当性的要求:“向投资者销售证券期货产品或者提供证券期货服务的机构(以下简称经营机构)应当遵守法律、行政法规、本办法及其他有关规定,在销售产品或者提供服务的过程中,勤勉尽责,审慎履职,全面了解投资者情况,深入调查分析产品或者服务信息,科学有效评估,充分揭示风险,基于投资者的不同风险承受能力以及产品或者服务的不同风险等级等因素,提出明确的适当性匹配意见,将适当的产品或者服务销售或者提供给适合的投资者,并对违法违规行为承担法律责任”。因此,智能投顾服务机构应当切实履行以下具体行为:第一,智能投顾平台应当进行适当性测评,对投资者进行科学的投资者分类。2019 年《证券法》第 88 条第 1 款规定:“证券公司向投资者销售证券、提供服务时,应当按照规定充

① 参见曹兴权、凌文君:《金融机构适当性义务的司法适用》,载《湖北社会科学》2019 年第 8 期。

分了解投资者的基本情况、财产状况、金融资产状况、投资知识和经验、专业能力等相关信息;如实说明证券、服务的重要内容,充分揭示投资风险;销售、提供与投资者上述状况相匹配的证券、服务。”因此,智能投顾服务机构在通过问卷调查充分收集各投资者的个人信息资料后,应当对投资者的投资偏向、投资水平以及风险承受能力进行综合评估,从而对投资者进行科学分类,提供适合投资者自身的投资建议。此外,智能投顾服务机构还应当根据定期回访制度及时更新投资者的具体情况的变化,作出相应的分类变化,以便具体的投资建议可以最大程度地契合当事人客户的利益,达到适当性义务的要求。第二,智能投顾服务机构应当承担平台风险,包括技术人员操作风险、金融科技风险等。平台一旦出现该类风险,造成投资建议方案失当,给投资者带来利益上的损失,则智能投顾服务机构应当承担相应的赔偿责任。第三,智能投顾服务机构应当为投资者提供具有高效、持续服务能力的组织机构。智能投顾平台在设置组织机构时,除要符合普通投资顾问公司的一般标准和通常配置以外,还应当配备专业的相关技术人员,完善、维护智能投顾平台的网络运行安全。第四,智能投顾服务机构应当履行充分的信息披露义务,确保可以提供给投资者足够的信息资料。服务机构应当确保其向投资者披露信息的真实性、准确性和完整性,并向投资者客观陈述每一种投资策略以及该种投资策略可能面临的风险程度和风险范围,以确保投资者接收信息的全面性,从而保证其投资建议的安全性。对于智能投顾服务机构而言,只有其严格履行上述义务,才能确切落实适当性义务的实施,保证投资建议的适当性。

此外,对于智能投顾服务机构适当性义务的遵守的评判标准,现有的一系列监管规则并没有进行详细的规定。为此,监管机构也应当采取一定措施进一步细化适当性义务的评判标准,以更好地引导智能投顾服务机构的操作规范。第一,风险评估方法的规范化、系统化。监管机构应当要求智能投顾服务机构首先按照具体规定识别自身产品的所有相关风险,对产品进行整体性评估。同时,为避免投资者在测试自身风险时的随意性,智能投顾服务机构应当注意问卷调查中问题设计的专业性和评分机制的准确性,以确保准确反映客户的个人信息情况。第二,信息记录强制存档制度。为确保智能投顾平台切实履行适当性义务以保护投资者的合法权益,监管机构应当要求所有网络平台运营者遵守信息记录强制存档的义务,包括投资者个人信息资料和风险承受能力、平台风险管理措施、交易记录以及智能投顾算法的设计、开发等,这些数据都应当及时存档。第三,监管机构应当对智能投顾服务机构落实"穿透性"监管规则。监管机构利用"穿透性"监管,发现事物背后的本质,并将事物的本质与法律规则串联起来,以落实智能投顾平台的适当性义务。① 监管机构在对智能投顾服务机构进行"穿透性"监管时,该"穿透"既包括对产品本身的穿透,也包含对主体的穿透,最终确保平台给予投资者恰当的投资建议,使投资者和所选择的金融产品相匹配。

二、完善智能投顾算法监管规则

智能投顾平台是以算法技术为核心提供智能投顾服务的,而该算法技术通常是由平台本身或者委托其他机构设计的,这些机构在设计算法技术时会更倾向于考虑智能投顾服务机构自身的利益。因而智能投顾的算法技术缺乏一定的透明度,容易形成"算法黑箱"。同时,算法技术还存在着一系列的技术风险问题,如算法模型滞后、技术操作不当等内部技术风险问题,黑客入侵、网络瘫痪、病毒袭击等外部技术风险问题。因此,为了更好地保护投资者的合法权益,确保智能投顾服务机构能够为投资者提供恰当的投资建议,监管机构需要完善对智能投顾的算法技术的监管规则,尽可能避免不必要的问题发生。

(一)监管机构设置智能投顾算法的统一上线标准

首先,对于智能投顾服务机构本身的设立,监管机构缺乏相关的规

---

① 参见吴烨、叶林:《"智能投顾"的本质及规制路径》,载《法学杂志》2018 年第 5 期。

范对其进行规制。其次,《证券投资顾问业务暂行规定》第 7 条具体规定了向客户提供证券投资顾问服务的人员需要满足的要求,即向客户提供证券投资顾问服务的人员,应当符合相关从业条件,并在中国证券业协会注册登记为证券投资顾问。但是,对于智能投顾服务机构而言,其服务由人工智能提供,其没有为客户提供投资顾问服务的人员,无法适用《证券投资顾问业务暂行规定》第 7 条关于投资顾问服务人员的规定。因此,监管机构应当设置智能投顾服务机构的统一上线标准,确保智能投顾服务机构的正常运行。

第一,对于智能投顾服务机构的设立,监管机构可以参考《证券、期货投资咨询管理暂行办法》第 6 条的规定设置统一上线标准。该条具体规定了从事证券投资顾问服务的机构所应当具备的条件:“申请证券、期货投资咨询从业资格的机构,应当具备下列条件:(一)分别从事证券或者期货投资咨询业务的机构,有五名以上取得证券、期货投资咨询从业资格的专职人员;同时从事证券和期货投资咨询业务的机构,有十名以上取得证券、期货投资咨询从业资格的专职人员;其高级管理人员中,至少有一名取得证券或者期货投资咨询从业资格;(二)有 100 万元人民币以上的注册资本;(三)有固定的业务场所和与业务相适应的通讯及其他信息传递设施;(四)有公司章程;(五)有健全的内部管理制度;(六)具备中国证监会要求的其他条件。”与从事证券投资顾问服务的机构的设置一样,智能投顾服务机构在设置时也应当考虑是否具有取得从业资格的专职人员、是否具有充分的资金准备、是否具有固定的营业场所和恰当的业务设施等条件。第二,虽然智能投顾服务机构没有人工的投资顾问,但法律法规对传统投资顾问的要求也应当应用于人工智能上。其中,对传统投资顾问的资质考核主要体现在专业知识和职业道德等方面。即对于智能投顾服务机构而言,首先,要确保智能投顾算法的专业性和精确性,尽可能地减少误差,为投资者提供恰当的投资建议。其次,在职业道德方面,监管机构应当要求智能投顾平台提供可以有效保护投资者合法权益以及个人信息的措施,如算法的风险防范机制等。该类措施的文件经智能投顾运营者提交监管机构,由监管机构初步审查,并将符合监管标准的文件进行备案。最后,对于智能投顾的算法模型本身,服务平台也应当将其交由监管机构备案管理,以便监管机构可以有效地掌握智能投顾平台的技术手段与运行方式,切实减少潜在的内部技术风险和外部技术风险的发生,保护投资者的合法权益。

(二)监管机构对智能投顾算法进行持续性监管

算法是智能投顾的核心要素,平台会根据金融市场的发展与战略的需要而不断对其更新和改进。如果监管机构仅对智能投顾的算法技术实施初步审查,而缺乏对算法的持续性监管,就有可能导致监管的失效,使算法脱离监管机构的监管,从而造成投资者合法权益的损害。

智能投顾算法的持续性监管的审查内容主要包括算法模型针对特殊情景的应对能力、输出结果对于客户的适当性程度等。[①] 对于智能投顾服务机构而言,其应当定期向监管机构报备其算法运行的数据,方便监管机构及时掌握智能投顾算法的实时信息。同时,智能投顾平台如果对算法技术进行了更新和改进,就应当在合理的期限内将改进后的算法技术重新报监管机构备案,让监管机构进行审核,以保证算法技术的专业性与安全性。

(三)建立运营者算法的披露制度加强对算法的审查与监管

智能投顾算法的非透明性给智能投顾服务本身带来了诸多潜在的风险,对此,监管机构应当采取相应的措施确保算法技术的透明性以保护投资者的合法权益。首先,监管机构应当明确规定算法技术的披露标准。鉴于现行法律法规对相关算法的披露制度规定尚不完善,为此,有关机构应当及时健全相应的监管法律法规。同时,在智能投顾服务机构

---

① 参见侯凌霄:《金融科技背景下智能投顾投资者保护机制研究》,载《金融服务法评论》2019 年第 1 期。

披露并且上报算法技术时，监管机构在算法技术的审查过程中应当全程保持中立的态度，客观判断所提交的算法技术是否合规。其次，监管机构应当进一步加强对智能投顾算法技术的审查与监管，建立智能投顾的信息披露制度，以保障使用者的知情权，维护投资者的合法权益。[①] 为此，监管机构也应当考虑利用监管科技来加强对智能投顾算法技术的审查与监管，对算法技术的设计者加以一定程度的约束，以切实确保算法技术的专业性和科学性。同时，当智能投顾服务机构在提供投资顾问服务的过程中出现违法服务时，监管机构可以要求智能投顾算法技术的设计者对此给予恰当的解释并开展调查，以切实维护投资者的合法权益。

三、事后的行政处罚

监管机构除要对智能投顾服务机构以及智能投顾运营者在提供投资顾问服务过程中的一系列行为进行监管外，还需要制定相关的行政处罚法律法规。当智能投顾服务机构在运营过程中出现损害投资者的合法权益的情形时，仅靠投资者通过民事诉讼请求运营者承担民事责任是不够的，无法完全保障投资者的合法权益，也无法有效防止该类违约或者侵权事件的再次发生，因此，行政处罚的存在是十分必要且不可缺少的。对于智能投顾服务机构的违法性行为而言，监管机构针对的处罚主体应当同时包括智能投顾平台本身和智能投顾平台的运营者，若仅针对智能投顾服务机构本身处罚而忽略运营者在背后的作用，则不能达到监管机构想要的处罚效果。为此，监管机构应当同时考虑对平台和运营者的处罚，以切实有效地保障投资者的合法权益，有效避免类似事件再次发生。

智能投顾是人工智能的重要领域之一，具有极大的未来发展潜力，

① 参见陈燕红：《人工智能技术发展背景下智能金融的法律风险及应对》，载《人民论坛·学术前沿》2020 年第 15 期。

智能投顾的市场也会越来越大。但是,由于我国目前在智能投顾这一领域缺乏相关的法律法规,这就导致对这一行业的监督管理十分匮乏。行业在发展过程中的违规行为越来越多,投资者的合法权益无法受到实质的保障,为此,监管机构必须对智能投顾服务机构的一系列违法性行为加以处罚规制,对其进行严厉的整顿和清理,以确保智能投顾这一行业的顺利发展。监管机构对于智能投顾服务机构和智能投顾运营者的行政处罚,应当参考证券期货等法律法规的相关规定。一方面,针对智能投顾平台本身的行政处罚,通常情况下是给予警告、责令改正、予以罚款,情节严重的,应当暂停营业,甚至停止营业,对机构依法予以取缔。另一方面,对于智能投顾运营者的处罚则主要包括给予警告、责令改正、予以罚款,情节严重的,监管机构可以撤销其相关业务许可,禁止运营者从事投资顾问服务这一行业。

智能投顾行政责任的承担,究其本质是损害了国家利益、社会公共利益以及投资者的合法权益。具体而言,主要包括以下几种不当行为:第一,智能投顾服务机构违反适当性义务。即服务机构违反了《证券期货投资者适当性管理办法》有关投资者适当性要求的规定,并未对投资者进行适当性测评,没有准确评价投资者的风险承受能力,就向投资者提供了不恰当的投资建议,使投资者接受了不合适的产品或者服务。第二,智能投顾出现“算法黑箱”问题。“算法黑箱”的存在造成了智能投顾平台与投资者之间信息交流不平等的现象,客户并不能实时掌握很多相关的投资信息。同时,服务机构又收集了大量投资者的个人信息,基于信息不平等,平台机构在运行过程中一旦利用该类相关信息作出与投资者的利益背道而驰的行为,势必会损害投资者的合法权益。为此,当智能投顾出现“算法黑箱”问题时,监管机构应当采取相关措施责令智能投顾服务机构与智能投顾的运营者承担相应的行政责任,以避免类似不法行为的出现。第三,智能投顾信义义务的违反。信义义务虽然属于私法上的义务,但其也包含了对算法的规制和对适当性义务的履行。当智能投顾违反信义义务损害投资者的合法权益时，监管机构应当对其予以相应的行政处罚规制，使智能投顾服务机构重回正轨以保护投资者的合法权益。

第八章　智能投顾关联行为的规制

关联行为是证券市场交易中的一种普遍现象，智能投顾作为金融公司的金融科技产品，其在设计与运行的过程中也不可避免地存在关联行为。但智能投顾关联行为的具体细节难以被其他人所了解，客户对智能投顾关联行为是否公平，是否损害他们的利益或者存在内幕交易往往一无所知。因此，证券市场亟须对智能投顾关联行为进行规制，具体可以综合运用公法与私法的手段，从信息披露制度、信息隔离制度、信义义务、算法的标准等方面全方位对智能投顾关联行为进行规制。

第一节　智能投顾的关联行为

智能投顾的关联行为，是指智能投顾的平台方在设计运行算法时就事先预设，在智能投顾运行的过程中与其存在利害关系的关联方所发生的行为。

它产生于智能投顾平台在运营过程中与所涉及的多方法律关系主体的利益冲突,具体表现为自我交易(自我代理)、双方代理、格式合同违规等形式,尽管智能投顾与传统投顾的法律地位类似,但是它还是具有一定的特殊性,具有隐蔽性、非公允性以及利益冲突性等特征。

一、智能投顾关联行为的产生

在传统的综合性券商中,利益冲突的产生比较普遍,即券商会利用信息上的优势地位,为自身的利益或者第三方利益而损害客户利益。①传统的证券投资顾问在开展业务过程中会涉及多重法律关系,每一种法律关系都代表着不同的价值取向,传统投资顾问承担着对公司与客户的双重代理角色,且自身也存在相应的利益追求,因此身份的多重性必然导致其在提供服务时面临各种利益冲突。智能投顾与传统投顾相比,由于其不具备主体意识,因此并不会为其“自身”谋取利益,但是在其他身份方面,智能投顾与传统投顾相同,在其运用算法开展业务时同样面临着不同利益之间的冲突,包括公司与客户、客户与客户、客户与非客户之间的利益冲突。

(一)公司与客户之间的利益冲突

公司与客户产生利益冲突是智能投顾平台运行中常见的情形,产生的原因是公司的经纪业务、自营业务以及多种业务的同时开展在不同程度上会与客户利益不一致。首先,经纪业务佣金是开展智能投资咨询业务的公司的一大部分收入来源,而客户的个人投资偏好或者投资习惯对经纪业务佣金收入有较大的影响,由此将会导致公司与客户之间的利益冲突。例如,智能投顾会直接建议客户选择多种投资方式,这看似是在降低客户的金融风险,实质上有可能是为了让公司获取更多的业务佣金。其次,大多数金融公司会存在自营业务,如果在智能投顾的算法中

---

① 参见步国旬:《证券投资顾问的利益冲突与信息隔离》,载《证券市场导报》2011年第9期。

预先设定好自营业务的范围,则智能投顾将避开优于该自营业务的金融产品,直接建议客户选择公司的自营业务。最后,金融公司会同时开展多种承销业务和基金代销业务,在公司的投行部门发行证券时,智能投顾可能会因事前预设的算法建议客户买入该证券,但也许该投资品种并不是最适合客户的投资品种,不能使客户的利益最大化,并且也会损害公司其他利益。

(二)客户与客户之间的利益冲突

客户与客户之间的利益冲突主要指的是免费咨询客户与收费咨询客户之间的利益冲突,或者是高收费咨询客户与低收费咨询客户之间的利益冲突。

公司的智能投顾平台为客户设定的咨询模式包含免费与收费模式,其中收费模式也被划分为几级阶梯,以供拥有不同资金能力水平的客户选择,选择各种不同模式的客户之间必然存在利益冲突。一方面,针对免费客户和收费客户,智能投顾平台可能会运用不同的算法模式,为他们提供不同的投资方案,即使最后免费客户盈利,也存在产生利益冲突的可能性;另一方面,在收费客户内部也可能会有所划分,相比低收费咨询客户,高收费咨询客户往往能获得更优的投资方案。因此,智能投顾平台面对不同的客户人群所作出的投资建议本身就使客户处于利益冲突之中。

(三)客户与非客户之间的利益冲突

客户与非客户之间的利益冲突产生于智能投顾平台推广的过程中,该种利益冲突比较隐蔽,它是指智能投顾平台通过新媒体,如微博、微信公众号等方式,在为公众提供投资咨询服务时,在平台的客户与公众之间产生的利益冲突。例如,公司通过新媒体在向社会公众推广智能投顾平台的过程中,可能会对潜在的客户作出一些投资建议的演示,由于新媒体的传播速度非常之快,智能投顾基于公司事先设定的算法所作出的具体投资建议也许会与公司本身的证券业务挂钩,公司的核心客户的交易与持仓品种可能会影响其作出的投资建议，进一步将会影响社会大众的判断与交易意向，从而使客户与非客户之间产生利益冲突，该种隐蔽的利益冲突也是时刻存在于证券交易市场中的。

二、智能投顾关联行为的类型

根据智能投顾平台在运行过程中的实践，可以将智能投顾关联行为大致分为以下几种形态：自我交易（自我代理）、双方代理（代理交易）、格式合同违规。之所以作此分类，是为了对实践中智能投顾关联行为的表现形式有一个清楚的认知。

（一）自我交易

传统的自我交易是指“关联者之间的交易”，它的意思是关联者与公司互为交易的双方，关联者在与公司进行交易时是以本人的身份出现的。智能投顾的自我交易形式主要是智能投顾平台将公司自身发行的金融产品建议给客户，即使自我交易可能会为客户带来利益，但是由于其缺少对其他产品客观性的分析，以及它自身的可操作性强等特征，使得客户的风险性增加。

目前，我国智能投顾平台的自我交易主体基于牌照是否齐全可以划分为以下两种：第一，具有完整资格牌照的传统金融机构，它本身就是各种金融产品的发行人，其研发或者委托他人研发的智能投顾产品的主要算法标准是客户的利益最大化。如果该类金融机构意图销售自身的金融产品，则可以将此金融产品事先设定为最优方案，在明确客户的喜好后，提出与其喜好相符的合理化解释。第二，不具有齐全牌照的智能投顾公司，由于其不具有发行金融产品的资格，它往往想要与具有完整资格的金融机构建立合作关系，合作关系一旦建立，二者就成为了利益共同体。基于此利益关系，智能投顾为客户提供建议时通常会优先选择其合作伙伴或者关联方的金融产品，该类智能投顾公司就可以获取不正当的利益。

从上述的分析不难得知，在智能投顾平台的自我交易过程中，作为交易一方的金融机构既可以维护自身的利益，又可以影响甚至控制客户的交易行为，还可以明确地知道客户的投资喜好与金融信息。因此，该过程具有不对等性，对于客户的利益有极大的损害，各个国家也原则性地禁止自我交易，只是对不会损害客户利益的自我交易，授权相关机关进行批准或豁免。

（二）双方代理

如前所述，智能投顾的自我交易或者说是自我代理有两种运行情形，而智能投顾的双方代理只有一种情形，即非传统金融机构的智能投顾公司，同时作为证券、基金公司的代理人与客户的代理人。在此种情形下，智能投顾平台为独立的第三方平台，或者为互联网与科技公司推出的智能平台，前者在我国主要如弥财、蓝海财富等平台，后者在我国主要如阿里、京东、百度、雪球财经等平台。[①] 它们能成为双方代理的主体是因为其与传统金融机构互为独立的主体。按照其代理的与不同客户的交易，可划分为一般代理的交易、作为经纪人的代理交易以及作为承销商的代理交易。

1. 一般代理的交易

该种交易指的是独立的智能投顾平台以代理人的身份向证券、基金公司买卖财产获取佣金的行为，但是此处的买卖行为可能是不正当的。其不正当性有两种情形：第一，智能投顾平台作为金融公司与客户的代理人，其可能会因为接受了金融公司的高额佣金，而只向客户推荐该金融公司的产品。第二，智能投顾平台同时作为两个金融公司的代理人，在此情况下，智能投顾平台承担着为某一金融公司管理财产的责任，如另一公司对智能投顾平台的运营方进行贿赂，背后的运营方可能就会操作智能投顾平台以某一金融公司的资产购买另一公司的金融产品。该两种情形都是智能投顾平台运用自身的关联地位从事了不公平的交易，

---

① 参见欧阳丹丹：《智能投顾法律规制研究》，载《金融与经济》2021 年第 1 期。

因此,法律上理应禁止。

2. 作为经纪人的代理交易

公司与客户之间产生利益冲突的一种原因是经纪人为了从公司获取更多的业务佣金。当独立的智能投顾平台作为金融公司的经纪人时,如果其为了出售金融公司的金融产品而收取佣金、服务费等报酬,就可能造成过高的佣金和不必要的频繁交易。在该种情况下,智能投顾平台的身份既为经纪人也为客户的代理人,虽然目前没有明确的法律法规限制智能投顾的该行为,但是各个国家与地区对传统投资顾问的此项关联行为均有限制。例如,美国《1940 年投资公司法》就要求限制该种关联行为交易中的佣金水平。① 日本《关于证券投资信托之委托公司行为准则的大藏省令》规定"禁止其基金管理人以增加信托财产有价证券之交易,图利于有利害关系之证券公司"②。我国香港特别行政区的《单位信托及互惠基金守则》中关于收费的规定:"须由该计划的财产支付的所有费用及收费,均必须注明其水平/计算基准,并附有按年计算的百分比(见附录 C 第 C14 条)。就投资管理职能而征收的费用总额,并应予以披露。"③就我国智能投顾平台作为经纪人的代理交易而言,可以适用法律法规对传统投顾该种行为的限制。

3. 作为承销商的代理交易

在该种情况下,智能投顾平台在证券的一级市场上以承销商的身份向客户销售证券,此时智能投顾平台是证券发行公司的代理人。一般情况下,为了尽量少地占用自由资金,作为承销商希望尽快销售承销的证券,避免承担该证券上市的跌价损失,当该证券的销售定价前景良好时,智能投顾就会优先将该证券销售给普通客户,而当该证券的销售定价情况不好时,智能投顾就会将此难以销售的证券售于具有雄厚资金实力的

---

① 参见美国《1940 年投资公司法》section17 e2.

② 日本《关于证券投资信托之委托公司行为准则的大藏省令》第 4 条第 3 款。

③ 我国香港特别行政区《单位信托及互惠基金守则》第 6 章 6.16。

客户以获取最大利益。因此在该种情况下,作为承销商的智能投顾平台既可以控制发行公司的行为,也可以影响或控制不同客户的行为,在这一点上其与自我交易行为类似,但是与之不同的是,智能投顾平台自我交易的过程中控制的是证券发行的种类,而此时的智能投顾平台控制的是证券发行本身的销售数量。

(三)格式合同违规

首先,智能投顾业务涉及的合同均为平台提供的格式合同,包括注册服务协议、投资组合服务协议、网上交易服务协议等。很多客户为了方便会直接勾选已阅读的选项,即使阅读中发现了不理解或不赞同的条款,为了成功开户进行投资,也只能被动接受,致使投资者处于十分不利的地位。① 其次,可能使客户的权利遭受侵害的情形还包括平台在合同中设置格式条款而逃避信义义务。最后,平台会因客户的注册账户而了解到众多客户的个人信息,有些平台或其工作人员可能会为了谋取私人利益而出卖用户的个人信息,进一步损害客户的利益。

根据我国《民法典》的规定,格式条款是当事人为了重复使用而预先拟定,并在订立合同时未与对方协商的条款。② 格式条款主要在以下情况下无效:提供格式条款的一方不合理地免除或者减轻其责任、加重对方责任、限制对方主要权利或是排除对方主要权利的。智能投顾在提供服务的时候,会与客户签署相关的协议。互联网金融合同是目前网络合同签订的主要类型,该种合同为典型的格式合同,极易造成智能投顾平台运营者与客户之间的权利义务不平等。主要有以下几点原因:首先,智能投顾平台运营者掌握的市场信息比客户要广泛得多,且他们背后本就有雄厚的资金支持,因此在电子合同签订之初,智能投顾平台运营者与客户的地位就不平等。其次,该种电子合同也是智能投顾平台事先拟

① 参见刘一戎:《我国智能投顾的监管规则研究》,华东政法大学 2020 年硕士学位论文,第 31 页。

② 参见《民法典》第 496 条第 1 款。

定的，平台掌握了大部分主动权，具体的合同内容肯定不利于客户，更加容易造成平台与客户之间的权利义务不对等。再次，一般的客户都不会选择仔细阅读电子合同，一般签订的合同都不符合他们真实的意思表示。甚至，一些平台为了简便流程，还会诱导客户签订某一特定的电子合同。最后，智能投顾平台也许会拟定关联行为之类的侵害客户权益的行为的免责条款，因此，客户在知道自己的权益遭受侵害后，往往会由于之前签订的合同而无法请求智能投顾平台承担相应的侵权责任。

三、智能投顾关联行为的特殊性

智能投顾的关联行为是一种商事法律行为，但是基于智能投顾运行的过程中所涉及的商事法律关系与正常的商事交易关系不同，因此智能投顾关联行为具有法律上的特殊性，如隐蔽性、非公允性以及利益冲突性。

1. 隐蔽性

智能投顾关联行为的主体之间具有关联性，在目前的商事交易实践中，关联行为普遍存在，它具有多种表现形式，关联方可以利用多种途径对其关联行为进行掩饰，如不是关联方的主体难以了解关联行为的细节，因此关联行为难以被人察觉。我国的信息披露一直存在着不足，无论是《上市公司信息披露管理办法》还是《深圳证券交易所上市公司信息披露直通车业务指引》都无法完全规避关联行为的问题。因此，智能投顾的关联行为具有隐蔽性。

2. 非公允性

非公允性指的是由智能投顾平台的关联行为所达成的交易是不平等的，其本质是关联行为的交易主体在实质上的地位不平等，在交易的过程中，交易主体之间存在实际的控制与被控制的关系，一方对另一方享有实际的控制权。具体在智能投顾平台的关联交易过程中，公司作为掌握主动权的一方，其可以对客户的所有行为进行控制，因此整个交易实质上是按照公司一方的意愿达成的,这样的过程是不可能实现公平交易的。由于交易形式的不平等,非公允的关联交易就必然存在。

3. 利益冲突性

智能投顾关联行为的产生是由于公司与客户、客户与客户、客户与非客户之间的利益冲突,利益冲突性也是智能投顾关联行为的天然特性。关联行为存在的原因是智能投顾公司对利益的最大化追求,但是利益的最大化不可能在双方或者多方交易主体上同时实现,智能投顾平台运行的过程中会涉及多种法律关系,多方法律主体,为了其本身的利益最大化,智能投顾公司就不得不牺牲其他法律交易主体的利益,因此,智能投顾的关联行为本身就具有利益冲突性。

第二节 规制方式的倾向性讨论

在我国的金融市场中,不少的公司会在市场交易的过程中实施关联行为,其可为公司减少中间程序环节并且可以减少公司的成本,智能投顾同样为金融市场的衍生产品,智能投顾平台在运行的过程中难免实施关联行为。我国现行法律法规并没有对智能投顾关联行为进行规定,过去对投资顾问的关联行为规制主要出现在公司法、证券法以及证券市场监管机构的行业规范之中,过去法律法规对关联行为的一般性规制当然可以部分适用于智能投顾关联行为的规制,但由于智能投顾具有更深层次的专业性、特殊性,因此还需要制定特别的相关规范以规制智能投顾关联行为。

一、现有私法对关联行为的规制

我国对关联行为进行规制的私法主要为《公司法》《证券法》《中华人民共和国税收征收管理法》等法律法规,以下着重讨论《公司法》与《证券法》对关联行为的规制。《公司法》对关联行为的规制主要以保护公司债权人的利益为目的,同时在一定程度上也保护中小股东的权益。证券法对关联行为的规制主要体现在其信息披露制度之中。以下为部分《公司法》与《证券法》规制关联行为的内容:

《公司法》第 16 条规定,公司对内提供担保时须排除被担保股东的表决权;第 21 条表明了关联交易的关系主体,明确禁止非公允关联交易;第 115 条规定,公司不得直接或通过子公司向公司的董事、监事、高级管理人员提供借款;第 124 条规定了上市公司董事的关联关系表决权排除制度;第 147 条规定,公司的董事、监事、高级管理人员对公司负有忠实义务与勤勉义务。尽管《公司法》从关联行为的原则性规定、关系主体、避免关联行为应当遵循的义务等方面对关联行为进行了一定的限制,但是它并没有对关联行为的定义、自我交易等现实实践中常见的关联行为以及关联行为的事后救济等进行规定。

《证券法》第 78 条规定,信息披露义务人披露的信息必须真实、准确、完整,简明清晰,通俗易懂;第 79 条规定,上市公司必须按照证监会和证交所的规定定期编制财务报告并进行公告;第 80 条、第 81 条规定,上市公司应当披露对股票和债券交易价格有较大影响的重大事件;第 85 条规定了信息披露义务人违反义务应当承担的责任。《证券法》对信息披露的要求作了全面的规定,但是仅仅依靠信息披露规制关联行为是不够的,应当采取一些强制性手段规制关联行为。

二、现有公法对关联行为的规制

我国公法对关联行为的规制主要体现为证监会与证交所的交易规章,证监会的规章包含《上市公司章程指引》《上市公司治理准则》《关于提高上市公司质量的意见》等,证交所的规章主要为《股票上市规则》。以下为部分具体内容介绍。

《上市公司章程指引》主要规定的是关联股东与自我交易的回避制度,还规定了关联交易的股东的信息披露义务。《上市公司治理准则》则规定了关联行为的具体内容,即上市公司的关联交易应当依照有关规定严格履行决策程序和信息披露义务,同时,不得利用关联交易输送利益或者调节利润,不得以任何方式隐瞒关联关系。《关于提高上市公司质量的意见》主要是为了保持关联交易的公允性与透明度。对独立董事制度加以明确的同时对重大关联交易进行了明确,即提交董事会讨论的前提是应由1/2以上独立董事同意。独立董事在经全体独立董事同意后可独立聘请外部审计机构和咨询机构,对公司的具体事项进行审计和咨询,相关费用由公司承担。

三、规制方式的倾向性选择

从上述对公法规制与私法规制的梳理中,不难得知,无论是公法还是私法都是以"披露"为标准的,着重强调关联行为的透明度,但是从公法上规制关联行为与从私法上进行规制还是有着较大的区别,国内学者对关联行为的规制方向与方式有着不同的看法。如李建伟认为,规制关联行为的手段应当以"利益冲突模型"和关联行为的价值选择为基础。[①] 孙爱林认为,应当综合运用公司法、证券法、税法等部门法对关联行为进行整体规制。[②] 徐向艺等认为,应当运用政府、法律、行业监管和事后救济等方式综合治理关联行为。[③] 朱皖敏认为,应当完善法律体系的协调性并以司法为辅助手段规制关联行为。[④] 国内的研究既有以公法视角去规制关联行为的,也有以私法视角规制关联行为的,但是总体的研究呈碎片化状态,没能形成完整的研究体系,研究视角也大多是从私法出发的。

关联行为是金融市场中一种普遍的行为,如果仅仅依靠私法进行规制是不足以防范公司实施关联行为给客户以及第三方利益带来损害

---

① 参见李建伟:《关联交易的法律规制》,法律出版社2007年版,第126页。

② 参见孙爱林:《关联交易的法律规制》,法律出版社2006年版,第35页。

③ 参见徐向艺等:《中国上市公司关联交易生成机制及规范治理研究》,经济科学出版社2010年版,第89页。

④ 参见朱皖敏:《关联交易的法律规制研究》,载《北方金融》2020年第6期。

的。传统投资顾问的关联行为尚不能仅通过私法进行规制，还需要以公法为主进行强制性规制。智能投顾作为一种科技金融产品，具有更深层次的专业性，对其关联行为的规制就更为复杂。因此，需要在既有的公私法规制之下，制定更为严密的法律法规对智能投顾的关联行为进行规制。规制的路径则宜选择以强制性规范为主，任意性规范为辅的方式。

第三节　私法的规制

对于智能投顾关联行为私法的规制，我国现行法律法规主要有信息隔离制度、信息披露制度以及智能投顾的信义义务对其加以限制，以上制度对智能投顾的关联行为进行规制主要是从利益冲突角度出发的，着重在于保护客户的基本权益，当然，它们也可以对智能投顾平台本身的利益进行保护。

一、信息隔离制度

如前所述，智能投顾的法律地位与传统的投资顾问的法律地位类似，无论是智能投顾还是传统投顾，其关联行为产生的核心问题就是利益冲突，必须保证在利益冲突的情形下，客户的合法权益不受侵害。信息隔离制度就是保障客户权益的一种方式，现有的法律对传统投资顾问以信息隔离进行规制，其具体规定当然适用或可变通适用于智能投顾。现有的信息隔离机制主要包括以下几个层面，即高级管理人员的隔离，各个业务板块或者部门的隔离，证券投资顾问与分析师的隔离。① 但是上述层面并不能完整解决客户与非客户、客户与客户以及客户与公司之

① 参见步国旬：《证券投资顾问的利益冲突与信息隔离》，载《证券市场导报》2011年第9期。

间的利益冲突矛盾。因此,在信息隔离制度的基础上,应当寻求更多方式进行完善。

(一)信息隔离制度的三层面

1. 高级管理人员的隔离

该层面从公司高级管理人员的从业方面进行规制,即高级管理人员不得同时管理两个或两个以上具有利益冲突的业务板块或者部门。就智能投顾来讲,智能投顾平台的高级管理人员也不得同时管理具有利益冲突的业务,即不得同时管理智能投顾平台人工服务部门中具有利益冲突的业务板块。

2. 各个业务板块或部门的隔离

该层面是指公司的投顾业务、资产与投资管理业务以及证券发行等业务之间的隔离,各个部门之间的信息不得互相交流,对员工的跨部门交流也有一定的限制。就智能投顾来讲,应在算法设计之初,就禁止智能投顾算法进行以上信息的数据交流,对管理数据库的人员也应当进行交流上的限制。

3. 证券投资顾问与分析师的隔离

该层面对传统投顾的限制是指投资顾问不得与证券分析师进行业务上的交流,二者属于墙内墙外不同层面的人员。对于智能投顾而言,其不得同时具有投资顾问的功能与证券分析师的功能,至少二者之间的信息交流应该有所限制。

(二)未解决的利益冲突问题

上述信息隔离的三个层面能够解决证券投资中的某些利益冲突,如公司自营业务以外的利益冲突,但是对于客户与非客户、客户与客户以及客户与公司之间的利益冲突问题,信息隔离制度不能完全解决,该问题在智能投顾关联行为产生的原因一节中已有详细论述,此处不再赘述。以下为解决利益冲突问题的完善建议。

对于上述利益冲突问题,可完善的方式主要有三方面内容,一是对于智能投顾公司的业务进行一定的限制，二是建立合理的评价、检查和问责机制，三是建立信息披露制度。对于第三点，后文将详细论述，对于前两点，具体来讲包含以下内容：

首先，当智能投顾平台参与有关银行的跨墙业务后，设置一定的期限，在此期限内禁止智能投顾平台给出相关业务的咨询意见；对于智能投顾公司本身买卖的证券，可以将其列入限制清单，同样设置一定的期限，禁止平台就该买卖的证券对外发表咨询意见；对于核心与重点客户所持有的金融产品，可以考虑将其纳入观察名单，对智能投顾平台本身所提供的服务进行监督。

其次，应当建立合理的评价、检查和问责机制，必须保证智能投顾平台本着客户优先，诚实守信，充分揭露风险，严格保密等精神为客户提供咨询服务。也可以考虑制定智能投顾的利益冲突防止规范，合理地规避智能投顾利益冲突带来的问题。

二、信息披露制度

如前所述，智能投顾关联行为具有隐蔽性、非公允性和利益冲突性的特征，因此，建立智能投顾的信息披露制度对保护客户的利益就极其重要，且进行信息披露也是证券市场公开原则的要求，在一定程度上有利于提高证券市场的效率，减少客户的风险，保护客户的合法权益。智能投顾的法律地位与传统投顾的法律地位类似，因此，智能投顾的信息披露制度可以参照适用传统投顾的信息披露制度，其信息披露制度的构建一方面应符合证券投资顾问行业的一般要求，另一方面也应符合智能投顾具有的新特征。[①] 即智能投顾信息披露应遵循传统投顾信息披露的一般性原则，也应具有本身独特的披露内容。

（一）信息披露的基本原则

智能投顾平台信息披露应当遵循客观性、完整性、真实性原则，及

① 参见邢会强、银丹妮：《智能投顾信息披露法律制度的构建》，载《西北工业大学学报（社会科学版）》2019 年第 1 期。

时、公平、简明原则以及基本规范和特殊规范相结合的原则。即传统投顾所遵循的一般原则。

1. 客观性、完整性、真实性原则

智能投顾的信息披露应当遵循客观性、完整性、真实性原则,这是传统投顾遵循的一般要求,目的是披露的信息能够最大限度地保护客户的利益,提升监管的效率。首先,智能投顾的披露信息应当具有客观性,准确给监管者或者客户披露关联信息,给监管主体或者消费主体准确无误的判断条件。其次,智能投顾的相关信息披露必须完整,不能对某些信息进行隐藏,不得刻意回避有可能对平台不利的信息。最后,智能投顾的信息披露应当是真实的,要求智能投顾公司严格遵守诚实信用原则,对披露信息的真实性进行保证,以便于相关机构的监管以及客户对证券市场真实交易动态的把握。

2. 及时、公平、简明原则

该原则在我国的相关法律制度中有明确的体现。及时原则是指重大事件发生后应当立即披露。证券市场的信息瞬息万变,信息对于证券市场尤其重要。证券市场就是信息场,信息披露的质量高低、及时与否直接影响到投资者,也影响到挂牌公司。信息的延迟披露会导致信息的严重不对称,容易产生内幕交易和其他违法行为,影响到投资者的合法权益,因此,及时披露应当成为信息披露的基本原则。它包括两方面的含义,一方面指在重大事件发生时应当根据相关规定立即披露;另一方面指当发生了应当披露的事件时,应在规定的时间内披露,信息披露不能超过规定的时间。

公平原则是指证券市场参与者不但在法律地位上平等、在市场中机会平等,而且在获取信息披露义务人披露的信息时也是平等的。信息披露义务人应当公平地对待每一位市场参与者。这就要求信息披露义务人不能对市场参与者进行选择性披露,因人而异地将一些信息披露给某些人而不向其他人披露。公平披露原则是资本市场"三公原则"的具体体现。不公平的信息披露往往会导致内幕交易、欺诈客户等违法违规行为的滋生,会损害投资者的合法权益,不利于证券市场的健康发展。

简明原则是根据资本市场的现实情况所进行的一种制度性安排。资本市场的信息披露有三个特点:一是信息披露的主体广;二是信息披露的内容多;三是披露的信息具有较强的专业性。我国的资本市场的客户绝大多数是中小投资者,他们在专业知识、投资理念、风险意识等方面与专业投资者相比有一定的差距。这就要求信息披露简明清晰、通俗易懂,使客户能够准确理解披露的信息,并决策投资。

3. 坚持基本规范和特殊规范相结合原则

智能投顾信息披露的过程中应当坚持基本规范与特殊规范相结合的原则:一方面,应当遵守《证券投资顾问业务暂行规定》的一般性要求,例如,《证券投资顾问业务暂行规定》第 12 条规定,证券公司、证券投资咨询机构向客户提供证券投资顾问服务,应当告知客户公司名称、地址、联系方式、投诉电话、证券投资咨询业务资格,证券投资顾问服务的内容和方式等内容。又如《证券投资顾问业务暂行规定》第 19 条规定,证券投资顾问向客户提供投资建议,应当提示潜在的投资风险,禁止以任何方式向客户承诺或者保证投资收益。另一方面,智能投顾作为一种新型的投资顾问方式,应当根据其特点、运作方式、算法过程等内容制定特殊的规范对其信息披露的内容进行规制。

(二)信息披露内容

为了合理地限制智能投顾关联行为,智能投顾所具有的独特的披露内容就包括利益冲突的披露、算法的披露、收集与使用数据的披露以及服务的披露等内容。其中利益冲突与算法的披露是智能投顾信息披露内容的核心,收集与使用数据的披露是重点,服务的披露是重要的限制手段。

1. 利益冲突的披露

智能投顾关联行为产生的关键就在于利益冲突,这是因为在智能投顾平台运行的过程中,会涉及多重法律关系,关乎多个法律主体,每个法律主体都代表了不同的价值取向。因此,对客户而言,他们需要事先了解智能投顾平台背后的服务主体,以作为其选择服务的判断标准。

一方面,智能投顾运行的背后可能涉及第三方利益主体,如算法研究与设计的科技公司,他们可能与第三方存在着利益关联行为。因此,应当披露他们的算法设计过程、管理方式以及所有权等内容,说明为了避免产生利益冲突将采取何种措施。

另一方面,对于某些智能投顾公司本身所拥有的金融产品进行披露。智能投顾在向客户推荐的过程中可能存在主观性算法设置,以将公司本身的产品推荐给客户。因此,必须向客户说明智能投顾平台背后的关联公司、控制人以及关联风险,更需要在推荐公司本身产品的时候作出提示,明确地说明推荐的理由,并且需要与其他公司的产品进行比较,以真正地展现智能投顾智能化、自动化的运作特点。

2. 算法的披露

算法是智能投顾运行的核心,算法利用机器学习、知识大图谱、语言处理等功能对客户的信息进行基本的处理,能够准确地找到与客户的需求相符合的信息,然后通过各种假设以及预设的金融模型对与客户的需求相符的信息进行分析,从而得出最佳的投资方式。① 为了监管方或者客户能够有效地对算法的公平、效果与管理关系进行评估与监管,必须增强算法的透明度。对于智能投顾在运营过程中将会产生关联行为的算法,应当秉承客观性、完整性、真实性原则,准确完整地向监管机构进行披露,以便监管机构对平台的关联行为进行监管,防止智能投顾的关联行为损害客户及其他人的利益。

---

① 参见李文莉、杨玥捷:《智能投顾的法律风险及监管建议》,载《法学》2017 年第 8 期。

3. 收集与使用数据的披露

收集与使用数据的披露是投资者适当性管理制度的要求，即要求保护投资者，让金融中介机构将最合适的产品推荐给客户。[①] 智能投顾根据客户提供的需求信息来推荐金融产品，但是客户提供的需求信息越多，收集到的关于客户的信息和使用数据就越多。智能投顾通常通过问卷调查的形式收集客户信息，但除客户对平台提供的信息之外，也许还会收集客户在其他投资平台所填写的信息。即通过对历史数据的评测，分析客户的投资能力。从法律上讲，这些历史数据本应当有客户的授权，且只能用于该次投资活动的过程，但是由于信息和数据也是一种无形资产，智能投顾平台可能会将该数据用于其他活动。

智能投顾平台利用此种方式实施关联行为的典型例子就是与关联公司分享客户的数据信息。该种关联行为也应当透明化，对收集与使用数据的披露能够让智能投顾平台在实施关联行为时更好地遵守保密义务，维护客户的基本权益。

三、智能投顾平台的信义义务

智能投顾平台的信义义务是智能投顾为客户提供服务时必须遵守的行业准则，投顾关联行为的信义义务主体在理论界中存在着较大的争论，特别是智能投顾的关联方是否应当成为信义义务的主体，但是智能投顾平台的运营方成为信义义务主体毫无争议。智能投顾平台的信义义务相较于传统投顾的信义义务内容也应当具有较大更新。

（一）信义义务主体

人工智能在本质上是一种机器，在目前的法律规定下，它并不能成为独立的民事责任主体，因此，智能投顾平台的运营方应当承担民事责任与信义义务。智能投顾的业务本质上属于金融领域的投资业务，将智

---

① 参见李东方、冯睿：《投资者适当性管理制度的经济和法律分析》，载《财经法学》2018 年第 4 期。

能投顾平台的运营者纳入信义义务承担主体体系,是金融市场弥补由于运营者本身的失误导致的客户损失的要求。它与人工智能驾驶行业类似,在人工智能驾驶的侵权规制主体中,无论是运营者自主研发的自动驾驶软件还是第三方研发的软件,运营者都需要承担一定的责任和义务。因此,智能投顾平台的运营方必然成为信义义务的主体。

智能投顾平台的运营方成为信义义务主体在目前的理论界中争议不大,但是智能投顾的关联方,如研发程序的第三方是否应当成为信义义务主体仍然具有较大的争议,以该关联方为示例,理论界中主要有以下三种观点:第一种观点认为,智能投顾的关联方应当成为信义义务的主体,进行软件程序研发的第三方是过程的参与者,其中的算法设计与程序运作模式均为其所设计,智能投顾平台得以运行的基础就是根据算法而设计的以市场特征假设、投资组合理论、定价参数为基础的投资模型,因此研发的第三方应当成为信义义务的主体;第二种观点认为,关联方是否成为信义义务主体不得一概而论,研发程序的第三方是否成为信义义务主体要区分架构师和设计人员,软件的设计人员只是辅助程序的设计,而架构师才是程序设计的根本决策者,程序如何运行完全是基于架构师的想法而设计的,因此架构师应当成为信义义务约束的主体,而设计人员则不应该被信义义务所约束;①第三种观点认为,智能投顾关联方不应当成为信义义务主体,因为第三方在研发智能投顾程序的过程中,并没有独立地对程序进行设计,智能投顾平台如何运行完全是平台运营者事前的运行预期,因此,由智能投顾平台运营者承担信义义务足以避免对客户权益的损害。

笔者赞成第二种观点,即智能投顾关联方是否成为信义义务主体不得一概而论,要具体分析该关联方在智能投顾运行过程中所起到的作

---

①　参见潘冠羽:《智能投顾模式下对信义义务的重构》,载《公共财政研究》2019年第3期。

用,以及与客户利益联系的紧密程度,进而确定该关联方是否应当成为信义义务主体,这样既可以保证对客户合法权益的保护,也可以减轻实践中法律责任认定的困难,提高司法效率。

(二)信义义务内容

智能投顾所涉及的法律关系之多对监管机构的监管工作造成了一定的困难,但是可以从法律上对其最核心的部分进行规制。传统的投资顾问信义义务只能规制现行智能投顾关联行为的部分内容,因此,对智能投顾时代下的信义义务进行修改和补充是必然之举。需要更新传统投顾要求的忠实和勤勉义务的内容。

忠实义务要求投资机构为客户的最大利益考虑,并以此为基点为客户提供服务,最重要的是对于公司的关联交易,应对公司与客户存在利益冲突的信息进行披露。在智能投顾运行的模式下,智能投顾作为一种程序,其显然不会与客户产生利益冲突,但是其平台本身与客户有可能产生利益冲突,其算法就是需要披露的核心,前述披露的内容一部分对此也有阐述,这是传统投顾忠实义务和智能投顾忠实义务差别最大的一部分。

传统的勤勉义务要求投资顾问尽职尽责,而智能投顾程序在运行的过程中,不存在失职的情形,这时,这一传统义务的要求就显得没有意义,但是实际上,智能投顾程序的科技水平也是不相同的,有些智能投顾程序的算法程序极其简单,并且在目前的法律法规中,没有一个从业的最低标准。因此,对于智能投顾的勤勉义务就必须规定:应对客户作出尽职调查与谨慎的投资建议,并且还需要考虑客户的个性化特点,提出最为适当的投资建议。此外,智能投顾是基于互联网的模式运行的,智能投顾平台与其关联方平台网站存在被黑客攻击与病毒入侵等传统互联网安全问题,因此,智能投顾的勤勉义务还应当扩大适用于关联方公司,应当建立有效的防火墙,保护客户的私人信息和合法权益。

四、事后的民事诉讼救济

智能投顾关联行为造成客户的损失后,民事责任的承担是客户寻求法律救济的关键性问题，但是由于智能投顾是一个新兴科技事物，我国的法律法规对其责任承担的规定尚不完善，民事责任承担的主体、性质和要件都不明确，因此，我国应尽快完善智能投顾关联行为民事诉讼救济的相关法律规定。

（一）民事责任承担的不足

1. 责任主体不明

智能投顾关联行为民事责任的承担主体，与信义义务的规制主体类似，即在理论界中，赔偿主体存在着较大的争议。当客户的权益因智能投顾关联行为遭受侵害且客户想要寻求法律救济时，首先需要明确的就是赔偿责任主体，但是在智能投顾平台运行的过程中，平台是通过程序与算法向客户提供服务的，因此，智能投顾平台以及平台的关联方是否具有民事责任主体资格关乎客户能否有效寻求法律救济。

首先，对于智能投顾平台本身能否承担民事责任，抑或是人工智能能否承担民事责任，我国理论界颇有争议，并且法律也无明确的规定。其次，在实践中，智能投顾运行过程中的纠纷解决机制尚未完善，智能投顾涉及多个业务范围、多层法律关系，客户的权益损害可能是由于各种原因造成的，如运营者未能履行信义义务、程序失灵以及由于关联方的过失造成客户利益损害。在实践中，往往不能确定哪一环节的错误是损害的原因，从而导致不能精确确认具体的责任承担人。最后，责任分担的机制也尚未建立，各个责任主体之间经常出现互相推诿法律责任的问题，使客户不能得到有效的救济。因此，应当尽快明确智能投顾以及其关联方的民事法律地位，厘清当智能投顾运行造成损害时，应当承担民事责任的主体。

2. 责任性质与要件不明

智能投顾因关联行为造成损害后，目前的民事责任要件与性质也不明确，如请求权基础与责任构成要件等内容，这同样让客户难以寻求有效的法律救济。首先，当智能投顾因关联行为侵害客户利益时，客户若想寻求法律救济就必须要有明确的请求权基础，但是平台运营者以及其关联方的责任是违约责任还是侵权责任，目前国内的法律法规尚未作出有效规定。其次，民事责任承担的要件不明，例如，确定智能投顾平台运营者以及其关联方承担责任时是否需要具有主观过错要件，这都是亟须立法解决的问题。最后，责任人的承担方式、赔偿限度等问题也尚未解决。因此，应当尽快建立有效的智能投顾纠纷解决机制，明确智能投顾因关联行为造成损害需要承担的民事责任的性质与要件，为客户的权益与智能投顾平台本身的发展保驾护航。

（二）民事诉讼救济的完善

从前述智能投顾民事诉讼的问题出发，我国相关法律应当尽快明确智能投顾运营者以及其关联方的责任主体地位，并且将违反智能投顾的信义义务作为民事责任承担的要件。

1. 明确智能投顾运营者的责任主体地位

就目前人工智能的发展情况来看，我们尚处于弱人工智能时代，因此智能投顾程序本身不能作为民事责任的主体，应当明确智能投顾运营者的民事责任主体地位，对于智能投顾的关联方，应当根据具体损害环节确定其是否成为民事责任主体，当智能投顾因关联行为造成损害时，可以由智能投顾平台的运营者先行承担民事责任，根据损害的具体情况确定责任人，再由智能投顾平台的运营者向其关联方或者其他人追偿。

首先，智能投顾本身不能承担民事责任，因为智能投顾本身乃是一种工具，"人工智能并未超出作为人类工具的本质，对于人工智能机器人也无法设定义务，它只是人的能力的延伸，任何行为和决策都可以穿透到对其具有实际控制的人类"①。法律无法要求工具承担义务与责任，因此它并不能成为民事责任主体，承担民事责任。从《民法典》的规定来

① 郭雳、赵继尧：《智能投顾发展的法律挑战及其应对》，载《证券市场导报》2018年第6期。

讲,成为民事主体必须具有独立的意志,虽然随着时代的发展,智能投顾或者说是人工智能可能拥有独立学习的能力,但是就目前而言,智能投顾的人工智能技术仅仅只是人类的一项工具,并且智能投顾也无独立的财产,不具有赔偿客户损失的能力,其运营产生的财产归属于智能投顾平台运营者,这更加说明了智能投顾本身不能成为民事责任主体。因此,应当明确智能投顾运营者的责任主体地位。

其次,因为在实践中责任分担的机制尚未建立,各个责任主体之间经常出现互相推诿法律责任的问题,这使客户不能得到有效快速的法律救济,因此,由智能投顾平台运营者先行承担民事责任,可以让客户的利益得以保障。

2. 将违反信义义务作为承担民事责任的要件

在实践中,如果智能投顾平台运营者以及其关联方如实地履行了信义义务,那么通常是不会对客户的利益造成损害的,因此,应当将违反信义义务作为承担民事责任的要件,如果出现了损害结果并且损害结果与运营者或者其关联方违反信义义务具有因果关系,就可以确定运营者以及其关联方应当承担相应的责任。

首先,信义义务作为一项证券法明确规定的义务,其对智能投顾运营者提供服务时应当承担的责任作了明确的规定,要求智能投顾平台尽职尽忠,履行忠实勤勉义务,同时它又不会加重智能投顾平台的责任,不会损害智能投顾平台发展的积极性,对客户的权益进行保护的同时也是对智能投顾平台本身的保护。因此,应将违反信义义务作为承担民事责任的要件。

其次,针对非违反信义义务而导致的损害,即针对非人为因素导致的损害,如因程序失灵或者其他无法控制的原因导致客户的合法利益受到损害,可以其他方式规避风险,如设立相应的保险险种,或者由客户与公司平台事先约定,按照公平原则合理分配风险。

第四节　公法的规制

公法对于智能投顾关联行为的规制主要存在于《证券投资顾问业务暂行规定》《资管新规》等金融机构的规定里面，它包括了强制信息披露、算法的标准、算法的审查等智能投顾平台关于客户的核心内容。

一、强制信息披露

该处的强制信息披露不同于前述的私法信息披露制度，它主要存在于行政性法律文件《证券投资顾问业务暂行规定》中，但由于该文件产生于智能投顾平台兴起之前，里面的信息披露规定较为分散且不能满足智能投顾信息披露的要求，因此，应当从披露的形式、时间与内容表述等方面作出修正。

（一）披露内容

我国现有的法律规范《证券投资顾问业务暂行规定》是公法中对信息披露作出要求的法律规范，《证券投资顾问业务暂行规定》中的信息披露要求大部分能够适用于智能投顾信息披露，但是仅仅依靠该规定的信息披露要求尚不能满足智能投顾的专业性、具体性、范围广阔性等对信息披露要求较高的特点，也不能满足智能投顾的关联行为相较于传统的关联行为更加隐秘的特点。

一方面，智能投顾平台提供的服务在本质上也是一种证券投资顾问提供的服务，从《证券投资顾问业务暂行规定》的第 2 条规定就可以看出，智能投资顾问提供的服务满足机构接受委托并向客户提供投资建议服务的定义。① 另一方面，《证券投资顾问业务暂行规定》关于信息披露的条文较少，并分散于文件的各个部分，它的规定也较为简明。例如，

---

① 参见王翰：《智能投顾信息披露法律制度研究》，载《北方金融》2020 年第 3 期。

《证券投资顾问业务暂行规定》第 12 条规定,机构须告知客户证券投资顾问的基本信息;第 13 条和第 19 条规定,机构须向客户提供风险揭示书,并向客户提示潜在风险;第 25 条规定,机构的宣传必须真实、准确。由此可以看出,《证券投资顾问业务暂行规定》的信息披露要求尚不能满足智能投顾的专业性、具体性、范围广阔性等对信息披露要求较高的特点,也不能满足智能投顾的关联行为相较于传统的关联行为更加隐秘的特点,因此,针对智能投顾关联行为的强制信息披露,应当在立法设立新的特殊性规则,以满足智能投顾强制信息披露的要求。

(二)披露方式

由于智能投顾采用的是程序化模式向客户提供投资建议,一个最大的问题是在信息披露的过程中,客户与平台签订的服务合同往往会忽略其具体内容,诱导客户同意或者承认平台实施损害其利益的关联行为,进而造成格式合同违规。一方面,智能投顾平台方可能利用客户急于投资的心理将一些关联行为的重要信息隐匿于合同之中;另一方面,平台方可能故意运用一些专业术语使客户无法准确理解其服务内容。因此,对于信息披露的方式也应当由公法进行强制规定。下文着重讨论披露的形式、时间与表述三个重要的披露问题。

在披露的形式上,我国也可以作出"在用户注册之前,不能默认用户协议;客户在使用智能投顾时,平台方必须做问卷调查,尽可能地了解客户的需要;用语音提示,明显的字体条款提示向客户披露重要关联的信息。"等类似的强制规定。

在披露的时间上,可以作出"必须在用户注册平台账户前完成智能投顾本身以及关联方重要的信息披露,必须对智能投顾以及关联方的重大变化随时进行披露的更新"等类似规定,总之,固定的平台本身以及其关联方的披露内容应让客户提前知晓,就市场的变化应当及时、准确地向客户进行披露。

在披露的表述上,可以作出"表达方式必须简明,为大众通俗易懂,且对关联信息的披露应当准确、全面”的规定。总之，披露的关联信息需要让无专业知识的大众也能够准确地理解。

二、算法的标准

一方面，由于智能投顾服务的核心是算法标准，而智能投顾平台方设立算法时具有很多技术性风险，因此，我国的相关监管机构应当为智能投顾的算法设立技术性市场准入标准以及一般性技术标准，作为智能投顾平台进入智能投顾市场的门槛以及规制智能投顾各个运营阶段需要明确的最低准则。另一方面，智能投顾运营算法为客户服务时，可能造成客户的利益损害，由此需要承担相应的责任，可见，对于算法程序的备案要求是对智能投顾平台进行监管的必要手段，只有明确地定位责任主体，建立算法技术的备案，才能在算法程序导致客户损失后，有合理的依据要求侵权责任方承担责任。

（一）算法标准多样化

技术性市场准入标准。鉴于我国智能投顾的科技水平参差不齐，我国的相关监管机构应当设立智能投顾的运营商和其外包技术服务商的技术性市场准入标准。具体的内容应当包括金融与信息技术从业人员的技术性从业的资格、算法程序设计与数据程序的硬件设施等标准。为了智能投顾市场的持续稳定发展，设定以上技术性标准是必要的，在监管上还可以利用监管沙盒的形式，充分挖掘智能投顾平台运营中的技术性风险，防范可能出现的技术性问题。

一般性技术标准。一般性技术标准是具体运用于智能投顾不同运行阶段的标准，该标准可规制的内容具体在获取客户基本信息的阶段，应当规定不同类别信息分级标准、投资分类级别评估公式的计算逻辑与级别变量。① 在投资建议的生成阶段，应当规定投资对象的数据函数，具体包括投资风险与投资价值；而在交易指令的生成阶段则应当规定价

① 参见欧阳丹丹：《智能投顾法律规制研究》，载《金融与经济》2021 年第 1 期。

格的基本变量与逻辑以及最合适的交易时间等内容。

（二）备案要求

我国关于算法的公开备案要求主要体现在《平台和商户间公平性和透明度法》里面，其第 5 条规定，线上中介服务提供商应在其条款中列出决定排名的主要参数，包括对商业用户或者企业网站向各自提供商支付的直接或者间接报酬可能对排名的影响，如果一个在线搜索引擎提供商在特定情况下改变了排名，或者在第三方通知后将某个网站下架，企业网站用户应当有权能够查看该通知的内容。[①] 对于通俗易懂的参数应当时刻保持更新。参数的内容应当包括信息处理过程、学习规则及逻辑推理等过程。

备案方式有两种：一种是向行政机构备案。算法向行政机构备案的规定由《资管新规》作出，其明确规定，投资顾问资质是智能投顾平台开展业务的必要条件。金融机构运用智能投顾提供金融咨询服务时，必须向监管机构提供算法模型的主要参数。另一种是智能投顾平台方将算法向行政机构进行备案，这意味着算法黑箱的展开，有利于算法的透明度的实现。并且《资管新规》规定了在特定的情况下，人工必须对算法进行介入，以避免算法程序失灵带来巨大的损失。

从以上两种备案方式可见，向行政机构备案无疑是目前实践中符合多方利益的最佳选择，它既有利于公众的保护，也有利于商业利益的保护，可以对智能投顾市场的竞争起到良好的促进作用。

三、算法的审查

对于智能投顾算法的审查，应当设立定期更新检查制度与应急响应制度，综合运用监管科技以及引入“监管沙盒模式”，做到有效审查、合理审查、动态性审查，避免算法黑箱给客户带来损害，维护客户的基本

---

① 参见汪庆华：《算法透明的多重维度和算法问责》，载《比较法研究》2020 年第 6 期。

权益。

（一）动态审查

定期更新检查。鉴于资本市场复杂多变的特点，监管机构应当对智能投顾程序的算法进行定期更新与检查，即对智能投顾平台运营的各个阶段的算法模型与数据进行分析与处理。算法的模型主要包括的内容是：投资对象的名单与不同投资的逻辑基础与计算公式、投资的价格与时间变化计算公式、对客户的类型进行判断的逻辑基础与计算公式。算法数据主要包括：客户的信息数据收集、单个投资对象的投资价值、投资对象的数据获取。进行程序算法的定期更新与检查是为了测试智能投顾平台运营的各个阶段的市场状况与算法程序的契合度，便于对不符合实际情况的技术性算法进行修正。该项规定能够让智能投顾平台运营商自觉更新系统算法，提升技术水平，契合金融市场的发展，更好地维护客户的利益。

应急响应。应急响应规定也是前述《资管新规》的规定，智能投顾平台的资金交易量通常比较大，而且基于其程序化的特点，智能投顾平台运营商可能运用该特性实施关联行为及其他风险性行为。因此，应对智能投顾平台的监管引入应急响应制度，明确触发应急响应的条件以及市场环境，以作为人工介入的判断标准。此外，对于人工介入的规则与应急响应触发后的救济规则也应当作出明确的规定。

（二）审查方式

运用监管科技审查。监管科技的概念最早由 FCA 提出，它将监管科技描述为"运用新技术，促进达成监管要求"。① 在目前的监管实践中，金融机构往往为了许多重复的监管规定做了很多重复的工作，而运用监管科技就可以减轻金融机构的负担，这样在提高效率的同时还能够

---

① 李文莉、杨玥捷：《智能投顾的法律风险及监管建议》，载《法学》2017 年第 8 期。

避免重复工作，并且金融机构也可以因为做出了完全符合监管规定的工作而避免巨额的罚款风险。监管科技的具体工作模式就是通过数据分析对智能投顾的算法进行审查，为平台方提出完整的问题解决方案。随着监管科技与智能投顾平台的融合，合规操作的自动化将在不远的将来实现。

运用"监管沙盒"模式进行审查。"监管沙盒"的概念也是由FCA提出的，它的设定是事先设立安全空间，金融机构的创新产品上市前应当在安全空间中进行测试。我国的智能投顾监管可以采用"监管沙盒"模式，重点关注准入标准、运行制度与期限、客户的数量限制以及客户的投资金额限制与保护措施。① 规定智能投顾业务的准入性标准，测试算法的有效性与安全性，测试算法在运行中可能带来的风险，并且对于智能投顾业务可能带来的风险对客户进行提前告知，做好风险的防范性措施。

四、事后行政处罚规制

智能投顾关联行为的规制不仅涉及私法上民事责任的追究，同时在公法上也要利用行政手段予以监管。由于我国智能投顾业务起步相对较晚，2019年12月23日发布的《私募投资基金备案须知》第1条第19款规定，关联交易是指私募投资基金与管理人、投资者、管理人管理的私募投资基金、同一实际控制人下的其他管理人管理的私募投资基金，或者与上述主体有其他重大利害关系的关联方发生的交易行为。后在《私募基金管理人登记指引第2号——股东、合伙人、实际控制人》中除规定了明确的关联方外，还指出实务层面的其他类型。中国证监会所发布的《证券投资顾问业务暂行规定》，其中第32条对投资顾问业务的合法合规要求作出了原则性的规定，明确了中国证监会及其派出机构可以采取的监管措施，包括责令改正、监管谈话、出具警示函、责令增加内部合规

---

① 参见苟文均：《穿透式监管与资产管理》，载《中国金融》2017年第8期。

检查次数并提交合规检查报告等；对于投资顾问违法违规情节严重的，中国证监会可以依照有关规定进行行政处罚。① 除此之外，《证券基金投资咨询业务管理办法》（征求意见稿）也对证券基金投资咨询机构从事投资顾问业务作出了相应规定。② 但上述规定是关于传统投资顾问的规制，且主要是原则性条款，若要规制智能投顾关联行为，仍需对其进行相应的完善。

（一）行政处罚要件

智能投顾由于不具备自主意识，不享有民事主体地位，其所实施的关联行为主要是基于两种情形：一种是智能投顾平台基于利益冲突而在算法中嵌入自身利益诉求，隐蔽性地实施关联行为；另一种是由于算法黑箱，不可控的技术因素导致智能投顾实施关联行为。但是从目前来看，第一种仍然是主要原因，也是我们规制的重点，必须明晰规制对象，将行政规制的重点落于平台。除了事先通过市场准入、业务限制等进行规制，事中通过强制披露义务、算法审查等手段进行管控，在平台基于主观因素而导致智能投顾实施关联交易后，还需要通过事后行政处罚的手段追究平台的行政责任，形成事前、事中与事后全程监管模式。对智能投顾关联行为的行政处罚，需要满足以下要件：

首先，是智能投顾实施了违法违规的关联行为。即智能投顾违反相关法律法规所设置的其对投资者所承担的信义义务，牺牲投资者的利益而为自身谋取不当利益，客观上实施了关联行为。同前述分析，智能投顾实施的关联行为主要包括自我交易、双方代理，以及利用不当格式合

---

① 参见《证券投资顾问业务暂行规定》第 32 条规定："证券公司、证券投资咨询机构及其人员从事证券投资顾问业务，违反法律、行政法规和本规定的，中国证监会及其派出机构可以采取责令改正、监管谈话、出具警示函、责令增加内部合规检查次数并提交合规检查报告、责令清理违规业务、责令暂停新增客户、责令处分有关人员等监管措施；情节严重的，中国证监会依照法律、行政法规和有关规定作出行政处罚；涉嫌犯罪的，依法移送司法机关。"

② 参见《证券基金投资咨询业务管理办法》（征求意见稿）第 30 ~ 32 条。

同损害投资者权益。由于关联交易存在极强的隐蔽性,在认定智能投顾是否实施关联行为时,应当从信息披露程度、算法、利益相关度等多方面进行考量。为了保护广大投资者的合法权益,不宜对关联行为的构成设置过于严格的标准;同时,过于宽松的构成标准也不利于智能投顾的深入发展及金融市场的创新,因此,如何把握关联行为构成标准的宽严度就成为日后规则制定的研究重点。

其次,是主观上存在牺牲投资者利益而谋取自身不当利益的意图。此处的主观指的是智能投顾平台的主观,不管是证券投资公司、证券投资咨询机构或者第三方开发平台,都必须存在为了追求不当利益而有意设计利己倾向算法的主观意图。主观要件的要求排除了由于技术因素引发的算法黑箱所导致的关联行为,这种关联行为应当主要通过技术手段予以控制,当确实发生此种关联行为时,平台承担的应当是对投资者的补偿责任,而不是赔偿责任。平台主观意图的识别存在相当的困难,不管是监管主体还是投资者,由于信息不对称的原因,要证明该要件都存在极大的难度。因此,可以采用推定的方式予以认定,即在发生关联行为时,推定平台具有谋取不当利益的主观意图,平台若要免于承担行政处罚的后果,必须举证证明自己不存在侵害投资者利益的意图。推定认定的方式不仅可以对平台起到很好的约束作用,也有利于广大散户投资者寻求救济。

最后,行政处罚要件并不以投资者受到实际损害为前提。民事责任的承担需要投资者事实上受到实际损害,但监管主体对智能投顾关联行为的规制不仅起到事后处罚的效果,同时也具备实现威慑、预防的功能。因此,即使没有事实上的受害投资者,当监管主体发现智能投顾算法存在问题、平台未履行或未完全履行信息披露义务、平台实施了关联行为时,即使投资者尚未受到损害,也应当对平台予以行政处罚。也就是说,智能投顾关联行为的行政处罚责任并不是一种结果责任,而是行为责任,只要其基于谋取不当利益的目的而客观实施了关联行为,就应当承担行政处罚责任。

（二）行政处罚措施

现行法并没有针对投资顾问的关联行为设置详细具体的行政处罚措施，仅规定投资顾问违法违规情节严重的可实施行政处罚。同时《证券基金投资咨询业务管理办法》（征求意见稿）第31条规定，证券基金投资咨询机构在从事投资顾问业务时违反本办法，情节严重的，首先应当援引《证券法》《基金法》等上位法律、行政法规的处理规则和罚则；第32条则对该规章可设立的行政处罚作了规定，明确了当证券基金投资咨询机构违反该办法并情节严重，或者拒不执行监管决定时，若《证券法》《基金法》等上位法律、行政法规未规定相关处理规则的，监管机构可以根据该条款对机构、直接负责责任人员予以警告，并处3万元以下罚款。[①] 综上，现行法及相关的规范文件征求意见稿都未直接明确智能投顾关联行为的行政处罚措施，相关的罚则也存在处罚力度过低的嫌疑，为了有效规制智能投顾行为，保护投资者合法权益，维持金融市场秩序，有必要对智能投顾关联行为的行政处罚措施予以完善。

明确行政处罚措施类型及实施要件。由于智能投顾的不同关联行为可以对投资者的合法权益以及金融市场造成不同程度的影响，因此，应当设置不同力度的行政处罚措施，并针对不同的措施构建不同的实施标准。对于智能投顾所实施的关联行为，监管机构采取行政处罚所针对的对象应当是智能投顾所属平台，以及相关责任人员。对于平台，可以根据其关联行为违法情节严重程度、危害后果严重程度等采取警告、罚款、没收违法所得、没收非法财物、责令停产停业以及暂扣或吊销许可证、营业执照等措施，情节非常严重的，可以终身禁止其进入证券市场。

---

① 参见《证券基金投资咨询业务管理办法》（征求意见稿）第32条规定："证券基金投资咨询机构违反本办法规定且情节严重，或者拒不执行监管决定，《证券法》《基金法》等法律、行政法规没有规定相应处理措施或者罚则的，给予警告，并处3万元以下罚款；对直接负责的主管人员和其他直接责任人员，给予警告，并处3万元以下罚款。"

当然,不同的处罚措施内部还可以设置不同的等级,如进行罚款金额差异化设置。对于相关责任人,除上述处罚措施外,还可以实施行政拘留等针对人身的处罚措施。

（三）行政处罚原则

遵循比例原则实施行政处罚。比例原则是实施行政处罚必须遵循的一项基本原则,智能投顾平台在多大范围上承担责任应当与其所实施的行为的违法严重程度、危害后果严重程度相当。由于智能投顾平台所面临的投资者主要是广大散户投资者,一旦发生关联行为,波及的人员范围相当广泛,后果难以预料,因此应当严格禁止智能投顾关联行为。目前,我国对于相关机构的投资顾问业务所设置的行政处罚力度较低,难以发挥其应有的预防、威慑及救济功能,因此,在完善相关罚则时应当适当加大惩治力度,使平台不敢、不能实施关联行为。但同时不能只站在保护投资者的角度而对平台设置过于严苛的条件,实施过于严厉的惩罚,这样也不利于智能投顾业务的深远发展,所以必须遵循比例原则,把握好惩治力度。

第九章　智能投顾网络安全问题的规制

第一节　智能投顾网络安全问题

随着科技的不断进步,计算机技术成为了人们生活中不可或缺的一部分,而维护网络安全,对其产生的一系列法律问题进行规制,不论从法教义学还是社科法学的角度而言,都是值得探讨的问题。但以数据与算法为依托的人工智能技术的出现与发展,无疑会加大网络安全问题的严重性和不可控性。尤其是当人工智能技术被运用于以智能投顾为代表的金融投资领域之时,一旦出现网络安全问题,其辐射范围会变得更广。因此,以智能投顾为切入点,研究智能投顾产品中存在的网络安全问题,并对相应的规制方法和倾向进行梳理,有其必要性。

要探讨智能投顾中存在的网络安全问题,需要明确网络安全的定义。"网络安全"一词,在不同的应用环境下有不同的解释。针对网络中的一个运行系统而言,网络安全是指信息处理和传输的安全。它包括硬件系统的安全、可靠运行,操作系统和应用软件的安全,数据库系统的安全,电磁信息泄露的防护等。狭义的网络安全,侧重于网络传输的安全。广义的网络安全是指网络系统的硬件、软件及其系统中的信息受到保护。它包括系统连续、可靠、正常地运行,网络服务不中断,系统中的信息不因偶然的或恶意的行为而遭到破坏、更改或泄露。① 因此,结合"网络安全"的定义,我们不难发现,除硬件之外,网络安全中存在的最主要的问题集中于数据库的安全及算法的规制。

在互联网大数据时代,随着大数据、区块链、云计算科学技术方法的发展,人力、脑力和算力融合的程度日益紧密,以生活要素数据化和机器自动化决策为核心的人工智能算法技术得到了越来越广泛的应用。金融机构利用人工智能方法进行业务创新时,一方面,借助大数据技术对收集到的数据进行分析、挖掘;另一方面,在数据的基础上,通过一系列算法设计让金融产品"机器人"进行深度自主学习、作出自主决策。智能投顾是现阶段最典型的智能金融模式。它基于投资者自身的理财需求、资产状况、风险承受能力、风险偏好等因素,运用现代的投资组合理论,通过算法搭建数据模型,利用人工智能技术和网络平台提供理财顾问服务。② 目前,我国的智能投资顾问分为三类:第一类是依托于传统金融公司的智能投资顾问,如广发证券推出的贝塔牛;第二类是依托于互联网金融公司或财富管理公司的智能投资顾问平台,如东方财富旗下的天天基金;第三类则是独立的智能投资顾问平台,如蓝海智投等。

智能投顾借助算法赋予的深度学习能力,具有了一定程度上的"自

---

① 参考来源:https://baike.baidu.com/item/网络安全/343664?fr=aladdin,2021年4月11日访问。

② 参见高丝敏:《智能投资顾问模式中的主体识别和义务设定》,载《法学研究》2018年第5期。

主性”,可以在没有人类直接干预的情况下自主实施某些行为,能够和人类或某些智能中介互动,对于环境(场景)改变能够自主作出反应;不需要人类或者其他机构的直接操作就可以执行指令;具有和其他人工中介或者人类进行交流的社交能力;能够主动地开展目标导向的活动;对于交流环境会有反应和观察;能够代理人类或者其他的中介为某些行为。反应性、机动性和代表性这三个根本特征使得智能投顾有了类似人类代理人的特征。①但算法在赋予投资顾问机器人以一定程度“智能”之时也带来了一系列问题,如“算法黑箱”“算法共谋”等。

由于智能投顾机器人以大数据技术为依托,个人数据会被大量地收集、分析,因此在这个过程中不排除个人数据权益、隐私权受到侵犯的可能性。除此之外,由于“大数据杀熟”等技术的存在,会使消费者的权益不能得到有效的保护,金融消费者在进行投资时不能平等地获取投资信息,不能以平等的价格与金融机构进行交易,这种存在于消费者间的信息不对称严重地侵犯了消费者的知情权。

一、“算法黑箱”及其派生问题

算法就是一系列指令,告诉计算机应该做什么②。智能投资顾问机器人以算法为依托,而算法的不公开、不透明,被称为“算法黑箱”,这意味着智能投顾系统输入数据和产出结果之间存在着许多无法洞悉的“隐层”。③“隐层”使智能投顾产品的设计者在算法设计上拥有极大的自由空间,从而引发“算法歧视”“算法共谋”等问题。对透明的追求使人心理安定,“黑箱”的存在则使人恐惧。智能投顾的“黑箱”会带来哪些法律问题,“黑箱”是否需要透明,是法律规制遇到的首要问题。

---

① See Samir Chapra & Laurence F. White, *A Legal Theory for Autonomous Artificial Agents*, *Ann Arbar*, University of Michigan Press, 2011, p. 6.

② 参见[美]佩德罗·多明戈斯:《终极算法:机器学习和人工智能如何重塑世界》,黄芳萍译,中信出版集团2017年版,第3页。

③ 参见徐凤:《人工智能算法黑箱的法律规制——以智能投顾为例展开》,载《东方法学》2019年第6期。

面对智能投顾“算法黑箱”，不少人呼吁应当将“黑箱”公开。原因在于“算法黑箱”的存在，会引发一系列派生的法律问题，总结起来包含以下几类。

（一）智能投顾算法黑箱会引发算法歧视问题

算法歧视主要指在大数据背景下依靠人工智能机器计算的自动决策系统在对数据主体作出决策分析时，由于数据和算法本身不具有中立性或者隐含错误、被人为操控等原因，对数据主体进行差别对待，造成歧视性后果。放置于智能投顾产品背景下，算法歧视则是指智能投顾产品算法依靠不公开的算法过程对用户的投资者个人数据进行分析，进而生成自动化决策，当算法决策的过程无法保证公平、道德时，就会产生算法歧视问题。

算法透明有助于打破算法歧视，宾夕法尼亚大学法学院的汤姆·贝克（Tom Baker）和荷兰鹿特丹伊拉斯姆斯大学的本尼迪克特（Benedict G. C. Dellaert）教授认为：公众不能预设智能投顾机器人没有人类所具有的不纯动机。因为智能金融算法存在歧视和黑箱现象，因此才需要算法的透明性或解释性机制。①

（二）公众的知情权遭到侵犯

算法透明是消费者知情权的组成部分，而算法黑箱的存在，加上算法本身具有高度的技术复杂性和专业性，使公众不知道涉及自身利益的算法设计意图是什么，其数据来源是否正当、算法如何运行以及算法运行的结果是否公平。因此，公民的知情权在一定程度上被遮蔽。

具体到智能投顾产品中，由于算法的非公开性和复杂性，智能投顾给出的资产配置建议有可能是推荐了与其自身利益高度相关的产品，这

---

①　参见徐凤：《人工智能算法黑箱的法律规制——以智能投顾为例展开》，载《东方法学》2019年第6期。

就难以保证投资建议的独立和客观。[①] 智能投顾可以通过对于推荐产品选项的特殊排列方式,把对自己最有利的产品排在最容易被选择到的位置上,这也就意味着消费者的自主选择权在一定程度上“被限制”了,而了解消费的产品、作出消费选择,属于消费者知情权的一部分。因此,智能投顾算法黑箱的存在会在一定程度上侵犯消费者的知情权,造成消费者与智能投顾设计者之间的利益冲突。

(三)产生欺诈

智能投顾算法黑箱所造成的透明度缺失会加剧信息的不对称,这种信息不对称大多发生于消费者与算法设计者、算法使用者之间。因为智能投顾机器人作出投资顾问建议的决策过程被隐藏在“黑箱”中,很容易为欺诈提供滋生的土壤,算法设计者与算法消费者之间会形成壁垒,设计者在对智能投顾产品进行算法设计时很容易就能实现对算法结果的不当干预,而对于这种不当干预的后果,消费者通常处于被动接受的状态,无法主动介入、了解,理解决策过程,因此欺诈便产生了。

二、个人数据信息频遭侵害

个人信息权利边界是一切个人信息法律关系开展的前提,个人信息权利包括人身权益,如隐私权以及财产权益,个人数据权益。在数字化经济背景下,个人信息加载权利是这个时代的特征,不同基础法律问题决定了个人信息权利边界。基于投资者适当性义务,金融机构需要给投资者提供适合的投资服务,金融机构需要收集投资者的收入来源和数额、资产、债务等财务状况、风险偏好,以及可以承受的损失、工作经历及投资经验、投资期限、品种、期望收益、投资目标等数据信息,以便给投资者提供资产配置方案和建议。智能投顾作为以人工智能和网络金融平

---

① 参见伍旭川:《迎接金融科技的新风口——智能投顾》,载《清华金融评论》2017 年第 10 期。

台为依托的资金管理业务,其在为投资者提供合适的投资服务之时也会使海量的金融消费者信息汇聚于网络金融平台,若未对金融消费者信息加以适当的保护,则为平台内部的工作人员及平台上的行为主体不当侵害金融消费者信息提供了可能。① 如何在兼顾安全和效益的基础上妥善保护用户个人信息,值得关注和研究。

(一)平台对个人数据信息权益的侵犯

在网络金融活动中,行为人特别是平台内部工作人员,常利用平台监管漏洞,超越权限非法持有、泄露、出售、使用、允许他人使用金融消费者个人数据信息,其中不乏大量个人隐私的泄露情况。隐私保护是现阶段我国社会各界都广泛关注的问题。在金融科技领域,除了要重视消费者隐私权,同时还要关注金融信息相关的隐私保护。比如,在资管行业中,金融消费者的账户信息、支付信息频繁暴露,使得金融消费者的隐私面临泄露的风险。

通常来说,持有金融消费者信息是行为人非法利用的前提,而在智能投顾中,伴随大数据技术的发展,其运用、收集、分析和处理金融消费者信息的能力得以提升,但也为行为人非法利用提供了可能。

(二)他人借助平台侵犯金融消费者个人数据信息权益

网络金融平台的不作为行为易导致行为人借助平台非法出售、提供金融消费者信息。行为人依靠网络金融平台提供金融服务的便利,常常大量提供、出售金融消费者信息。比如,2015 年 4 月 9 日,P2P 平台芝麻金融出现数据库泄露漏洞,造成逾 8000 名用户的资料被泄露,涉及用户姓名、身份证号码、手机号码、邮箱、银行卡等大量信息。②

三、消费者权利保护配置不均

在人工智能技术与金融产品结合适用的过程中,消费者权益保护变

① 参见皮勇、汪恭政:《网络金融平台不作为犯的刑事责任及其边界——以信息网络安全管理义务为切入点》,载《学术论坛》2018 年第 4 期。

② 参见王婷:《智能投顾的法律规制研究》,天津工业大学 2019 年硕士学位论文,第 136 页。

得越来越复杂。消费者权益保护是多重的,具体包括消费者知情权、消费者隐私权、消费者公平权等。

(一)消费者知情权受限

《消费者权益保护法》赋予了消费者对消费产品真实情况的知情权,消费者有权了解消费产品的真实情况并要求产品的生产者、制造者承担充分的说明义务。在智能投顾场景中,与消费者相关的产品算法可能会形成算法黑箱,导致消费者对于某些智能投顾产品缺少必要的知情权。

尽管《资管新规》强调,金融机构在向投资者销售金融产品时禁止欺诈或者误导投资者购买与其风险承担能力不匹配的资产管理产品。但是由于金融科技自身的复杂性和金融机构的商业政策等,消费者仍无法获取与自身利益相关的某些信息。并且智能投顾平台在向金融消费者提供信息时会按照自身利益最大化的原则对产品进行排列组合,这一举动会引导消费者按照算法设计者的目的选择金融产品消费,间接限制了消费者对金融产品的自主选择权,侵犯了消费者的知情权。

(二)侵犯消费者隐私权

隐私权是指公民享有的私人生活安宁与私人信息依法受到保护,不被他人非法侵扰、知悉、搜集、利用和公开等的一种人格权。隐私权的常见类型包括个人生活自由权、情报秘密权、个人通讯秘密权、个人隐私利用权。随着数据挖掘技术、物联网、云计算的高速发展,附属于个人信息之上的人格利益被暴露在外,极易受到侵害。我国《民法典》第1034条第3款规定:“个人信息中的私密信息,适用有关隐私权的规定;没有规定的,适用有关个人信息保护的规定。”换句话说,对同属于个人信息的私密信息,由于其同时也是个人隐私的一部分,因此,要优先适用隐私权保护规则。当前,私募基金作为金融市场的重要参与者,在私募基金产品“募、投、管、退”各阶段均会涉及投资者个人信息的处理,投资者在理财过程中,个人信息的泄露和隐私的泄露已经成为一个普遍存在的问题。《网络安全法》第42条规定:网络运营者不得泄露、篡改、毁损其收集的个人信息;未经被收集者同意,不得向他人提供个人信息。网络运营者应当采取技术措施和其他必要措施,确保其收集的个人信息安全,防止信息泄露、毁损、丢失。

(三)侵犯消费者公平权

金融消费者之间的地位是平等的,在与金融机构进行交易时应受到公平的对待,这些对待包括但不限于以相同的价格购买相同的金融产品、获取相同的消费信息等。但这只是应然状态,实际上在消费过程中,金融机构普遍存在"大数据杀熟"的情况,即便是同样的产品,新老客户和不同终端使用者接收到的价格等信息也可能存在千差万别。一些算法本身存在向经济实力更强的消费者获取更多消费服务费的可能性。保护消费者公平权在以智能投顾为代表的智能金融产品中至关重要。

第二节 算法规制的倾向性选择

国务院在《新一代人工智能发展规划》中明确指出,要推动人工智能与金融等行业的融合创新,创新智能金融产品和服务,发展金融新业态。智能投顾作为一种基于自动化的数字投资顾问程序的金融服务业态,其不仅是当今世界金融科技发展的重要方向之一,更是人工智能与金融业相结合的典范。① 在金融科技创新领域,法律制度的生命力在于对金融服务创新实践的承认、共识和规范化,在对智能投顾中出现的诸如消费者权利受侵犯、"算法黑箱"等问题进行分析的基础上,寻找出一条合适的规制路径有其必要性。智能投顾作为一种人工智能的产物,其存在的

① 参见钟维:《中国式智能投顾:规制路径与方案选择》,载《中国人民大学学报》2020年第3期。

大部分网络安全问题都是由于算法引起的。在众多的算法问题中，寻根溯源，皆是由于算法的不公开造成的。由于算法不公开，所以给了算法设计者一定的操作空间，同时侵犯了消费者的知情权。因此，围绕着算法黑箱问题，笔者提出的规制倾向主要集中于智能投顾算法是否应当向公众公开以及公开的方式如何。

一、算法公开具有正当性

面对算法黑箱，不少人主张、呼吁算法透明。理由主要集中于以下几类：第一，算法公开可以保护消费者知情权，缓解金融消费者与算法设计者之间的信息不对称。第二，算法透明有助于防止不当干预。智能投顾算法的设计者多为企业，对于企业而言，利益是最重要的。因此设计者在设计智能投顾算法时，不排除提前植入歧视性数据、输入歧视性算法等情形的存在。要求算法透明则可以最大限度地防止不当干预。第三，算法透明可以打破算法歧视和算法"暴政"，最大限度地减少由于智能投顾存在歧视和偏见导致的消费者不能获取某种服务的情况。第四，算法透明是确保智能投顾产品的发展不偏离正轨的关键。这种观点认为，人工智能的发展一日千里，人工智能可能拥有超越人类的超级优势，甚至可能产生灾难性风险，因而应该坚持公开透明原则，将人工智能的研发、设计和应用置于监管机构、伦理委员会以及社会公众的监督之下，确保人工智能机器人处于可理解、可解释、可预测状态。①

尽管算法透明具有正当性，但绝对的透明是不存在的，即使透明也是相对的透明。在历史上，人类社会随着复杂性的增加，不可避免地产生以组织和技术形态出现的各类"黑箱"，它们的决定虽然影响着社会公众的利益，但仍然保持着某种程度的秘密性。② 为了保护大众的知情权，我们要求上市公司承担强制披露义务，但这种义务也仅仅是相对的

① 参见徐凤：《人工智能算法黑箱的法律规制——以智能投顾为例展开》，载《东方法学》2019 年第 6 期。

② 参见胡凌：《人工智能的法律想象》，载《文化纵横》2017 年第 2 期。

透明,绝对的透明是难以做到的。这是因为监管和透明也是需要成本的。因此,如何公开,公开的方式和程度如何,都值得研究和探讨。

二、算法公开的倾向性选择

目前对于算法如何公开,需立足于我国智能投顾等金融产品的发展现状,对其进行梳理、研究,并寻找出一条适合我国的算法公开路径,具有重要意义。

欧盟的《通用数据保护条例》(General Data Protection Regulation, GDPR)赋予算法使用者以“算法解释权”。一方面,要求中介服务机构、广告发布者、大型互联网平台等利用算法向用户推送内容等操作都提出了公平透明的要求,并要求相应的服务条款中说明信息提供的限制以及审核信息的方法。另一方面,则赋予算法使用者以要求算法设计者进行解释的权利,规定“在任何情况下,该等处理应该采取适当的保障,包括向数据主体提供具体信息,以及获得人为干预的权利,以表达数据主体的观点。在评估后获得决定解释权并质疑该决定”。据此,有人主张 GDPR 赋予了人们算法解释权。其通过正反两方面的限制,既明确了算法公开的范围,在一定程度上也保护了消费者的权利。在对算法进行解释时,GDPR 并没有要求算法设计者对于算法的运行规则、算法逻辑进行解释,因为这些内容即便进行说明也难以被消费者理解,强制披露的意义并不大。因此 GDPR 要求算法设计者主要围绕影响算法结果的核心数据进行介绍,是否属于核心数据则取决于该数据影响结果的权重。

新西兰的《算法宪章》则通过风险矩阵,运用可能性和影响力对于人工智能产品的危险程度进行划分,危险程度越高的人工智能产品,其承担的算法披露义务也就越重。如表 9 - 1 所示,落于绿色区域的人工智能产品是否披露算法仅取决于自愿;落于黄色领域的产品需要承担部分披露义务;而落于红色区域的人工智能产品,由于其产生危险的可能性最大,辐射范围最广,因此应当被苛以最重的强制披露义务。智能投顾产品由于拥有众多的个人投资者,一旦出现网络安全问题会产生严重的市场危险，因此笔者认为，智能投顾产品应落地在风险矩阵的红色区域，应被苛以最严厉的披露义务。

表 9-1　算法披露与风险的关系

Likelihood（可能性）	Impact（影响力）		
	Low（低）	Moderable（中）	High（高）
Probable（可能性大）	（黄）	（红）	（红）
Occasional（偶然发生）	（绿）	（黄）	（红）
Improbable（不大可能）	（绿）	（绿）	（黄）

除了欧盟的 GDPR 和新西兰的《算法宪章》之外，较系统地规定算法披露方法的还有德国的算法系统（Algorithmic systems）。该风险评级系统与新西兰的风险矩阵类似，以金字塔形的模式自上到下划分为五个区域，位于金字塔顶端的部分，由于其危险不可知也不可预料，因此，这种类型的人工智能产品，其算法被要求强制披露。其他类型的人工智能产品的公开范围、程度及方法，则视危险可预测与否呈现受影响的增减态势。

除此之外，2017 年年底，纽约州通过一项《算法问责法案》。要求成立一个由自动化决策系统专家和相应的公民组织代表组成的工作组，专门监督自动化决策算法的公平度和透明度。这份法案删去了原始草案中的披露要求，设立了一个事实调查工作组来代替有关披露的提议，原始草案中的要求仅在最终版本里有一处间接地提及即“在适当的情况下,技术信息应当向公众开放”。[①] 综合以上几部法案,不难看出,他们均是要求人工智能算法本身的透明。透明的程度应结合相应产品的社会影响力、受众范围、危险的可预测性来综合判断。我国《新一代人工智能发展规划》,其要求是建立健全公开透明的人工智能监管体系。

不论是算法本身的透明,还是监管方法的透明,对于智能投顾产品而言,在考虑其算法披露的范围时,首先,我们可以肯定的是“算法公开是例外,不公开是原则”。这是对企业利益、消费者利益、政府监管成本进行综合考量的结果。即便是在算法需要公开的场合,也需要考察算法公开的具体内容。因此,在要求算法公开时,应以消费者权利保护为必要,而要使消费者权利得到有效的保护,就意味着对于算法的说明不能过于专业化,否则即便公开了也没有意义。这一点可以参考 GDPR 的规定,在对算法进行说明时着重解释“周边影响因素”。如在对某个智能投顾产品的算法进行说明时,需要着重说明影响其计价方式、排列组合模式最核心的因素有哪些,用户数据如何被收集。其次,由于算法在性质上属于企业的商业机密,因此为了保护企业的利益,除了要求算法披露之外,还可以选择其他的替代性方法。如要求义务人向监管机构或自律组织备案其算法或算法逻辑,算法或算法逻辑不向社会公开,但监管机构或自律组织应知悉。这种观点认为,智能投顾应向监管部门备案其算法(逻辑),监管部门应对智能投顾的算法进行大致分类,并采取必要的措施避免同质化,以免造成羊群效应。再次,还明确要求智能投顾定期检查模型或算法的有效性,一旦有重要修改,应再次备案。[②] 最后,可以赋予智能投顾消费者以算法解释权。这一点与要求算法设计者承担算法披露和算法解释义务相对应,目前一些机构正在开发建立有意义的透

---

① 徐凤:《人工智能算法黑箱的法律规制——以智能投顾为例展开》,载《东方法学》2019 年第 6 期。

② 参见姜海燕、吴长凤:《智能投顾的发展现状及监管建议》,载《证券市场导报》2016 年第 12 期。

明的最佳实践规范,包括以更易理解的方法、算法或模型来代替那些过于复杂且难以解释的方法。①

综上所述,智能投顾存在内部系统风险和外部侵权困境,极易产生算法歧视、信息泄露、隐私侵权、操纵市场等互联网端群体性侵权事件,基于智能投顾交易的广泛性,为保护公共利益,避免羊群效应,在规制路径的选择上,应当以公法规制为主,私法规制为辅。原因在于:有利于降低举证成本,在智能投顾信息不对称的交易模式下,应当通过公法规制加强平台方信息披露义务;有利于智能投顾以事前规制为主,通过公法规制达到事前预防效果,并辅以私法救济保护个体利益;有利于实现行业标准统一,智能投顾作为新型行业应当具备必要的统一监管标准,应通过强制性规范规定统一标准,避免私法规制中的个案差异冲突。从风险收益模型出发,智能投顾平台具备特许经营性质的高收益,加以相应高风险的责任承担,也符合智能投顾平台方的心理预期,所以在监管途径上应当选择侧重以惩罚性责任为主的公法规制,避免在以私法补偿性责任为主的规制模式下,侵权人基于违法收益大于违法成本的理性选择而偏离智能投顾发展方向。从监管内容而言,智能投顾因人工智能的科技性、算法黑箱等工具属性,区别于传统证券产品规制,除秉持披露为核心的监管理念外,应当侧重算法本身的规制,强调算法安全和算法说明公开、算法备案等新规制内容。

---

① 参见[美]施博德、沈向洋编著:《计算未来——人工智能及其社会角色》,北京大学出版社2018年版,第39页。转引自徐凤:《人工智能算法黑箱的法律规制——以智能投顾为例展开》,载《东方法学》2019年第6期。

第三节 私法的规制

一、加强信息安全制度构建

智能投顾作为一种通过虚拟技术来实现线上交易的数字金融,其在交易过程中产生大量交易信息,该类交易信息在一般数据特性基础上,直接与财产利益相关,具备真实性、可靠性、广泛性和综合性。智能投顾交易模式下产生的信息数据主要分为:客户个人信息、平台大数据和公司产品信息三大类。

(一)加强个人信息保护

我国已明确规定加强个人信息保护,在《个人信息保护法》中区分了一般个人信息和敏感个人信息,并分别对两类信息处理过程中涉及的处理者义务,主体权利及责任部门作了具体规定。2021 年正式实施的《民法典》第四编第六章详细规定了个人信息保护与隐私权。从立法层次来看,个人信息已逐渐由过去的利益保护转向权利保护。中国人民银行颁布的《关于银行业金融机构做好个人金融信息保护工作的通知》也强调了个人金融数据的重要性,并从交易过程角度将其划分为个人身份信息、财产信息、账户信息、信用信息、金融交易信息等多项个人金融信息以明确保护。智能投顾作为逐渐发展的普惠金融模式,其以便利性和低门槛吸引了众多个人投资者。智能投顾主要交易支付方式包括人脸识别、指纹认证等生物识别技术,极易发生个人信息滥用风险,如线下销售门店通过摄像头盗取人脸信息,网络贩卖客户资料等层出不穷的个人信息滥用现象,在智能投顾高度网络化的情形下,个人投资者信息保护成为智能投顾发展的重要一环。

(二)构建第三方产品数据安全测验

针对智能投顾自身算法导致的个人信息泄露风险,应当构建第三方产品数据安全测验。基于个人信息保护要求,本应当对客户个人信息全部予以加密处理,实现单对单交易。针对客户个人信息如证券账户资产、持仓情况等应当予以加密。但在智能投顾模式下,不可避免基于算法需要运用到用户众多信息,以实现投资者适当性判断、产品推荐服务等众多用途。在该模式下,产生个人信息保护与个人信息运用矛盾,尤其是目前智能投顾并非完全基于纯智能化,而是在一定程度上仍然依靠人工的投资顾问,存在信息滥用风险。因此,从智能投顾推荐算法逻辑出发,应当构建一个封闭完整的算法黑箱,使数据流不被泄露,但由于智能投顾软件实则为一种人工智能新型产品,《网络安全法》第 22 条规定,网络产品、服务应当符合相关国家标准的强制性要求。现行《产品质量法》并无通行标准,中国人民银行、中国银行保险监督管理委员会、中国证券监督管理委员会、国家外汇管理局日前联合印发的《资管新规》也仅仅是笼统要求对从事资产管理产品服务的采取有效监管措施,并未针对智能投顾模式制定行业标准。因此,需要证监会、银保监会等明确制定智能投顾服务的风险测试,基于人工智能计算机运行风险测试,只有通过重复大数据测试检验合格才能得以使用,同时应当由独立第三方加以测试保护个人信息的法律义务基础。

(三)落实信息保护法律义务

从法律关系进行分析,用户运用智能投顾产品,实则是接受了公司服务,基础法律关系为服务合同。《民法典》第 501 条规定,当事人在订立合同过程中知悉的商业秘密或者其他应当保密的信息,无论合同是否成立,不得泄露或者不正当地使用;泄露、不正当地使用该商业秘密或者信息,造成对方损失的,应当承担赔偿责任。该条从合同义务角度规定了智能投顾主体应当履行保密义务。同时《民法典》第 1034 条至第 1039 条亦规定了自然人的个人信息受法律保护,即使存在第三人通过攻击智能投顾平台导致个人信息泄露风险,应当由第三人承担侵权责任。《网络安全法》第 21 条规定了网络平台运营者的安全保护义务,网络运营者应当按照网络安全等级保护制度的要求，履行安全保护义务，保障网络免受干扰、破坏或者未经授权的访问，防止网络数据泄露或者被窃取、篡改。因此，智能投顾作为网络投资的服务，应当履行网络安全保护义务，保障平台信息安全。《网络安全法》第40条至第50条还专门规定了网络信息制度，当第三人侵权时，智能投顾平台负有制止义务，防止损失扩大义务，针对扩大损失承担连带责任。以上均为智能投顾平台承担构建信息安全制度的法律义务的基础，但在现实情形下，智能投顾运营中一旦发生用户信息的大量泄露，基于规模性、复杂性，具体法律责任赔偿范围却难以认定。更多是通过惩罚性赔偿以达到保护用户的目的，这也是保护投资者理念的体现。依据《消费者权益保护法》第56条的规定，经营者侵害消费者个人信息的除承担相应的民事责任外，其他有关法律、法规对处罚机关和处罚方式有规定的，依照法律、法规的规定执行；法律、法规未作规定的，由工商行政管理部门或者其他有关行政部门责令改正，可以根据情节单处或者并处警告、没收违法所得、处以违法所得1倍以上10倍以下的罚款，没有违法所得的，处以50万元以下的罚款；情节严重的，责令停业整顿、吊销营业执照。

二、保证投资者机会分配公平

现阶段智能投顾业务模式与传统证券业务盈利模式大致上仍然为收取交易佣金模式，即在投资者与发行方间收取交易费用作为盈利模式。在该模式下，平台方极有可能为了追求商业利益而萌发过度交易冲动，一方面，为获取更高商业盈利发生过度推销，一定程度上忽略了投资者的风险承担能力。另一方面，有可能发生投资机会的不公正分配，平台方利用后端处理，将盈利能力更好的投资组合偏向推荐给账户余额更多的投资者，以起到吸引投资者进入、维持用户忠诚度的作用。更为严重的后果是算法式庞氏骗局的发生，在智能化荐股的科技外衣下，平台利用账户信息优势，存在操纵客户资金风险。平台利用用户授权的账户签字权将其资产转入智能投顾运营者的个人账户，未经授权从用户处

“借”钱,或形成庞氏骗局,用新用户提供的资金支付早期用户的回报。在现实智能投顾交易中,这种行为在复杂技术黑箱中被发觉的可能性极小。①

因此,必须保证消费者同等的知情权和选择权,智能投顾业务必须保证分配机会的公正性。《消费者权益保护法》第10条规定了消费者享有公平交易的权利。消费者在购买商品或者接受服务时,有权获得质量保障、价格合理、计量正确等公平交易条件,有权拒绝经营者的强制交易行为。智能投顾业务中投资产品的选择范围即为公平交易条件之一。《资管新规》中明确指出通过严格信息披露制度,以保障消费者的平等知情权。但如何认定智能投顾平台充分尽到义务使投资机会分配公正成为一大难题。个体投资者存在差异性,智能投顾业务首先需保证投资者适当性要求,因此投资者适当性原则下导致的投资推荐分配机会差异性存在合理基础。因此要求智能投顾平台遵循严格的投资者分级分类标准和产品分级分类标准,确保在确定范围内投资者接触到与其投资能力相适应的所有投资产品,在投资者分级制度和投资能力分级制度下,机会分配的偏向性修正实现了投资者权益的实质保护。要想做到对投资者知情权和选择权的实质公正保护,必须依赖于严格合理的分级分类制度构建。我国证券法具备具体的投资者标准,但针对智能投顾业务以算法模式瞬间产生推荐产品这一特性,如何构建投资产品的分级分类制度成为关键。笔者认为,可供参考的思路在于投资专业性与智能技术性的结合,监管机构应当着重审查智能投顾平台产品分级分类标准是否准确,并对智能投顾平台产品分级分类运行进行持续监督报告,从而保证消费者享有同等的知情权和选择权,保证智能投顾业务分配机会的公正性。

---

①　参见李文莉、杨玥捷:《智能投顾的法律风险及监管建议》,载《法学》2017年第8期。

三、明确智能投顾民事责任

（一）明确民事责任承担主体

法律责任认定中的核心问题为应由何者来承担因错误行为和损害发生所产生的代价。在智能投顾中，智能投顾机器人取代了提供投资顾问服务的具体人员，成为向投资者直接提供投资顾问服务的主体。此类计算机系统我国学者一般称为“电子代理人”。根据《统一电子交易法》第102条第27项的规定，电子代理人是一种在无人审查或行为的情况下，能够独立地进行某种行为或对电子信息等内容进行回应的计算机程序或其他自动化工具。[①] 当合同当事人采用电子代理人进行交易时，应当由合同当事人承担交易结果和责任。[②]

（二）适用产品责任追责

智能投顾作为一种金融科技服务，主要依托于智能投顾平台处理数据、分析数据的算法能力，而这种算法相较于市场上其他的智能产品并无不同，同样存在产品设计缺陷，可能导致数据泄露风险，也可能导致错误产品功能错误风险。具体到现实中，可能因为算法错误，导致对于投资者适当性判断错误，使投资者承受了不相匹配的投资风险，如果投资者基于信任购买了与合同约定不符的产品服务，投资者可以依此追究平台的合同违约责任，也可因此追究平台的侵权责任。

从责任主体分析，可以划分为智能投顾产品运营者，智能投顾产品设计者、智能投顾产品生产者。现有的智能投顾仍处于人工业务与算法业务并存阶段，智能投顾服务运营者包含两个主体：一个是提供服务的中介机构，如某个智能投顾平台；另一个是提供服务的个人，即智能投顾

---

① 参见 Section 102（27）of The Uniform Computer Information Transactions Act（Last Amended or Revised in 2002）。该法案由美国统一州法全国会议委员会（The National Conference of Commissioners on Uniform State Laws，NCCUSL）起草，并于1999年由 NCCUSL 批准并推荐各州采用，最终马里兰州和弗吉尼亚州批准了该法案。

② 参见郑佳宁：《论智能投顾运营者的民事责任——以信义义务为中心的展开》，载《法学杂志》2018年第10期。

人员。[①] 智能投顾人员导致用户利益损害应当适用用人单位员工致人损害责任，由智能投顾平台先行承担民事赔偿责任，再由公司向导致损害的员工追偿。但为了避免智能投顾人员更高的逐利冲动性，应当设置更高的违法成本，降低智能投顾员工的违法冲动性。若单纯因为智能投顾产品缺陷问题，应当适用产品缺陷责任，应当由生产者和销售者（智能投顾业务运营者）承担不真正连带责任，投资者向生产者或销售者追偿后，再向真正责任者进行追偿。

针对智能投顾侵权归责原则，应当遵循实质重于形式原则检视智能投顾引发的违法行为，"谁主张，谁举证"的一般性举证原则在智能投顾领域不宜适用，因为个体投资者不具备此类举证能力。应当从实质正义出发，基于接触证据最佳原则，可依据《民法典》中产品责任的有关规定，对算法开发者苛以严格原则，只需通过穿透式监管认定风险源于算法缺陷即可归责，而对算法运营商则相应适用过错原则，仅在其对算法选择存在故意或重大过失时要求其承担侵权责任。最后，责任范围的确定应遵循整体性原则与均衡原则，既应从整体权衡各个主体间的责任分配，也应在保护投资者的前提下降低穿透式监管的外部成本。[②]

（三）建立必要的免责条款适用机制

在侧重保护投资者时，同时不可忽视技术中立原则的运用。如果出现智能投顾软件生产存在缺陷导致投资者遭受损害的情形，应依产品责任及替代责任追责。我国《产品质量法》第41条第1款规定："因产品存在缺陷造成人身、缺陷产品以外的其他财产（以下简称他人财产）损害的，生产者应当承担赔偿责任。"智能投顾软件系设计者及生产者、制造者人工创造而成并进入流通领域，符合《产品质量法》定义的"经过加工、制作，用于销售的产品"。产品责任归责原则为严格责任（过错推

---

① 参见李文莉、杨玥捷：《智能投顾的法律风险及监管建议》，载《法学》2017年第8期。

② 参见郑丁灏：《论金融科技的穿透式监管》，载《西南金融》2021年第1期。

定),若设计、生产、制造者无法证明自己不存在过错,则应当承担法律责任。这种严格责任的设计,遏制了智能投顾业务的普惠金融科技发展。因此,基于设计生产时的技术条件而无法预料到产品缺陷的,设计、生产者可以援引《产品质量法》第41条第2款第3项“将产品投入流通时的科学技术水平尚不能发现缺陷的存在的”作为免责事由,以此鼓励人工智能行业的发展。

(四)设置专业保险赔付制度

在智能投顾侵权事件中,往往赔偿数额巨大,受害者人数众多,无法保证投资者利益得到及时充分的赔偿,因此,可借鉴专业保险赔付制度。企业责任是指独立的实体因其是一个共同事业的一部分,而被要求为一些诉讼承担连带责任(起源美国工业化工人赔偿计划、赔偿保险),依据责任主体的过错和因果关系等要素,分摊赔偿责任降低个体风险,并且利用个案模型推定行业整体发展态势,基于此,责任保险模式可以为智能投顾业务全权委托模式降低准入门槛,也降低了个体责任,从而推动了智能投顾业务全权委托模式的加速发展。

(五)智能投顾模式下自我代理、双方代理规制

SEC在2017年2月发布的《智能投顾监管指南》中将智能投顾定义为基于网络算法的程序、利用创新技术为用户提供全权委托的账户管理服务的注册投资顾问。因此,普遍将智能投顾定义为全权委托模式下的个人投资模式,但是在全权委托模式下,弱智能化的智能投顾平台出现人为性的自我销售行为,强智能化的智能投顾平台亦有可能出于“算法黑箱”出现偏向性的自我销售和双方代理行为。算法作为智能投顾产品的核心部分,可以很轻易地披上技术的外衣去引导用户的选择。可能出现以下情形:其一,代为销售情形。A公司希望开展智能投顾业务,提供全权委托的账户管理服务,但因其只有注册投资顾问牌照,故无法直接代替客户执行其认为合适的投资交易指令。于是,A公司便与拥有经纪交易商牌照的B公司合作,共同向用户提供全权委托服务。在此种利益

共同体下，销售B公司金融产品的同时实则也在销售A公司产品，这可能引发A公司设计的智能投顾软件算法在对客户设计投资组合模型时，将利益公司进行优先级处理，会优先考虑B公司自营或其关联机构发售的金融产品。[①] 其二，自我销售情形。市场上一般智能投顾业务从事机构为相关证券公司等金融机构，此类机构一般具有自营的金融产品，存在自我交易冲动，以Betterment为例，同时拥有注册投资顾问与经纪交易商双牌照的智能投顾公司所面临的最大的利益冲突为自我交易。在此种情形下，即使投资者清晰地认识到产品为智能投顾公司自营产品，但智能投顾公司亦可通过对投资组合进行设计、夹杂私货方式进行“一揽子”交易，并对之进行合理化解释使客户信服。

以上情形在智能投顾业务模式下极有可能发生，首先需要认定是否构成欺诈交易，智能投顾的交易规则为最佳交易原则，这也是投资者与业务方的信任基石，但在“算法黑箱”中，判断是否属于最佳交易选项较为困难。同时，业务方往往并非通过单一产品进行交易，在常见的投资组合交易模式下更难以判断自我交易与双方代理的欺诈性。针对以上情形，可以参考《民法典》中自我代理与双方代理的规定，即针对自我代理与双方代理行为获得被代理人追认或同意。在智能投顾业务中，智能投顾公司销售关联利益产品与相关自营产品，应当获得投资者同意。在弱智能化人工投顾模式下理应如此，在强智能化的全权委托模式下，亦应当取得投资者同意交易的指令。在自我交易的情况下，投资顾问会向投资者推荐销售不具备投资价值或投资价值较低的产品。智能投顾如果发生自我交易的情况，其应当以平台为通道以书面的形式向投资者披露交易中存在的所有既存及潜在利益冲突，同时也需要通过平台以弹窗等形式获取投资者的同意。为防范利益冲突，避免出现同质化交易而降

---

① 参见李文莉、杨玥捷：《智能投顾的法律风险及监管建议》，载《法学》2017年第8期。

低市场的有效性,应当要求运营商设置严格的风险隔离制度,在投资者与投资者、运营商与投资者及同一投资者的不同类别账户之间保持账户的独立性,可采取公私钥数据加密措施、设置内部风险隔离墙以及进行第三方资金存管等。①

(六)算法安全规制

我国《新一代人工智能发展规划》指出:建立健全公开透明的人工智能监管体系,实行设计问责和应用监督并重的双层监管结构,实现对人工智能算法设计、产品开发和成果应用等的全流程监管。在人工智能输入的数据和其输出的答案之间,存在我们无法洞悉的"隐层",它被称为"黑箱"。② 智能投顾业务要想真正发挥普惠金融的经济推动力,关键取决于保证算法安全。

针对智能投顾算法是否公开,目前主要存在两种观点。一是认为算法应当公开,观点依据主要有:算法公开是消费者知情权的内容,算法公开有利于缓解信息不对称、防止不正当干预、防止信息茧房、防止利益冲突、打破算法歧视等现象。例如,美国纽约州曾通过一项《算法问责法案》,其要求成立一个由自动化决策系统专家和相应的公民组织代表组成的工作组,专门监督自动化决策算法的公平度和透明度。原始草案中对涉及人身权利的算法公开持政府公开源代码的绝对公开主义。二是认为算法不应当公开,依据主要有:类比征信评分系统、防止算法趋同、偏见常见化、周边定律等。此外,针对算法公开,除以上绝对的公开原则和不公开原则外,还存在公共利益观点,有学者指出对于具有垄断地位的算法,或国家财政资金提供支持的、目的是提供普遍公共服务的算法,人们应有权要求其公开。还有算法解释权规制方案,欧盟 GDPR 第 71 条提出算法解释权:"在任何情况下,该等处理应该采取适当的保障,包

① 参见欧阳丹丹:《智能投顾法律规制研究》,载《金融与经济》2021 年第 1 期。

② 参见许可:《人工智能的算法黑箱与数据正义》,载《社会科学报》2018 年 3 月 29 日,第 6 版。

括向数据主体提供具体信息，以及获得人为干预的权利，以表达数据主体的观点，在评估后获得决定解释权并质疑该决定。"①

笔者认为，以上两种观点过于绝对化，在智能投顾业务中，算法公开有助于保护投资者利益，却使智能投顾公司丧失行业竞争优势。更为可取的观点应当是折中观点，认为算法是一种商业秘密，智能投顾算法符合《民法典》中关于商业秘密的规定。算法由编程者设计，进而给网站带来巨大的商业价值，因此其本质上是具有商业秘密属性的智力财产。②针对智能投顾算法，应当以不公开为原则，以公开为例外。实现侧重保护投资者的立场，同时尊重商事利益。针对行业内竞争，以及常见的外包第三方知悉情形下获取智能投顾算法的情形，算法应当作为商业秘密予以保护，通过保护算法安全以保护投资者。具体算法监管如下。

1. 加强算法说明公开

智能投顾算法公开同样会对人工智能投顾业务产生安全威胁，降低违法成本，智能投顾业务中应当加强算法说明监管，例如，美国《智能投顾升级指导意见》规定的与算法相关的披露内容包括：账户管理算法、算法假设及调整、特定风险描述、关于第三方参与管理客户账户的算法的开发、管理或所有权的说明，包括对这种安排可能产生的任何冲突利益的解释。新加坡金融管理局希望数字顾问可以书面向客户披露算法相关信息：首先，披露算法的假设、限制和风险；其次，明确数字顾问可以推翻算法或者暂停数字顾问的情形；再次，披露对算法的任何重大调整。我国提出的公开透明的人工智能监管体系，应当为算法运行监管，而并非算法本身透明。

2. 建立源代码备案制度

在智能投顾中，计算机编程语言能够将每个运营阶段的数据处理及

① 张凌寒：《风险防范下算法的监管路径研究》，载《交大法学》2018 年第 4 期。

② 参见张凌寒：《风险防范下算法的监管路径研究》，载《交大法学》2018 年第 4 期。

算法模型两大要素经过逻辑解构与重组并以专业化的表达方式进行程序输出，从而得到智能投顾平台预期的智能化选择或决策结论。① 针对算法安全中投资者与运营者之间的双向不信任，应当引入第三方权威机构作为信任保证，维系智能投顾业务的算法安全。常见的方式为投顾公司将算法源代码动态备案至相关金融机构，作为监管机构的持续监管任务之一，在该方案下，加重了对监管机构算法专业性的要求，同时基于算法复杂性，一旦算法自身失轨，相关金融机构也需面临沉重的监管责任，这成为该方案下的隐忧。

第四节　公法的规制

一、严格把控智能投顾业务准入资质

智能投顾业务普惠金融的规模化、个人投资者众多等业务特点，影响国家金融稳定发展，必须严格把控智能投顾业务准入门槛。目前关于智能投顾业务门槛的设置主要见于《证券投资顾问业务暂行规定》，其第7条规定，“向客户提供证券投资顾问服务的人员，应当符合相关从业条件，并在中国证券业协会注册登记为证券投资顾问”。2013年1月1日起施行的《关于加强对利用“荐股软件”从事证券投资咨询业务监管的暂行规定》（已修改）的第2条规定：“向投资者销售或者提供‘荐股软件’，并直接或者间接获取经济利益的，属于从事证券投资咨询业务，应当经中国证监会许可，取得证券投资咨询业务资格。未取得证券投资咨询业务资格，任何机构和个人不得利用‘荐股软件’从事证券投资咨询业务。”目前，智能投顾业务并不局限于传统金融公司参与其中，如京东金

---

① 参见白硕：《关于智能投顾的技术和业态浅析》，载《金融电子化》2016年第9期。

融、蚂蚁金服等互联网科技公司,独立第三方智能投顾公司等将发展智能投顾业务。证监会采取证券投资咨询牌照审批制,在此种背景下更易滋生牌照转租、转让乱象,容易使普惠金融下的个人投资者利益成为争夺焦点,增大风险。我国智能投顾业务仍处于初级阶段,而受众又为门槛较低的个人投资者。在这种情况下,首先,必须设置严格的牌照发放制度和资质管理制度,一方面出于赔付确保性的考虑,另一方面出于对个人投资者信息保护的考量。其次,应严厉打击违法转让、转租牌照行为,行为双方应当承担连带赔偿责任。

二、设置网络安全事件应急处置机制

智能投顾交易呈现高度程序化、规模大、资金量大的市场特点,伴随数据进一步储备,人工智能自我学习的能力也不断加强,在金融市场实时信息复杂多变的现实情境下,极易发生偏离设计算法路径、算法脱轨情形,放大技术性的微小错误,同时,智能投顾运营商的风险隐藏行为更加剧了错误危害严重性。因此,应当在制度中加入强制性应急响应规范,必须构建应急预案强制设立制度,同时明确应急响应预案的触发条件及市场环境,设计程序时应当将上述条件和环境对应的模型以相对独立的子程序置于整体程序架构中,作为判断智能投顾是否正常运行及是否需要人工介入的前提,另外还需细化针对应急响应预案实施后的人工介入及救济方式的规则。① 2016 年 6 月 SEC 要求投资顾问采用和实施"合理设计的书面的业务连续性及过渡计划,以解决与投资顾问业务重大中断相关的经营性风险和其他风险。"此规则旨在解决与系统和流程(无论是投资顾问专有还是由第三方供应商提供)相关的技术故障以及其他风险,如丢失顾问或用户的数据,或访问顾问的实际位置和设备等,这些故障或风险的产生可能是受到恶劣天气的影响或是网络受到攻击等。智能投顾监管机构需要关注持续性监管内容,对智能投顾平台在特

① 参见欧阳丹丹:《智能投顾法律规制研究》,载《金融与经济》2021 年第 1 期。

定情况下暂停平台运营或允许人工干预的情况及相关预案作出基本性规定,以此减少紧急状态下客户的损失,阻止风险在市场中的进一步扩散。

三、严厉打击智能化下证券违法行为

传统证券市场中如内幕交易、操纵市场等违法行为在智能投顾领域更加难以被发觉。首先,除上文中描述的自我交易行为外,智能投顾运营者极有可能利用算法的偏向性引导消费者投资,从而实现操纵市场的目的。其次,智能投顾模式下的投资者为极为分散的互联网个体投资者,《证券法》规定投资者通过证券市场交易持有某一家公司股票达到5%时,就必须向交易所、证监会报告,通知该公司并予以公告,以此履行信息披露义务。此为《证券法》信息披露制度公开原则的具体体现,而“一致行动人”在智能投顾模式外衣下难以判断。针对此种证券违法行为,应当设计出明确监管方案应对“一致行动人”现象。① 一方面应通过智能投顾大数据算法监测交易的一致行动性,另一方面应强化信息披露义务。最后,应当提高惩罚力度,原因在于在智能投顾算法黑箱下,违法获利的冲动更强,只有加大违法成本,才能遏制违法获利冲动,一旦违法成本小于违法收益,智能投顾证券违法行为将成为常态化。② 智能投顾是以资产管理业务为主、证券投资咨询业务为辅的复合型金融服务,其资产管理主业务的定性也决定了其监管标准应天然地高于单纯的证券投资咨询业务。③

四、未制定程序源代码备案或提存的强制要求

在整体过程中,具体描述智能投顾各运营阶段的程序语言的组合即

---

① 参见李文莉、杨玥捷:《智能投顾的法律风险及监管建议》,载《法学》2017年第8期。

② 参见熊春泉、聂佳龙:《法律经济学》,中国政法大学出版社2017年版,第75页。

③ 参见吴烨、叶林:《“智能投顾”的本质及规制路径》,载《法学杂志》2018年第5期。

为智能投顾的程序源代码,该源代码是驱动整体平台智能化运营的基础性文件,对各智能投顾平台的重要性不言而喻。程序源代码在实践中存在自行研发、委托第三方研发两种模式。在自行研发模式下对其可以快速反应制定修改,而在第三方研发情况下存在第三方倒闭转委托情形、时间紧迫等原因导致程序源代码无法及时生效。因此,实践中存在第三方企业以程序源代码向金融监管机构备案或由智能投顾平台与第三方企业共同将程序源代码向另外的第三方主体提存的强制要求的必要,但目前我国仍未见这类强制性规则。

五、规制免责性格式条款

实践中,存在智能投顾平台倚仗其技术优势地位而强迫客户在相关因技术原因导致损失而发布的免责声明处在线签字确认的情况。这种责任转嫁可能成为各智能投顾平台放松技术风险排查及检测的"防弹衣",从而造成原本可以被轻松发现或避免的技术性风险却因为这种主动性的恶意免责协议而得以扩展和蔓延,最终损害客户的权益。因此,应当对智能投顾平台的这种技术风险转嫁行为进行限制性约束。

六、适当放宽全权委托业务限制

目前智能投顾业务分为四类:信息媒介业务型"提供资本市场原始数据和信息";"通道业务类型"提供居间服务;证券投资咨询型具备一定的数据处理能力,为用户提供投资建议;证券全权委托型在第三类基础上,在用户授权范围内对用户的账户进行操作、执行各类交易。前三类为传统的荐股型证券投资顾问业务,而第四类实际上为全权委托。国际上将智能投顾定义为全权委托模式,然而,根据我国《证券法》第143条的规定,证券公司不得接受顾客的全权委托。同时,《证券、期货投资咨询管理暂行办法》第24条也规定,证券投资咨询机构及其投资咨询人员,不得代理投资人从事证券、期货买卖。由此可见,"证券全权委托型"智能投顾在我国面临违规风险。理想全权委托模式为智能投顾的成熟阶段。伴随着人工智能的快速发展,全权委托模式的智能投顾需明确其业务资质,因此应当对智能投顾业务全权委托进行有限制性的保护开发,在特殊情形下,应当获得投资者的事前同意。至于特殊情形的定义,应当由监管机构予以明确。

七、加大刑事惩罚力度

针对大数据信息泄露风险,应当加强对信息泄露的刑事打击力度,智能投顾平台极有可能出售客户个人信息牟利,也存在平台的不作为导致客户个人信息泄露,目前我国已明确针对侵犯个人信息的行为设置法定罪刑,主要规制作为型侵犯个人信息行为,但智能投顾平台不作为导致客户个人信息泄露已成为主要原因。从刑法理论出发,智能投顾平台及其人员承担着保护个人信息的义务,应当设置网络应急事件机制。因此智能投顾平台及其工作人员不作为应当构成不作为形式的侵犯个人信息罪。关于入罪定刑门槛,个人投资者的个人信息应当以目前现有的个人信息分类入刑标准,区分为生物信息和财产信息定罪入刑,另外,对于信息数量入刑标准应当适用侵犯个人信息罪相关数量要求。无资质从事智能投顾业务属于非法经营罪规制范围,第三方侵入智能平台构成侵犯计算机系统罪。也应当将设计者智能投顾软件者纳入计算机系统犯罪规制范畴,通过刑法这一最严厉的制裁方法为智能投顾发展和投资者安全提供强制性保障。